Coleção
Reflexões Jurídicas

Coordenadores
Luís Greco
Adriano Teixeira

Daniel Diamantaras de Figueiredo

O DIREITO AO CONFRONTO NA PRODUÇÃO DA PROVA PENAL

Marcial Pons

MADRI | BARCELONA | BUENOS AIRES | SÃO PAULO

Coleção Reflexões Jurídicas
Coordenadores
Luís Greco
Adriano Teixeira

O direito ao confronto na produção da prova penal

Daniel Diamantaras de Figueiredo

CIP-Brasil. Catalogação na Publicação
Sindicato Nacional dos Editores de Livros, RJ

F475d

Figueiredo, Daniel Diamantaras de.
O direito ao confronto na produção da prova penal / Daniel Diamantaras de Figueiredo. - São Paulo, SP: Marcial Pons, 2020.
234 p. : 14 x 21 cm

Inclui bibliografia
ISBN 978-65-86696-10-3

1. Prova (Direito) - Brasil. 2. Processo penal - Brasil. I. Título.

CDD 345.8105

www.marcialpons.com.br

Impresso no Brasil

AGRADECIMENTOS

A presente obra não poderia chegar ao bom porto sem a contribuição e o precioso apoio de várias pessoas. Assim, agradeço expressamente aqueles que foram essenciais a esse trabalho:

A Deus e ao Senhor Jesus Cristo por tudo, especialmente pela minha vida, saúde, família, trabalho e pela oportunidade de cursar o mestrado em Portugal.

À minha família por sempre me apoiar nos desafios colocados diante de mim e por todo aprendizado ao longo de toda a vida.

Aos meus professores da Faculdade de Direito da Universidade de Lisboa, Professor Doutor Paulo de Sousa Mendes, meu orientador, por todo aprendizado e incentivo durante o período do curso, por sempre se colocar à disposição para as reuniões, debates e troca de ideias, além do estímulo para ingressar na pesquisa de um tema tão interessante e desafiador. À Professora Doutora Maria Fernanda Palma por ter inspirado o estudo de temas tão interessantes no campo do Direito Penal, como o estudo das emoções, culpa e desculpa. Ao Professor Doutor Augusto Silva Dias pelas preciosas orientações acadêmicas e pela cortesia e urbanidade que sempre me acolheu nas conversas e nas aulas de Direito Penal e Criminologia. Ao Professor Doutor João Curado Neves pelas contribuições acadêmicas ao longo do curso.

Aos funcionários da Universidade de Lisboa, principalmente a senhora Conceição Valente por toda atenção dada nos atendimentos da Secretaria da Faculdade.

Ao Instituto Max-Planck de Direito Penal Estrangeiro e Internacional (MPICC), localizado em Freiburg (Alemanha) na pessoa do Professor Ulrich Sieber (Diretor) e à Doutora Johanna Rinceanu (Coordenadora dos Investigadores Convidados) pelo acolhimento e oportunidade de pesquisa.

À Defensoria Pública do Estado do Rio de Janeiro, instituição a qual pertenço com orgulho, por ter sido o local onde pude aprimorar minha visão sobre o processo penal e colocar em prática a aprendizagem adquirida nos bancos acadêmicos. Agradeço ainda por ter possibilitado a realização do mestrado em Portugal.

A todos meus amigos pela compreensão nesse período de ausência e incentivo para concluir essa obra.

À Editora Marcial Pons, na pessoa do Dr. Marcelo Porciuncula por toda atenção e pela divulgação da obra.

Ao Conselho Editorial da Marcial Pons, em especial aos Professores Luís Greco e Adriano Teixeira, pelas observações e imprescindíveis conselhos para publicação deste livro.

APRESENTAÇÃO

A obra que o leitor tem em mãos consiste em versão revisada da dissertação de mestrado intitulada *O direito do acusado ao confronto das testemunhas de acusação na produção da prova penal*, originalmente apresentada ao Programa de Mestrado em Ciências Jurídico-Criminais da Faculdade de Direito da Universidade de Lisboa, sob a orientação do Professor Doutor Paulo de Sousa Mendes.

Este livro é, portanto, resultado de sério trabalho de pesquisa realizado pelo autor em bibliotecas brasileiras, germânicas e lusitanas, tendo como objeto o direito fundamental do arguido ao confronto (*right of confrontation*), em perspectiva luso-brasileira.

A obra é dividida em 5 Capítulos.

O primeiro trata do conteúdo (*estrutura normativa* e *âmbito de proteção*) do direito ao confronto, e da sua autonomia face à garantia constitucional do contraditório.

O segundo versa sobre as origens históricas do right of confrontation e sua inserção sistêmica no que se convencionou denominar *sistema adversarial* (*adversary system*), além de diferenciar o direito fundamental ao confronto da regra infraconstitucional de exclusão probatória de provas derivativas (*hearsay rule*).

O terceiro cuida do tratamento dispensado ao direito ao confronto nos marcos normativos dos sistemas europeu e interamericano de Direitos Humanos.

O quarto estuda a cláusula do confronto no âmbito do sistema processual penal português, destrinchando uma série de questões dogmáticas sobre o regime jurídico de leitura de declarações extrajudiciais durante a audiência de julgamento.

O derradeiro examina o tratamento dispensado ao direito ao confronto pelo processo penal brasileiro, desvelando aspectos de questionável compatibilidade entre tal direito fundamental e nosso microssistema probatório penal.

Peça licença ao leitor para, dentre seus diversos méritos, destacar quatro pontos altos da obra.

A uma, a visão *crítica* do caso *Al-Khawaja e Tahery vs. Reino Unido*, julgado definitivamente pelo Tribunal Europeu de Direitos Humanos (TEDH) em 2011. Nesse caso a Corte de Estrasburgo promoveu verdadeiro retrocesso, ao revisar sua jurisprudência anterior e criar standards pouco rigorosos para a admissão e valoração em juízo de declarações testemunhais incriminadoras não submetidas ao paradigma do confronto, restringido excessivamente este último.

A duas, a *releitura* da regra de proibição de valoração de prova do artigo 355 do Código de Processo Penal lusitano (que prevê a intransmissibilidade de provas não produzidas ou examinadas em audiência) e de suas exceções. Com efeito, tal microssistema normativo deve ser submetido à filtragem hermenêutico-constitucional à luz dos direitos fundamentais do arguido ao confronto e ao contraditório *forte* (*contraditório para o elemento de prova*), que incide no momento da *produção* do elemento de prova oral (Giulio Ubertis).

A três, as ressalvas à constitucionalidade e convencionalidade do artigo 155 da codificação processual penal brasileira, que permite a valoração judicial de declarações testemunhais extrajudiciais não submetidas ao paradigma do direito ao confronto, desde que elas não sirvam de suporte *exclusivo* ao édito condenatório.

A quarto, a *maturidade acadêmica* e o *equilíbrio* demonstrados pelo autor na ponderação entre o direito fundamental do arguido ao confronto e os direitos fundamentais de vítimas e testemunhas, na busca da desejável *concordância prática* entre duas finalidades antitéticas do Direito Processual Penal: eficácia na realização da justiça e proteção dos direitos fundamentais do cidadão, com maximização dos ganhos e minimização das perdas axiológicas e funcionais (Jorge de Figueiredo Dias).

Em suma: a presente obra é da lavra de Defensor Público, Professor e pesquisador do Direito Processual Penal que tem carreira promissora à sua frente, e decerto ainda nos brindará com novas e saborosas obras doutrinárias e conquistas acadêmicas.

Parabéns ao Professor Doutor Paulo de Sousa Mendes pelo orientando.

Parabéns à Editora Marcial Pons pela oportuna publicação desta obra.

Parabéns ao afortunado leitor pela ótima aquisição para sua biblioteca jurídico-penal.

E parabéns ao Doutor Daniel Diamantaras de Figueiredo pela sua valiosa obra.

São Sebastião do Rio de Janeiro, novembro do ano da Graça de 2019.

Diogo Malan

PREFÁCIO

É com grande satisfação que venho apresentar a monografia de Daniel Diamantaras de Figueiredo, intitulada "O direito ao confronto na produção da prova penal" e que corresponde à dissertação que o autor apresentou e defendeu em provas públicas para a obtenção do título de mestre em Ciências Jurídico-Criminais na Faculdade de Direito da Universidade de Lisboa, em 2017. Foi meu privilégio orientar a presente dissertação, a convite do autor, tendo acompanhado atentamente o seu percurso de investigação original e profundo. Não é vulgar enfrentar um tema que compara sistemas jurídicos diferentes e que procura extrair conclusões com relevância teórica e prática para os nossos ordenamentos jurídicos.

A pesquisa do autor teve como propósito analisar o direito ao confronto e a sua relação com a produção da prova penal. Primitivamente consagrado na Sexta Emenda à Constituição dos Estados Unidos da América, o direito ao confronto (*right of confrontation*) encontra-se atualmente previsto em diversos instrumentos internacionais de direitos humanos. Partindo de uma densificação do direito ao confronto, e diferenciando-o do contraditório, o autor indaga a sua origem histórica e os seus fundamentos político-jurídicos, só então cuidando de assinalar as diferenças entre aquele e a regra sobre as declarações anteriores ao julgamento (*hearsay rule*), outro instituto originário dos ordenamentos anglo-saxônicos (*common law*).

Outrossim, o autor enfrentou criticamente as restrições ao direito ao confronto, abordando casos que envolviam testemunhas anônimas e/ou ausentes na audiência de instrução/ julgamento.

O trabalho distingue e relaciona as dimensões epistemológica e não-epistemológica (garantística) do direito ao confronto. No plano epistemológico, o confronto direto com os depoentes quer por parte da acusação, quer por parte da defesa credibiliza a produção da prova testemunhal, na medida em que contribui para uma análise crítica mais fina, desta feita por parte do julgador, dos depoimentos prestados, assim contribuindo para a fundamentação da decisão judicial. No plano garantístico, o direito ao confronto visa assegurar um exercício amplo e efetivo do direito de defesa ao permitir o enfrentamento da prova incriminatória no momento de sua produção, garantindo a igualdade de armas e incentivando os órgãos da persecução penal a produzir corretamente a prova oral com exclusão de métodos inquisitoriais. Neste sentido, o autor estabelece uma relação entre o direito ao confronto e o direito de influência sobre a decisão judicial, ressaltando a importância da participação dinâmica da defesa tanto na formação da prova como na formação da livre convicção fundamentada do julgador.

Em suma, o autor defende que o exercício do direito ao confronto ajuda à formação do conhecimento, opera como controle epistêmico da prova produzida e, ao mesmo tempo, legitima democraticamente o processo penal através da participação da defesa, de tal forma que este direito fundamental deve ser colocado como elemento estruturante da atividade de produção da prova penal de um processo penal que se espera acusatório.

O presente trabalho demonstra conhecimento do direito jurisprudencial (*case law*) norte-americano, da jurisprudência do Tribunal Europeu de Direitos Humanos, dos sistemas jurídicos de Portugal e Brasil, com a utilização de vasta bibliografia de línguas portuguesa e estrangeiras. As soluções apresentadas pelo autor têm sérias implicações práticas e técnicas no processo penal, nomeadamente no tema da prova penal.

A pesquisa científica séria e o tema ainda pouco explorado tornam este livro uma relevante contribuição para a doutrina jurídica processual penal, sendo certo que sua leitura será muito útil tanto por acadêmicos como por profissionais do Direito.

Lisboa, 28 de novembro de 2019.

PAULO DE SOUSA MENDES

Professor Associado com Agregação
da Faculdade de Direito da Universidade de Lisboa

NOTA PREAMBULAR

O presente livro representa uma versão adaptada da dissertação apresentada no Mestrado Científico em Ciências Criminais da Faculdade de Direito da Universidade de Lisboa, sendo requisito parcial à obtenção do título de Mestre em Direito na Área de Ciências Jurídico-Criminais. A defesa da dissertação ocorreu em 28 de fevereiro de 2019, sendo obtido a classificação de 17 (dezessete) valores. O Júri foi composto pelos Professores Doutores Augusto Silva Dias (presidente), Paulo de Sousa Mendes (orientador), Francisco Aguilar (arguente) e Rui Soares Pereira (vogal).

A dissertação que resultou neste livro foi fruto de pesquisas junto às bibliotecas do Instituto Max-Planck em Freiburg (Alemanha), da Universidade de Lisboa, Universidade do Porto, Universidade de Coimbra, da Procuradoria-Geral da República de Lisboa, entre outras e teve como propósito analisar o direito ao confronto e sua relação com a produção da prova penal. De forma geral, trata-se do direito fundamental do acusado de confrontar as testemunhas de acusação no processo criminal. Como se verá ao longo do texto, tal direito se desdobra e se relaciona com outros importantes direitos, razão pela qual é denominado, numa visão macro, como o *paradigma do direito ao confronto*.

Inicialmente normatizado na sexta emenda da Constituição norte-americana, atualmente encontra-se previsto em diversos tratados internacionais de direitos humanos. Foi feita uma análise de sua origem histórica e dos fundamentos político-jurídicos que ensejaram o seu nascimento. Ademais, traça-se uma diferença entre o direito ao confronto e a "hearsay rule", outro instituto originário de países do "common law", que faz parte das regras de exclusão probatória ("exclusionary rules"). Para pontuar esta diferença, importante o estudo de uma decisão paradigmática da Suprema Corte norte-americana que resgatou a autonomia do direito ao confronto realçando sua natureza constitucional.

Após, analisa-se como o Tribunal Europeu dos Direitos Humanos interpreta o direito ao confronto e enfrenta as eventuais restrições a tal direito diante de casos envolvendo testemunhas anônimas e ausentes para, ao final, tecer as críticas necessárias. Nos capítulos seguintes, a tarefa é buscar os possíveis fundamentos jurídicos do direito ao confronto nos ordenamentos de Portugal e Brasil e um estudo das normas relacionadas à produção da prova no processo criminal nestes países sob a luz do direito ao confronto.

SUMÁRIO

AGRADECIMENTOS 5

APRESENTAÇÃO 7

PREFÁCIO 11

NOTA PREAMBULAR 15

INTRODUÇÃO 21

1. Conteúdo e estrutura do direito ao confronto 27

1.1 Definição 27

1.2 Direito ao confronto versus contraditório 32

2. Sistema do "Common Law" e o "Right of Confrontation" 39

2.1 Breve evolução histórica do direito ao confronto no sistema do "common law" 39

2.2 "Right of confrontation" e a "hearsay rule" 44

2.2.1 Evolução histórica da "Hearsay Rule" no "common law" 44

2.2.2 Conteúdo e fundamentos da "hearsay rule" 51

2.2.3 Comparação entre o direito ao confronto e a lei contra admissão da "hearsay" ("hearsay rule") na discussão sobre as declarações anteriores ("out-of-court statements") 61

2.2.3.1 Tratamento da suprema corte norte-americana antes do caso Crawford............. 62

2.2.3.2 Contexto factual e jurídico pós-caso Crawford.. 66

2.2.3.3 Algumas considerações finais sobre a autonomia do "right of confrontation" frente à "hearsay rule"........................... 75

3. Direito ao confronto e o Tribunal Europeu dos Direitos humanos. Sobre restrições e a evolução da interpretação adotada.. 81

3.1 Direito ao confronto no Tribunal Europeu de Direitos Humanos.. 81

3.2 Conceito de testemunhas para o Tribunal Europeu dos Direitos Humanos................................ 86

3.3 Restrições ao direito ao confronto.................. 88

3.3.1 Testemunhas ausentes............................ 88

3.3.1.1 Caso Al-Khawaja e Tahery c. Reino Unido e alteração de paradigma dentro da Corte 95

3.3.1.2 Algumas considerações críticas acerca do julgamento do caso Al-Khawaja e Tahery v. Reino Unido 100

3.3.2 Testemunhas anônimas........................... 110

4. Sobre o reconhecimento e aplicação do direito ao confronto dentro do ordenamento jurídico português. Uma análise da transmissibilidade das declarações testemunhais.. 123

4.1 Fundamento convencional e constitucional do direito ao confronto.. 123

4.2 Âmbito normativo de proteção do direito ao confronto no direito português. Direito ao confronto versus contraditório. 129

4.3 Direito ao confronto versus imediação e oralidade 135

4.4 Abordagem da temática da produção de prova à luz do direito ao confronto 141

4.5 Atual estado da questão. Análise do artigo 355 do CPP. 145

4.6 Exceções ao direito ao confronto e ao regime da intransmissibilidade das declarações anteriores. Artigo 356, do CPP. 150

4.7 Restrições com relação à prova decorrente de testemunha anônima 160

5. Do direito ao confronto e sua observância pelo ordenamento jurídico brasileiro 171

5.1 Análise do direito ao confronto e a Corte Interamericana de Direitos Humanos (CIDH) 171

5.2 Comentários sobre a aplicação do direito ao confronto no ordenamento brasileiro 175

5.2.1 Breves comentários sobre o tratamento dado aos tratados de direitos humanos no Brasil 175

5.2.2 Fundamento convencional e constitucional do direito ao confronto 179

5.3 Sobre a produção da prova oral no Brasil 182

5.4 Testemunhas anônimas 203

CONCLUSÃO 205

REFERÊNCIAS BIBLIOGRÁFICAS 213

INTRODUÇÃO

O processo penal tem como um dos seus objetivos, para além de servir como um limite ao *jus puniendi* estatal em favor da liberdade dos cidadãos, principalmente, aqueles acusados de uma prática criminosa, a tentativa de reconstrução de um fato ocorrido no passado[1], o que se dará através da produção da prova em geral, para alcançar a tão almejada justiça. Para tanto, deverá funcionar também e concomitantemente como um instrumento de garantia dos direitos do acusado.[2]

A busca da verdade, que não será objeto específico desta pesquisa, para alguns, serve como um norte no desenrolar de cada ato processual[3], tendo, todavia, como limite inultrapassável os direitos do acusado, notadamente aqueles considerados fundamentais. Daí que

1. Importa dizer que, em um processo acusatório, o que se buscará não é exatamente o fato histórico em si, mas a demonstração da existência ou não do enunciado sobre este fato juridicamente relevante trazido pela imputação inicial. Cf. PRADO, Geraldo. *A cadeia de custódia da prova no processo penal.* 1° ed. São Paulo: Marcial Pons, 2019, p. 61.

2. Para ROXIN, Claus. *Derecho procesal penal*, traducción de la 25ª edición alemana de Gabriela E. Córdoba y Daniel R. Pastor, rev. por Julio B. J. Maier. Buenos Aires: Editores del Puerto, 2000, p. 2, o fim do processo é a sentença sobre punibilidade do acusado e esta deve ser (i) materialmente correta; (ii) obtida em conformidade com o ordenamento jurídico processual e que restabeleça a paz.

3. POPPER, Karl R. *Conjeturas y Refutaciones*: El desarrollo del conocimiento científico. Trad. Néstor Miguez. Barcelona: Ediciones Paidós, 1991, p. 277.

alguns referem-se a "verdade processualmente válida"[4] como aquela pretendida pelo processo penal.

Pode-se falar em uma verdade eticamente válida como uma forma de conjugar o propósito de confirmar ou não as proposições fáticas contidas na imputação penal com o respeito a direitos fundamentais fundados em uma opção político-ideológica em assegurar a igualdade entre as partes e um processo justo.[5]

Nesse paradoxo entre a apuração da verdade[6] e a proteção dos direitos fundamentais, o processo penal atual se desenvolve e, inevitavelmente, ocorrerão conflitos entre os interesses envolvidos, sendo necessário, em determinadas ocasiões, restringi-los.

Nessa senda, surge o direito ao confronto (ou na sua versão anglo-americana o "right of confrontation"[7]) como um direito fundamental

4. Cf. DIAS, Jorge de Figueiredo. *Direito Processual Penal*, vol. 1. Coimbra: Coimbra editora, 1974, p. 194. MALAFAIA, Joaquim. A linguagem no depoimento das testemunhas e a livre apreciação da prova em processo penal. *Revista Portuguesa de Ciências Criminais*, ano 20, nº 4, (out.-dez), 2010, p. 565 (pp. 555-578) - "Assim, a reconstituição que se vai fazer dos factos não é uma reconstituição histórica dos factos mas uma reconstituição judicial em que vai ser declarado o que é verossímil que tenha sido verdade"). CALHEIROS, Maria Clara. A construção retórica do processo penal. In *Simpósio em homenagem a Jorge de Figueiredo Dias, por ocasião dos 20 anos do Código de Processo Penal Português*, Coimbra, p. 366 – essa reconstituição dos fatos "não pode escapar à subjectividade não só do juiz, mas também de cada um dos indivíduos que intervém, seja como testemunhas, peritos etc, no processo dirigido a esclarecer o que sucedeu exactamente num momento que, por não ser já presente, não pode ser captado em toda a sua plenitude" (p. 366).

5. GOMES FILHO, Antonio Magalhães. *Direito à prova no processo penal.* São Paulo: Editora Revista dos Tribunais, 1997, p. 70. Cf. NEVES, António Castanheira. *Sumários de Processo Criminal.* Coimbra, 1968, p. 7 para quem o processo penal é orientado por duas finalidades: uma jurídico-processual e outra ético-jurídica. A primeira no sentido de uma estrutura processual em que permita, eficazmente, averiguar e condenar os culpados; a segunda finalidade seria a conciliação de dois princípios ético-jurídicos fundamentais, quais sejam, o princípio da reafirmação, defesa e reintegração da comunidade ético-jurídica (sistema de valores ético-jurídicos que compõem a ordem jurídica) e o princípio do respeito e garantia da liberdade e dignidade dos cidadãos.

6. Sobre a relação da verdade e processo, v. PRADO, Geraldo. *A cadeia de custódia da prova no processo penal*, op cit., p. 21-39. Sobre a verdade, cf. POPPER, Karl. Verdade e aproximação da verdade. In MLLER, David (org.). *Textos Escolhidos Popper*. Tradução Vera Ribeiro. Rio de Janeiro: Editora Puc Rio, 2016, p. 179-195.

7. Ao longo do presente trabalho, também será utilizado "direito à confrontação".

do acusado[8] e que deverá ser levado em consideração em cada ato relacionado à produção da prova.

De forma bem ampla, trata-se do direito do acusado de confrontar ou interrogar as testemunhas que contra ele depuserem, o que implicará a garantia de diversos outros direitos, como será observado no decorrer do presente trabalho. É possível afirmar que o direito ao confronto decorre do direito à prova no processo penal na perspectiva da defesa - é o *direito de defender-se provando* como pressuposto de um processo justo e como condição indispensável para obter legitimamente a prova que poderá ser valorada pelo julgador na formação da sua convicção.[9]

Não se desconhece que o direito à prova, numa perspectiva mais ampla, também se dirige ao órgão acusatório, o qual também pode indicar testemunhas e outras provas a produzir e participar ativamente na produção da prova penal. No entanto, o objetivo da presente pesquisa é perquirir a relação do direito ao confronto (direito de titularidade exclusiva da defesa) com a produção da prova.

O sentido do direito ao confronto se relaciona apenas em assegurar aspectos epistemológicos da prova? Ou visa essencialmente garantir à defesa a participação na produção e formação da prova? Será visto ao longo desse estudo a evolução do tratamento dado pelas Cortes internacionais de direitos humanos e pela Suprema Corte norte-americana ao direito ao confronto.

Tal como será analisado, este direito, melhor desenvolvido nos Estados Unidos e com previsão expressa na sexta emenda da Constituição norte-americana, encontra-se hoje disposto em diversos instrumentos internacionais, entre outros, a Convenção Americana dos Direitos Humanos (ou Pacto São José da Costa Rica), Convenção Europeia dos Direitos Humanos e Pacto Internacional dos Direitos Civis e Políticos.

Não há dúvidas sobre a dificuldade que, muitas vezes, existe ao se importar normas de outros ordenamentos, haja vista a diferença

8. Será utilizada também a expressão "arguido" como é comum em Portugal.

9. GOMES FILHO, Antonio Magalhães. *Direito à prova no processo penal*, op. cit., p. 80.

entre as sociedades, notadamente os valores culturais, políticos, sociais e morais que contribuíram para o surgimento daquelas normas.

Mas fato é que o direito ao confronto está previsto em diversos tratados de direitos humanos e com aplicação em diversos ordenamentos, sendo de suma importância que se analise o contexto histórico-político-jurídico no qual nasceu o direito ao confronto para entender melhor a essência desse direito e refletir sobre sua aplicabilidade em outros países.

A proposta aqui não é fazer um estudo de direito comparado, mas buscar analisar as raízes e o desenvolvimento do direito ao confronto para, ao compreendê-lo melhor, auxiliar na aplicação em outros ordenamentos jurídicos.

A atualidade do tema é evidente diante das inúmeras decisões do Tribunal Europeu de Direitos Humanos e pela Suprema Corte norte-americana que discutem sobre os aspectos e a aplicação do direito ao confronto, bem como as consequências do seu exercício (ou não) na produção da prova, além da crescente pesquisa doutrinária que, quando não aborda especificamente sobre o direito ao confronto, desenvolve pesquisas sobre temas probatórios, mas que, sem sombra de dúvidas, são relevantes ao presente tema.

O problema em torno desta questão surge principalmente quando uma testemunha de acusação faz suas declarações anteriormente à fase de julgamento (ou à fase processual) e, posteriormente, não comparece em juízo para depor, o que impede a defesa de confrontá-las. Pergunta-se: estas declarações são admissíveis? Qual valor destas declarações anteriores para efeito de formação da convicção do tribunal e da utilização como fundamento na sentença condenatória? Enfim, qual a resposta para a questão da transmissibilidade das declarações anteriores?[10]

Os contributos colhidos da experiência anglo-americana acerca da aplicação da "confrontation clause" e da interpretação feita pelo Tribunal Europeu de Direitos Humanos auxiliarão na discussão das questões envolvendo o direito ao confronto em Portugal e no Brasil.

10. Merece destacar que a presente pesquisa não ingressará no campo das declarações anteriores do *arguido*, limitando-se às testemunhas e demais participantes processuais.

De forma a melhor compreender o tema, o presente trabalho será dividido em cinco capítulos. No capítulo um, o foco será o conteúdo e estrutura do direito ao confronto, esmiuçando o texto da norma e tecendo alguns comentários iniciais sobre este direito fundamental e sua autonomia frente ao princípio do contraditório.

No capítulo dois, será abordada a relação do referido direito com o sistema adversarial, considerado o seu berço e, por conseguinte, uma análise histórica da "confrontation clause" com seus fundamentos político-criminais, contrapondo-a à "hearsay rule", porém, para tal comparação, importante será o estudo da evolução histórica, do conteúdo e do fundamento desta última.

Ato contínuo, verificar-se-á o tratamento dispensado a este tema pela jurisprudência da Suprema Corte norte-americana que, num primeiro momento, aproximava o direito ao confronto da "hearsay rule" e as críticas tecidas pela doutrina para, então, num segundo momento, focar nas decisões paradigmáticas que traçaram os primeiros contornos do "right of confrontation", como um direito de conteúdo normativo autônomo e diverso da "hearsay rule".

No terceiro capítulo, será destacada a importação da norma acerca do direito ao confronto pela Convenção Europeia dos Direitos Humanos e sua aplicação na jurisprudência do Tribunal Europeu dos Direitos Humanos, com análise de casos paradigmáticos, a fim de avaliar o modo como o referido tribunal interpreta tal direito e suas restrições.

Após, o presente estudo tratará da questão da transmissibilidade das declarações anteriores no ordenamento jurídico português, a produção da prova penal e sua valoração, pontuando e enfrentando as críticas doutrinárias pertinentes e os caminhos adotados pelo legislador e jurisprudência. A intenção será demonstrar que o direito ao confronto também encontra fundamento no ordenamento jurídico português, para além da previsão do seu fundamento convencional (CEDH).

Por derradeiro, a análise recairá sobre o entendimento da Corte Interamericana dos Direitos Humanos e a incidência do direito ao confronto no ordenamento jurídico brasileiro, examinando seus possíveis fundamentos e sua incidência na produção da prova penal.

Assim, este capítulo final tem como objeto delimitar qual horizonte a ser seguido pelo processo penal brasileiro com base no direito ao confronto, no tocante à produção probatória, sendo feitas as críticas pertinentes ao modelo atual, bem como indicada a interpretação ideal das normas vigentes para adequação ao modelo acusatório.

Merece destacar que a presente pesquisa pretende contribuir para a discussão envolvendo o direito ao confronto, através da investigação sobre sua aplicação, extensão, limites e sua relação com a produção da prova no processo penal, com a finalidade de estabelecer alguns paradigmas que sustentem um processo penal justo.

1

CONTEÚDO E ESTRUTURA DO DIREITO AO CONFRONTO

1.1 Definição

O direito ao confronto, de forma literal e geral, é o direito do acusado de *confrontar* as testemunhas de acusação. Na VI Emenda à Constituição norte-americana, há a seguinte previsão: "In all criminal prosecutions, the accused shall enjoy the right (...) to be confronted with the witness against him (...)".[1]

Numa visão mais tradicional de Wigmore, tal direito tem dois propósitos: (i) assegurar o oponente a realizar o exame cruzado ("cross-examination") e (ii) permitir ao julgador observar o comportamento da testemunha enquanto depõe, o que enseja um efeito moral ou uma certa pressão sobre ela.[2] Para o autor, um dos maiores tratadistas sobre prova e processo penal americano em geral, o pri-

1. Em tradução livre: "em todas as persecuções penais, o acusado terá o direito (...) a ser confrontado com as testemunhas contrárias a si".

2. WIGMORE, John Henry. *A treatise on the anglo-american system of evidence in trials at common Law*. 3. ed., Boston: Little, Brown & Company, vol. 5, 1940, § 1397, p. 122-127.

meiro componente é o principal e essencial, ao passo que o segundo é secundário e dispensável.

Este direito fundamental foi importado por outros sistemas processuais e hoje é previsto no texto da Convenção Europeia dos Direitos Humanos (doravante CEDH), a qual concede ao imputado o direito de interrogar ou fazer interrogar as testemunhas de acusação.[3] E, neste mesmo sentido, basicamente, as demais previsões em tratados internacionais (Convenção Americana dos Direitos Humanos e Pacto Internacional dos Direitos Civis e Políticos).[4]

Nessa senda, importante esclarecer que ao direito ao confronto foi conferido um tratamento de *direito fundamental autônomo* em relação a outras garantias fundamentais. Esta afirmação pode ser inferida pelo fato de seu fundamento legal encontrar-se em tratados de Direitos Humanos e na própria Constituição americana, cuja sexta emenda faz parte da chamada Declaração de Direitos ("Bill of Rights").

A título de esclarecimento quanto ao termo empregado, nos Estados Unidos, utiliza-se o termo *confrontar* e nos demais diplomas legais citados os termos *interrogar ou fazer interrogar*, ou *inquirir ou ter inquiridas*.

De início, ao utilizar termos como "fazer interrogar" ou "ter inquirida", nota-se a preocupação em garantir aplicabilidade do direito ao confronto nos ordenamentos jurídicos dos países do "civil law", cuja tradição na produção de prova testemunhal é que a inquirição seja feita pelo julgador, e não diretamente pela parte processual.[5] Assim, o

3. 6, nº 3, d, da CEDH – "O acusado tem, como mínimo, os seguintes direitos:(...) Interrogar ou fazer interrogar as testemunhas de acusação (...)".

4. Artigo 8º, n. 2, f, da CADH – "2. Toda pessoa acusada de um delito tem direito a que se presuma sua inocência, enquanto não for legalmente comprovada sua culpa. Durante o processo, toda pessoa tem direito, em plena igualdade, às seguintes garantias mínimas: (...) direito da defesa de inquirir as testemunhas presentes no Tribunal (...)"; artigo 14, n. 3, e do Pacto Internacional dos Direitos Civis e Políticos – "3. Toda pessoa acusada de um delito terá direito, em plena igualdade, a, pelo menos, as seguintes garantias: (...) de interrogar ou fazer interrogar as testemunhas de acusação (...)". Também há previsão do referido direito em Estatutos de alguns tribunais e cortes internacionais: art. 21, nº 4, e, do Estatuto do Tribunal Internacional para ex-Iugoslávia; art. 20, nº 4, e, Estatuto do tribunal Internacional para Ruanda; art. 67, nº 1, e, Estatuto do Tribunal Penal Internacional e art. 17, nº 4, e, Estatuto da Corte Especial de Sierra Leoa.

5. MAFFEI, Stefano. *The right to confrontation in Europe*: absent, anonymous and

exercício deste direito pode também ser assegurado por mediação do juiz (sistema presidencialista). Com efeito, a CEDH e outros tratados internacionais, ao realizar a importação do sistema adversarial, mais especificamente do ordenamento jurídico norte-americano, adequou a respectiva norma em razão de grande parte dos países signatários adotarem tal sistema, prevendo, assim, a possibilidade de o indivíduo ter as testemunhas desfavoráveis *confrontadas*.[6]

Outra razão para esta diferença terminológica é que, no processo penal adversarial, em que o procedimento se desenvolve como um combate entre as partes (adversários) perante um juiz neutro e imparcial, em que cada parte é responsável pela apresentação de suas provas, sendo, inclusive, comum que as testemunhas sejam preparadas anteriormente pelos advogados para arguição no julgamento, estas são vistas como pertencentes à parte processual que as arrolou, "ensejando ênfase no *confronto* delas com o acusado, por ocasião da produção da prova".[7]

Será estudado que o direito ao confronto pode ser concebido muito além daquela visão tradicional, desmembrando-se em alguns outros direitos tão fundamentais quanto o é o próprio, sendo, pois, um direito da defesa (i) à produção da prova testemunhal em audiência pública; (ii) a presenciar a produção da prova testemunhal ("right to be present"[8]); (iii) à produção da prova testemunhal na presença

vulnerable witness, 2nd edition revised and updated, Groningen: Europa Law Publishing, 2012, p. 17-18.

6. Alguns países já realizaram reformas processuais, alterando este sistema e prevendo que a inquirição seja feita diretamente pela parte processual. Nesse sentido, p. ex., o Brasil, que através da lei 11.690/2008, alterou o artigo 212, do Código de Processo Penal. Em Portugal, a Lei 2.096, de 1959, já havia alterado o antigo artigo 435, do CPP português prevendo o sistema do contra-interrogatório, com perguntas feitas diretamente pela parte (cf. DIAS, Jorge de Figueiredo. *Direito Processual Penal*, op. cit., p. 256-259). Atualmente, o CPP português em vigor manteve esse sistema em seu artigo 348, nº 4.

7. MALAN, Diogo. *Direito ao confronto no processo penal*. Rio de Janeiro: Lumen Juris Editora, 2009, p. 76.

8. ISRAEL, Jerold H.; KAMISAR, Yale; LaFAVE, Wayne R. *Criminal procedure and the Constitution*: leading Supreme Court cases and introductory text. St. Paul: Thomson business, 2004, p. 754. LaFAVE, Wayne R.; ISRAEL, Jerold H.; KING, Nancy J.; KEER, Orin S. *Principles of criminal procedure*: post-investigation. 2nd ed. St. Paul: Thomson Reuters, 2009, p. 560-561. HALL, Daniel E. *Criminal law and procedure*. 6th ed. New York: Delmar CENGAGE Learning, 2011, p. 523.

do julgador do mérito da causa; (iv) à determinação às testemunhas do compromisso de dizer a verdade; (v) a desvendar a verdadeira identidade das testemunhas; (vi) à inquirição das fontes de prova testemunhal desfavoráveis, no momento de sua produção[9]; (vii) a se comunicar, reservada, livre e ininterruptamente, com seu defensor durante a produção da prova oral.[10]

Há que se acrescentar também que decorre do direito ao confronto o *direito de influência* na decisão judicial. Não se trata apenas do direito da defesa ou de alguma parte de influenciar a decisão judicial a partir da apreciação dos argumentos alinhavados, mas a participação ativa[11] na formação da prova que será valorada pelo julgador no momento da sua decisão.

Trata-se, pois, de uma dimensão constitucional do direito ao confronto como expressão do Estado de direito democrático, o qual exige a participação das partes nos diversos campos sociais, salientando, no presente caso, a participação na decisão judicial através da possibilidade de influir na prova no momento da sua produção, formação e na própria decisão que se desenhará sobre a referida prova.[12]

9. MAFFEI, Stefano. *The right to confrontation in Europe,* op. cit., p. 37-43. Em sentido semelhante, FRIEDMAN, Richard. Thoughts from across the water on hearsay and confrontation. *Criminal Law Review*, 1998, p. 703, diz que a forma ideal de uma testemunha depor contra o acusado é (i) sob juramento, (ii) submetida à inquirição cruzada pelo acusado ou defesa, (iii) na presença do acusado e (iv) na presença do julgador. Interessante, ademais, a afirmação de FREDERICO COSTA PINTO, ao abordar a questão da testemunha de ouvir dizer, mas com foco no contraditório, que o exercício deste não se garante com a mera audição formal deste tipo de testemunha, a saber: "Implica necessariamente um procedimento de credibilização da fonte (que é ajuramentada e declara não ter interesse na causa), a possibilidade de contra-interrogatório pelos demais sujeitos processuais e de inquirição autónoma pelo tribunal, na presença de todos. Acima de tudo, é um contraditório que tem especificamente de incidir sobre o conteúdo do facto probando controvertido e, sobre este, não está a testemunha-de-ouvir-dizer habilitada a esclarecer dúvidas de forma segura por não o ter presenciado". PINTO, Frederico de Lacerda da Costa. Depoimento indirecto, legalidade da prova e direito de defesa. Boletim da Faculdade de Direito, Studia Iuridica 100 Ad Honorem – 5, separata de *ARS IVDICANDI: Estudos em homenagem ao Prof. Doutor Jorge de Figueiredo Dias*. Vol. III, Coimbra: Coimbra editora, 2010, p. 1056.

10. Este último incluído por DIOGO MALAN (*Direito ao confronto no processo penal*, op. cit., p. 86).

11. BENAVENTE CHORRES, Hesbert. *La aplicación de la teoría del caso y la teoría del delito en el proceso acusatorio*. Barcelona: Bosch, 2011, p. 37.

12. Sobre a interessante visão desse direito de influência, mas especificamente sobre

Diante desse quadro, é possível sustentar que o direito ao confronto possui um "conteúdo normativo multifacetado",[13] com base nas lições da obra portuguesa de José Carlos Vieira de Andrade, para quem, na maior parte dos direitos fundamentais, "há que tomar em consideração o caráter complexo e multifacetado".[14] Para o autor português, isso significa que num direito fundamental podem conter várias e diferentes "faculdades ou poderes de tipo diferente e diverso alcance, apontados em direcções distintas".[15]

Esse conjunto de direitos é denominado como *paradigma do direito ao confronto* que apenas se realizará plenamente quando se respeitarem todos seus componentes.

Com efeito, tal paradigma deve ser tido como parâmetro na produção probatória nos processos penais assegurando todos os seus componentes citados acima da maneira mais efetiva possível, como medida de assegurar um processo *justo*.

É relevante registrar, todavia, que o direito ao confronto, como todo direito fundamental, não é absoluto e, em certas ocasiões, poderá ser restringido, porém a preocupação que há de ter é não permitir que tais restrições esvaziem por completo seu conteúdo. Nesse diapasão, em variadas ocasiões, as restrições podem recair sobre um ou mais componentes referidos, sem que seu conteúdo se desnature substancialmente. É o caso de, por vezes, se aceitarem elementos de prova decorrentes de testemunhas anônimas ou ausentes, como será visto.

Por fim, visando determinar um conteúdo universal a tal direito, mister estabelecer algumas distinções que serão feitas nos próximos ca-

o contraditório, cf. CABRAL, Antonio do Passo. Il principio del contraddittorio come diritto d'influenza e dovere di dibattito. *Rivista di Diritto Processuale*. Ano LX, nº 2, Aprile-Giugno, 2005, p. 456-459.

13. MALAN, Diogo. *Direito ao confronto no processo penal*, op. cit., p. 85.

14. ANDRADE, José Carlos Vieira de. *Os direitos fundamentais na Constituição Portuguesa de 1976*. Reimp. Coimbra: Almedina, 1987, p. 188.

15. ANDRADE, José Carlos Vieira de. Op. cit., p. 189. Continua o autor: "a complexidade é uma característica geral e típica das posições jurídicas subjetivas fundamentais, que são normalmente formuladas em termos sintéticos por meio de conceitos gerais e indeterminados. Depois, conforme as diferentes situações da vida, vão sendo concretizadas pelo legislador e pelo juiz, que retiram consequências normativas preceitos e explicam, deste modo, por referência reversa, a estrutura interior dos direitos" (ibidem).

pítulos entre direito ao confronto e contraditório, direito ao confronto e "hearsay rule", o entendimento da Suprema Corte norte-americana antes e depois do julgamento do caso *Crawford v. Washington* e direito ao confronto e imediação/oralidade.

1.2 Direito ao confronto *versus* contraditório

O direito ao confronto e o contraditório são expressões do Estado democrático de direito e das garantias de defesa.[16] Pode-se falar em *dimensão processual* do princípio do Estado de Direito que se manifesta pelo corolário do processo equitativo (*fair trial*), e é pela concretização das garantias de defesa que o Estado de Direito garante às pessoas um tratamento equitativo perante seus órgãos, principalmente aqueles responsáveis pela persecução criminal no caso do processo penal.[17]

É justificável a afirmação de que o direito ao confronto se assemelha ao contraditório, o que nos permite afirmar até que se trata de um *contraditório específico defensivo*, diante das suas previsões normativas acima mencionadas, mas há algumas diferenças importantes.

Como dito, o direito ao confronto só pertence ao imputado,[18] enquanto que o contraditório é de titularidade de ambas as partes processuais.[19] Conforme alguns apontamentos trazidos por Diogo

16. Especificamente quanto ao contraditório, tal observação foi feita no acórdão do Tribunal Constitucional ACTC 7740 (acórdão 97-499-1), Relator Conselheira Maria Fernanda Palma, de 10 jul 1997, publicado no Diário da República, II série, nº 244, p. 12983, em 21 out 1997.

17. RAMOS, Vânia Costa. *Corpo Juris* 2000: imposição ao arguido de entrega de documentos para a prova e *nemo tenetur se ipsum accusare*. *Revista do Ministério Público*, ano 28, nº 109, jan./mar., 2007, p. 70.

18. FENNER, Michael G. Today's confrontation clause (after crawford and melendez-diaz). *Creighton Law Review*, vol. 43, 2010, p. 40-41.

19. Nesse sentido, SILVA, Germano Marques da (*Curso de Processo Penal*. vol. II, 4ª ed. rev. actual. Lisboa: Editorial Verbo, 2008, p. 156) afirma que o contraditório implica que acusador e acusado devem ter a possibilidade de apresentar provas sobre o mesmo tema probatório; cada prova deve formar-se através da atividade de todos os sujeitos processuais; na motivação, o juiz deve dar conta da relevância para a decisão das provas que estão em contradição". Outros autores incluem o juiz como destinatário do princípio do contraditório no sentido de que este tem o dever e direito de ouvir as razões das partes em relação aos assuntos que tenha que proferir uma decisão (CANOTILHO, J. J. Gomes; MOREIRA, Vital. *Constituição da República portuguesa anotada*. Vol. I.

Malan, [20] do ponto de vista da aplicabilidade, o confronto se relaciona aos atos processuais de produção de prova derivada de fonte pessoal, ao passo que o contraditório, a par da sua aplicação à produção de prova oral, também se aplica aos demais atos da instrução (p.ex. produção de prova documental e pericial) ou a outras fases processuais (alegações finais, p. ex.).

Daí dizer-se, pois, que o contraditório tem uma amplitude maior na sua aplicação relacionado à natureza dos atos probatórios e às fases do procedimento, ao passo que o direito ao confronto fica restrito aos atos de produção da prova oral incriminadora, em que também tem incidência do contraditório.[21]

Para Germano Marques, o princípio do contraditório traduz-se "em termos de um debate ou discussão entre acusação e a defesa. Acusação e defesa são chamadas a deduzir as suas razões de facto e de direito, a oferecer as suas provas, a controlar as provas contra si oferecidas e a discretear sobre o valor e resultado de umas e outras".[22]

Concorda-se, ainda, com Diogo Malan quando afirma que, a par de o contraditório ter uma incidência mais ampla, o direito ao confronto, quanto aos atos de produção da prova oral especificamente, fornece uma proteção "*mais intensa*" do que aquele, haja vista todos os corolários decorrentes deste último que serão detalhados a seguir.[23]

Contrapondo os dois, há que se afirmar que o direito ao confronto tem uma relação mais próxima com o contraditório para o elemento de prova[24] ("contraddittorio per l'elemento di prova"[25]), haja vista

4ª ed. rev. Coimbra: Coimbra Editora, 2007, p. 523). Diferente, portanto, do direito ao confronto que pertence apenas ao acusado.

20. MALAN, Diogo. *Direito ao confronto no processo penal,* op. cit., p. 98-104.

21. Ibidem, p. 104.

22. SILVA, Germano Marques da. *Curso de Processo Penal*, op. cit., p. 155.

23. MALAN, Diogo. *Direito ao confronto no processo penal*, op.cit., p. 104. QUIROGA, Jacobo López Barja de. *La cláusula de confrontación en el proceso penal.* 1a edición. Civitas Ediciones, 2013, p. 20.

24. MALAN, Diogo. *Direito ao confronto no processo penal*, op. cit., 2009, p. 103.

25. Distinções feitas pela doutrina italiana. Cf. UBERTIS, Giulio. Corte europea dei diritti dell'uomo e "processo equo": riflessi sul processo penale italiano. *Rivista di Diritto Processuale*, Padova, vol. LXIV (II serie), N. 1, (Gennaio-Febbraio 2009), p.40.

que este tem a efetiva participação da defesa na produção de prova, como, por exemplo, estará presente no momento da colheita de um depoimento testemunhal (contraditório forte). Por outro lado, o direito ao confronto se afasta do contraditório sobre o elemento de prova ("contraddittorio sull'elemento di prova"[26]), porquanto, neste caso, será apenas oportunizado à defesa se manifestar sobre o elemento de prova já produzido posteriormente (de forma diferida), cuja produção não contou com sua participação e, portanto, ficará inviabilizado de confrontar momentaneamente qualquer elemento produzido.

Atualmente, na doutrina civil-processualista brasileira, há uma concepção de contraditório como possibilidade de influência que amplia aquela visão mais tradicional e reducionista, estabelecendo, pois, um contraditório participativo.[27] Há uma semelhança, portanto, entre os dois sendo ambos expressão do Estado democrático de direito. Trata-se de compreender o contraditório e o direito ao confronto como direito de influência e, ao assegurar a efetiva participação das partes na formação da decisão judicial, estas influirão no processo decisório e na dinâmica processual. Tal forma de compreender estes institutos expressa a democracia deliberativa através do processo.[28]

Quanto ao contraditório especificamente, a título de ilustração, vale destacar seu papel no novo Código de Processo Civil brasileiro que deixou de ser meramente uma simples colaboração das partes, materializada no binômio informação-reação, para se tornar um elemento influenciador na formação da prova e da decisão.[29] O artigo

UBERTIS, Giulio. *Argomenti di procedura penale*, III, Milano: Giuffrè Editore, 2011, p. 136

26. UBERTIS, Giulio. Corte europea dei diritti dell'uomo e "processo equo", op. cit., p. 40.

27. Cf. GRECO, Leonardo. *Instituições de Processo Civil*. 5º ed., vol. 1, Rio de Janeiro: Forense, 2015, p. 514.

28. CABRAL, Antonio do Passo. Il principio del contraddittorio come diritto d'influenza e dovere di dibattito, op. cit., p. 456.

29. Sobre esse novo sentido do contraditório no Novo Código de Processo Civil brasileiro e sua influência no Direito Processual Penal, cf. SAMPAIO, Denis. A regra do contraditório no Novo Código de Processo Civil e sua possível "influência" no Direito Processual Penal. In Cabral, Antonio do Passo; Pacelli, Eugênio; Cruz, Rogerio Schietti (coords.). *Processo Penal*. Coleção Repercussões do Novo CPC, vol. 13, Salvador: Juspodivm, 2016, p. 19-48.

10 do referido Código assegura uma real oportunidade de influência pelas partes da prova e da decisão[30] e o artigo 7 do mesmo diploma legal que protege a igualdade entre as partes, determinando que o julgador zele pelo efetivo contraditório.[31]

Se, no processo civil, que lida basicamente com direitos disponíveis (ressalva-se que, em certas ocasiões, também indisponíveis), evoluiu para consagrar o direito de influência das partes na decisão judicial, com muito mais razão deve o processo penal (que lida com a liberdade das pessoas) assegurar tal direito,[32] compreendendo o contraditório e, numa visão mais específica da defesa, o direito ao confronto da forma supra aludida.

É importante observar, pois, que um não exclui o outro; pelo contrário, tais institutos se complementam, uma vez que o contraditório assegurará ao acusado a possibilidade de se manifestar sobre "(i) elementos de prova de outra natureza (pericial ou documental) produzidos; (ii) a prova oral já produzida, em sede de alegações finais; (iii) a valoração do resultado da prova efetuada pelo juiz, em sede recursal."[33]

Vale adiantar também algumas funções do direito ao confronto que serão mais bem desenvolvidas após analisar seus fundamentos políticos e históricos nos capítulos seguintes. Com efeito, tal direito fundamental visa coibir a produção de declarações testemunhais ocultas e de forma unilateral em razão do indiscutível caráter inquisitorial.[34] Reflete também a transparência do procedimento, em

30. "Art. 10. O juiz não pode decidir, em grau algum de jurisdição, com base em fundamento a respeito do qual não se tenha dado às partes oportunidade de se manifestar, ainda que se trate de matéria sobre a qual deva decidir de ofício."

31. "Art. 7º É assegurada às partes paridade de tratamento em relação ao exercício de direitos e faculdades processuais, aos meios de defesa, aos ônus, aos deveres e à aplicação de sanções processuais, competindo ao juiz zelar pelo efetivo contraditório."

32. SILVA, Franklin Roger Alves. A construção de um processo penal cooperativo e a instalação do contraditório como direito de influência: aplicabilidade dos arts. 6º e 10 do novo Código de Processo Civil. In Cabral, Antonio do Passo; Pacelli, Eugênio; Cruz, Rogerio Schietti (coords.). *Processo Penal.* Coleção Repercussões do Novo CPC, vol. 13, Salvador: Juspodivm, 2016, p. 79.

33. MALAN, Diogo. *Direito ao confronto no processo penal*, op. cit., 2009, p. 104.

34. FRIEDMAN, Richard. Confrontation: the search for basic principles. *The*

que se verificará que o depoimento testemunhal não será produto de coerção ou tortura.[35]

Além do mais, o "right of confrontation" proporcionará à defesa que explore a fragilidade de um depoimento testemunhal contra si prestado, realçando as contradições eventualmente existentes, bem como desencoraja falsos testemunhos ou permite sua detecção mais facilmente e permite ao julgador da causa observar o comportamento da testemunha (suas expressões faciais ou a forma de falar), importante para avaliar a credibilidade das declarações.[36]

Por fim, tem um propósito simbólico de que um confronto face a face entre acusador e acusado é essencial para um processo criminal justo.[37]

Após estas breves considerações acerca do direito ao confronto que serão melhor aprofundadas em capítulos posteriores, avança-se

Georgetown Law Journal, vol. 86, 1998, p. 1025-1026; MALAN, Diogo. *Direito ao confronto no processo penal*, op. cit., p. 78. Neste ponto, é interessante notar opinião de SCHÜNEMANN acerca de uma necessária reforma na fase de investigação preliminar, a fim de garantir à defesa uma efetiva influência na produção probatória e um controle de correção dos atos praticados nesta fase. Assim, dentre os princípios destacados pelo autor aptos a garantir este equilíbrio entre os interesses estatais de persecução e o interesse da defesa, vale citar a (i) criação de uma nova instituição sem vínculo ao Ministério Público e nem à justiça criminal que atue em todas as investigações no interesse apenas defensivo ("proto- ou pré-defensor"), (ii) a gravação em vídeo de todas inquirições das testemunhas, a fim de avaliar a fidedignidade dos depoimentos e (iii) garantir ao advogado um direito de inquirição própria privada das testemunhas (Audiência de instrução e julgamento: modelo inquisitorial ou adversarial? – Sobre a estrutura fundamental do processo penal no 3° Milênio. In GRECO, Luis; MARTINS, Antonio (orgs.). *Direito penal como crítica da pena*: estudos em homenagem a Juarez Tavares por seu 70° Aniversário em 2 de setembro de 2012. São Paulo: Marcial Pons, 2012, p. 645-648). Com relação a críticas sobre a grande influência que as declarações dadas na fase de investigação tem na formação da sentença, cf. SCHÜNEMANN, Bernd. La policía alemana como auxiliar del Ministério fiscal: estructura, organización y atividades. Tradução para espanhol por Mariana Sacher, Universidad de Múnich. Título original: "Die Deutsche Polizei als Gehilfe der Staatsanwaltschaft: Struktur, Organization und Tätigkeiten"). In: DONNA, Edgardo Alberto (dir.). *Obras*, tomo II. Colección Autores de Derecho penal, Buenos Aires: Rubinzal-Culzoni Editores, 2009, p. 451-483.

35. FRIEDMAN, Richard. Confrontation: the search for basic principles, op. cit., p. 1025-1026.

36. Ibidem.

37. Idem. The confrontation clause re-rooted and transformed. *Cato Supreme Court Review*, vol. 2003-2004, p. 441-443.

para a análise de sua concepção no sistema do "common law", principalmente nos Estados Unidos, em que a doutrina e jurisprudência são fartas nesta matéria, permitindo enriquecer o debate e posteriormente contrapor com a visão adotada em outros países.

2

SISTEMA DO "COMMON LAW" E O "RIGHT OF CONFRONTATION"

2.1 Breve evolução histórica do direito ao confronto no sistema do "common law"

Inicialmente, necessário esclarecer que uma breve consideração acerca dos aspectos históricos do direito ao confronto tem uma importância ímpar para presente pesquisa.

Aliás, foi com fundamentos voltados à origem histórica do referido direito que o juiz Scalia da Suprema Corte norte-americana sustentou seu voto no caso *Crawford*[1], sendo seguido pela maioria (v. subcapítulo 3.2.3.2). Tanto o é que este entendimento representa uma corrente denominada *originalista*. Este caso foi considerado paradigmático na interpretação do direito ao confronto pela doutrina americana.

Um caso bastante notório e um dos mais importantes que é tido como a origem histórica do referido direito foi o julgamento de Sir Walter Raleigh,[2] ocorrido em 1603, durante o reinado de James I na Inglaterra, em que foi acusado e condenado por traição.

1. 541 U.S 36 (2004). Disponível em www.supremecourt.gov.
2. Era um homem estudioso, poeta, talentoso, pensador, navegador, historiador

A acusação era que Raleigh e Cobham se encontraram para planejar um modo de depor o rei James I para colocar em seu lugar Arabella Stuart.[3] Para tanto, Cobham deveria tratar com Aremberg, embaixador do arquiduque da Áustria para obter determinada quantia. Consta, na verdade, que Cobham foi instigado pelo acusado para proceder de tal forma. Após obter esta quantia, deveria retornar à Inglaterra, através da Ilha de Jersey, onde Raleigh exercia um controle político para dividir os valores obtidos e financiar uma rebelião para deposição do rei James I.[4]

As principais provas contra ele foram os depoimentos de Lorde Cobham, conseguidos pelo órgão acusatório enquanto este era prisioneiro na Torre de Londres[5] e o depoimento de uma testemunha chamada Dyer, um piloto de navio, que teria ouvido de pessoais locais quando esteve em Portugal que Sir Raleigh e Cobham planejavam assassinar o rei quando estivesse viesse a público.[6]

A prova mais robusta era o depoimento de Lorde Cobham, todavia era depoimento dado em fase diversa do julgamento e na presença apenas da acusação, argumento este fortemente usado por Raleigh em sua defesa, na qual requereu ao juiz que a referida testemunha, que se encontrava disponível para comparecer ao tribunal, comparecesse face a face do acusado para dar suas declarações.[7] Ademais, alegou

e bastante influente da época (MACDONELL, John. *Historical trials*, RW Lee ed., 1927, p. 171-172. Disponível em www.heinonline.org, acesso em 26 out 2015). Este autor nos traz algumas informações de que o julgamento ocorreu perante uma comissão da qual fazia parte alguns inimigos de Sir Raleigh, tais como Lorde Hanry Howard e Lorde Cecil que tiveram uma participação bem ativa no julgamento e que, conforme documentos que surgiram posteriormente, estes estavam influenciando a cabeça do rei James I contra Raleigh (ibidem, p. 173).

3. POLLITT, Daniel H. The right of confrontation: its history and modern dress. *Journal of Public Law*, nº 8, 1959, p. 388-389.

4. MACDONELL, John. *Historical trials*, op. cit., p. 175-176.

5. SHAVIRO, Daniel. The confrontation clause today in light of its common law background. *Valparaiso University Law Review*, vol. 26, 1991-1992, p. 342.

6. Ibidem.

7. Nas palavras de Raleigh: "Senhores Lordes, eu requeiro seja trazido meu acusador perante mim face a face para fala. Eu suplico, senhores, que ele seja enviado ao tribunal" (tradução livre). No original: "My Lords, I claim to have my accuser brought here face to face to speak. I bessech you, my Lords, let Conham be sent for." Cf. MACDONELL, John. *Historical trials*, op. cit., p. 179.

que, sendo condenado sem a presença da testemunha e sem juramento por parte desta, com base apenas em suposições, ele seria julgado pela *Inquisição espanhola.* [8]

Talvez a insistência do acusado para que a testemunha comparecesse ao julgamento fosse em razão de o acusado possuir uma carta assinada da testemunha se retratando do depoimento anterior, o que colocaria em xeque qualquer credibilidade da prova acusatória. Ocorre que a acusação possuía uma carta posterior e mais recente assinada também pela mesma testemunha, em que novamente confirmara as acusações feitas contra o acusado.[9] Mesmo considerando que a testemunha poderia comparecer no tribunal e manter as acusações feitas, Raleigh insistia no confronto com a testemunha, já que poderia explorar as contradições existentes, além do fato desta prestar o depoimento sob juramento, em audiência pública e sem eventual coerção.

No entanto, os requerimentos do acusado foram indeferidos pelo juiz e aquele foi condenado à pena de morte, permanecendo detido na Torre de Londres por 12 anos e após esse período foi executado.[10] Diante de todo esse julgamento e a ausência de um "fair trial", houve uma mudança na opinião pública que inicialmente estava contra o acusado, mas que virou a seu favor.[11]

A importância deste julgamento para o presente tema é a reflexão acerca da possibilidade de graves injustiças cometidas em condenações baseadas em declarações dadas de forma secreta, anteriores ao julgamento e sem a presença do imputado, sendo considerado, portanto, um fato histórico relevante para o surgimento do "right of confrontation".

8. Ibidem.

9. SHAVIRO, Daniel. The confrontation clause today in light of its common law background, op. cit., p. 342.

10. Antes de sua execução, porém, ele chegou a ser solto em março de 1616 e enviado pelo Rei para uma missão na América do Sul em busca de riquezas. No decorrer da expedição, atacou habitantes de uma colônia espanhola e quando retornou, foi acusado de violar as instruções que tinha recebido de não quebrar a paz (havia um tratado de paz com a Espanha neste período) e de não invadir qualquer território sob domínio espanhol. Para mais informações, cf. MACDONELL, John. *Historical trials*, op. cit., p. 182-184.

11. MACDONELL, John. *Historical trials*, op. cit., p. 182.

Com relação ao seu surgimento nos Estados Unidos, cumpre destacar também alguns acontecimentos históricos para consagração deste direito.

Apesar de os colonizadores ingleses não adotarem as normas do "common law" em território americano, tampouco uma ideia do direito ao confronto, a doutrina indica que um livro trazido por eles foi a chave principal para seu surgimento em terras americanas, qual seja, "Geneva Bible".[12]

No século XVIII, todas as colônias norte-americanas basicamente já adotavam o direito ao confronto em seus ordenamentos jurídicos,[13] mas a razão para elevá-lo à nível constitucional pode ter ocorrido por conta do rigor que a Inglaterra passou a ter com questões relacionadas à navegação e ao comércio[14] e, principalmente, com as "admiralty courts" (tribunais marítimos que possuíam a jurisdição sobre tais questões).

Nestes tribunais não eram aplicadas normas clássicas do sistema adversarial. Não só não era aplicado o direito ao confronto, mas tam-

12. GRAHAM, Kenneth. Confrontation stories: Raleigh on the mayflower. *Ohio State Journal of Criminal Law*, vol. 3, 2005-2006, p. 214. *Geneva Bible* trazia algumas notas e apontamentos suplementares sobre o significado político contemporâneo sobre passagens bíblicas, sendo a mais conhecida passagem bíblica sobre o direito ao confronto o caso de Paulo que foi levado ao Governador romano e ordenado que seus acusadores comparecessem perante o Governador para que Paulo pudesse confrontá-los pessoalmente, já que não concordava com a acusação de violação da lei dos judeus e de César. Paulo questionou os que compareceram e que só possuíam conhecimento de "ouvir-dizer", requerendo, diante disso, que comparecesse perante ele os que tinha conhecimento pessoal acerca dos supostos fatos. Neste ponto, o citado livro continha uma nota sobre os perigos do "hearsay" (ibidem). A passagem refere-se ao Livro de Atos, capítulo 25, da Bíblia Sagrada. Mais especificamente, o versículo 16 diz: "Entretanto, eu lhes expliquei que não é costume dos romanos condenar ninguém sem que o acusado tenha diante de si os acusadores e possa exercer plenamente o seu direito à defesa." Tal observação foi feita também no caso julgado pela Suprema Corte norte-americana *Coy v. Iowa*, 487 U.S. 1012 (1988). Disponível em www.supremecourt.gov.

13. Para mais detalhes e desenvolvimento, cf. POLLITT, Daniel H. *The right of confrontation*: its history and modern dress, op. cit., p. 390-395.

14. Ibidem, p. 396. Note-se que foram implantados diversos atos que oneraram os colonos com restrições ao comércio e com a criação de impostos, tais como o "Sugar Act" (Lei do Açúcar) e o "Stamp Act" (Lei do Selo). Com o primeiro, foram criadas taxas para a importação colonial de café, roupas, alguns vinhos, açúcar etc e o segundo com a imposição de taxas sobre todas as impressões de documentos legais, jornais, licenças etc.

bém negado o direito ao julgamento por júri, seguindo o procedimento adotado em países do "civil law", em vez de garantir aos colonos os mesmos direitos daqueles cidadãos da Inglaterra.[15]

Ademais, os "standards" de prova eram bem menores do que nos tribunais comuns e as testemunhas não eram ouvidas, mas declarações escritas destas eram anexadas e serviam de base para condenação judicial ou os depoimentos eram colhidos de forma secreta pelo juiz.[16] Este contexto de abusos de índole inquisitorial serviu como um catalisador para o surgimento do direito ao confronto nas Treze Colônias e seu status constitucional com a inclusão pela Sexta Emenda à Constituição norte-americana.

Há na doutrina quem sustente, como Kenneth Graham, que o direito ao confronto é uma inovação americana, não importado da Inglaterra[17] e que a intenção era que a parte pudesse confrontar não apenas as testemunhas que aparecessem nos tribunais, mas aqueles "acusadores" que permaneciam ocultos.[18] E, ainda, que "confrontar" um acusador não significava tão somente realizar um exame cruzado, mas também ter direito a um julgamento em que fossem respeitados os procedimentos adversariais e não inquisitoriais.[19]

Assim, o direito ao confronto foi consagrado juntamente com

15. SHAVIRO, Daniel. The confrontation clause today in light of its common law background, op. cit., p. 341.

16. POLLITT, Daniel H. The right of confrontation: its history and modern dress, op. cit., p. 397. John Adams, um dos que desenhou a cláusula do direito ao confronto da colônia de Massashussets, afirmou perante um julgamento num dos tribunais marítimos ("admiralty court") que "se nós somos governados por Leis da common law, nós devemos adotar ela como um todo e convocar um júri e o julgamento conforme a Carta Magna. Toda produção de prova testemunhal deve se realizar de forma pública, na presença das partes e face a face." (tradução livre) No original: "If we are to be governed by the Rules of the common law we ought to adopt it as a whole and summon a jury and be tryed by Magna Charta. Every examination of witnesses ought to be in open court, in presence of the parties, face to face" (GRAHAM, Kenneth. Confrontation stories: Raleigh on the mayflower, op. cit., p. 216).

17. GRAHAM, Kenneth. Confrontation stories: Raleigh on the mayflower, op. cit., p. 216. O autor afirma que os colonizadores ingleses não trouxeram o "English right of confrontation", mas apenas as sementes intelectuais que, diante dos abusos inquisitoriais nas colônias, fizeram florescer o "right of confrontation" americano.

18. Ibidem, p. 220.

19. Ibidem. Nas palavras do autor: "In short, the Sixth Amendment amounts to more than a bundle of disparate rights, it incorporates a holistic vision of a fair trial."

outros direitos na citada emenda à Constituição norte-americana[20] com o propósito de assegurar um "fair trial" e como forma de limitar o abuso do poder estatal.[21]

2.2 "Right of confrontation" e a "hearsay rule"

Será contraposto o direito ao confronto norte-americano com a "hearsay rule", porém, antes de se analisar as diferenças, é preciso estudar a definição, conteúdo, fundamentos e a evolução histórica de tal lei no âmbito dos países do "common law".

2.2.1 Evolução histórica da "Hearsay Rule"

A "rule against hearsay" é uma espécie das famosas regras de exclusão probatória existentes no sistema adversarial. Num contexto histórico, os juízes, a fim de evitar erros no julgamento e, consequentemente, obstar a condenação de pessoas inocentes, criaram algumas proteções, como, por exemplo, excluir certos elementos de prova que seriam inapropriados.[22] Spencer faz um alerta de que o desenvolvimento das "exclusionary rules" ocorreu perante um sistema criminal radicalmente diferente do atual.[23]

De uma forma geral, a premissa básica tradicional é que certos elementos colhidos fora do julgamento são de menor-valia (não são confiáveis) e, para evitar julgamentos equivocados, devem ser inadmitidos no processo. Contudo, como informado por Spencer, Bentham

20. Sobre uma visão geral da "Bill of Rights", cf. AMAR, Akhil Reed. The Bill of Rights as a constitution. *Yale Law Journal*, vol. 100, 1991, p. 1131-1210.

21. WALKER, Samuel. *Popular justice*: a history of american criminal justice. New York: Oxford University Press, 1980, p. 44.

22. SPENCER, John R. *Hearsay evidence in criminal proceedings*. 2nd ed. Oxford and Portland: Hart Publishing, 2014, p. 2.

23. Ibidem, p. 3. O autor cita algumas questões que diferenciavam o sistema antigo, tais como: não havia uma instituição profissional de polícia e uma instituição oficial de acusação como o Ministério Público, não havendo, pois, um sistema organizado e regulado de colheita, análise e apresentação de prova; acusação privada e ausência de um "promotor de justiça" que agiria imparcialmente, inclusive com o objetivo de encontrar provas que levassem a inocência do acusado; ausência de advogado para a defesa dos acusados por grande parte dos crimes e, muitas vezes, os acusados não tinham tempo de preparar suas defesas pois estavam acautelados.

não concordava com tal premissa e defendia que as regras probatórias deveriam permitir que os julgadores tivessem acesso não apenas à melhor prova, mas a todos os elementos relevantes possíveis, pois, quanto mais prova, melhor para atender o principal papel do julgador que é a busca pela verdade. Assim, regras que permitissem a exclusão de elementos de prova relevantes não podiam ser legitimadas como auxiliar desse objetivo.[24]

Os argumentos de Bentham do início do século XIX surtiram efeitos ao longo dos séculos seguintes e muitas das "exclusionary rules" (por exemplo, aquelas relativas a impedimentos e capacidade para testemunhar ou aquelas relacionadas à prova de mau caráter dos acusados) foram flexibilizadas ou deixaram de existir. Porém, dentre aquelas regras que tinham como principal objetivo excluir elementos para evitar erros no julgamento, apenas a "hearsay rule" permaneceu de certa forma intacta e, ainda assim, majoritariamente nos processos criminais.[25] Trata-se de uma das regras probatórias mais marcantes do sistema jurídico anglo-americano.

A "hearsay rule" só começou a ser desenvolvida no início de 1500, mas apenas em 1700 foi consagrada com certa precisão.[26] Sua consolidação é concomitante com o do próprio sistema adversarial

24. SPENCER, John R. *Hearsay evidence in criminal proceedings*, op cit., p. 4. Apenas em casos que as regras de exclusão probatórias possuíam outros propósitos como evitar atrasos, despesas maiores ou vexames, seriam consideradas legitimadas. Em resumo, para BENTHAM, as regras de exclusão não podiam ser utilizadas com o principal propósito de excluir provas para evitar julgamentos errados, já que, em sua concepção, o julgador que tem acesso a todos elementos relevantes tem mais chance de buscar a verdade dos fatos, mas apenas seriam legítimas para evitar despesas, atrasos e vexames.

25. Ibidem, p. 5.

26. WIGMORE, John Henry. The history of hearsay rule. *Harvard Law Review*, vol. 17, nº 7, 1904, p. 437. "Certa precisão" porque há notícias de que declarações anteriores ("hearsay evidence") eram aceitas após esta data por alguns tribunais. Nesse sentido, cf. LANGBEIN, John. Historical foundations of the law of evidence: a view from the ryder sources. *Columbia Law Review*, vol. 96, 1996, p. 1187-1190. Para o autor, a exclusão de certos depoimentos estava mais ligada à discricionariedade judicial do que a estritas regras de exclusão. Cf. também MESQUITA, Paulo Dá. *A prova do crime e o que se disse antes do julgamento*: estudo sobre a prova no processo penal português, à luz do sistema norte-americano, Coimbra: Coimbra Editora, 2011, p. 379, nota 20 que diz que WIGMORE não teve acesso a documentos levantados nos anos 90 do século XX que revelam a admissão de "hearsay" em vários julgamentos entre 1754 e 1824.

e, por isso, faz-se mister algumas observações ao longo do texto, para fins de contextualização histórica, sobre a criação do processo adversarial.

Até 1500, no Tribunal do Júri, não havia a necessidade de chamar a pessoa no julgamento para ser ouvida como testemunha e relatar seu conhecimento sobre os fatos.[27] De fato, o sistema inicial era diferente do atual. A prática do julgamento pelo Tribunal do Júri só se firmou em 1200,[28] substituindo gradualmente a forma de resolução das disputas por duelo ou pela ordália[29] e, nessa primeira fase, os jurados, como integrantes da sociedade, realizavam por si investigações no seio da comunidade para julgarem os fatos e, certamente, muitos dos elementos colhidos eram "hearsay".[30]

Tal procedimento de colheita de prova alterou-se no decorrer das décadas entre 1500 até 1700,[31] em que os jurados passaram a depender do depoimento de outras pessoas no tribunal, em vez de buscar tais informações pessoalmente no seio da comunidade. Em outras palavras, os jurados passaram a julgar não por conhecimento próprio, mas sim com base nos elementos de prova produzidos no julgamento.[32] O período de 1500 até 1600 foi uma fase importante de transição, em que se aumentou a preocupação com a admissão de elementos considerados "hearsay", porém ainda eram admitidos normalmente.[33]

27. WIGMORE, John Henry. The history of hearsay rule, op. cit., p. 438. Na verdade, era possível aos jurados obter informações de determinadas pessoas na comunidade sem a necessidade de chamá-las ao tribunal.

28. WIGMORE, John Henry. A general survey of the history of rules of evidence. In *Select Essays in anglo-american legal history*. Boston: Little, Brown and Company. Vol. 2, 1908, p. 692.

29. Ibidem, p. 692. Cf. também CHOO, Andrew. *Hearsay and confrontation in criminal trials*. Oxford: Clarendon Press, 1996, p. 3.

30. CHOO, Andrew. *Hearsay and confrontation in criminal trials*, op. cit., p. 3. THAYER, James B. The present and future of the law of evidence. *Harvard Law Review*, vol. 12, nº 2 (may), 1898, p. 79-80.

31. LANGBEIN, John H. The criminal trials before the lawyers. *University of Chicago Law Review*, vol. 45, nº 2, 1978, p. 298-299, nota 105.

32. WIGMORE, John Henry. A general survey of the history of rules of evidence, op. cit., p. 692.

33. Isso levou a outro fato. Surgiram discussões sobre a qualidade e/ou quantidade de testemunhas necessárias para corroborar ou complementar um número considerado

Neste período, o processo ainda não tinha um caráter adversarial, que tem como estrutura fundamental um combate entre as partes e contraposição entre as provas apresentadas por cada uma, num ambiente "forense altamente estruturado", no qual surgirá o conjunto probatório que será analisado por um juiz neutro e passivo.[34] Pelo contrário, as partes ainda não tinham uma grande responsabilidade na produção probatória e o juiz era ativo no julgamento, através da inquirição judicial e, inclusive, influenciando os jurados nos vereditos.[35]

Com o fortalecimento da ideia contra a admissão da "hearsay evidence", a razão para distinguir declarações anteriores daquelas dadas em julgamento é, conforme Wigmore, a possibilidade de realização da "cross-examination". Porém, até então a discussão centrava-se bastante na inter-relação entre declarações anteriores ao julgamento e a imposição do compromisso de dizer a verdade ("under oath")[36] e, como visto, no início de 1600, ainda se aceitava o uso da "hearsay evidence", especialmente as declarações anteriores dadas sob juramento.

Já em meados de 1600, concretizou um movimento que, conquanto as declarações fossem dadas com o compromisso de dizer a verdade, estas não poderiam ser admitidas se a testemunha estivesse disponível para comparecer no julgamento. Isto valia tanto para

insuficiente de testemunha. Por exemplo, se seria suficiente uma testemunha "in-court" e outra declaração hearsay para, juntas servirem de base probatória para decisão, isto é, a "hearsay evidence" seria admitida caso fosse corroborada (WIGMORE, John Henry. The history of hearsay rule, op. cit., p. 442). São levantados argumentos, notadamente pelos acusados, de que uma testemunha apenas não seria suficiente baseado num sistema numérico da civil law. Nada obstante, estabeleceu-se que apenas nos casos de traição e perjúrio seria necessário no mínimo duas testemunhas (ibidem). MESQUITA, Paulo Dá. *A prova do crime e o que se disse antes do julgamento*, op. cit., p. 169, nota 6 e p. 170, nota 7. Ibidem, p. 170 ("quando o conhecimento do julgador passa a derivar da prova produzida por fontes pessoais de prova sob juramento começa a história moderna do júri e da law of evidence").

34. LANDSMAN, Stephan. The rise of the contentious spirit: adversary procedure in eighteenth century england. *Cornell Law Review*, vol. 75, nº 3, 1990, p. 500. Sobre alguns pontos negativos dessa forma de processo, McEWAN, Jenny. *Evidence and the adversarial process*: the modern law. Oxford: Blackwell Publishers, 1992, p. 4-8.

35. LANGBEIN, John. Historical foundations of the law of evidence, op. cit., p. 1171.

36. WIGMORE, John Henry. The history of hearsay rule, op. cit., p. 448.

casos civis como criminais.[37] Entretanto, as declarações ainda eram admitidas se a pessoa não pudesse estar presente por conta de falecimento.[38] Aqui a discussão sobre a admissibilidade da "hearsay evidence" ainda não estava relacionada ao "cross-examination", mas apenas a *necessidade* de sua utilização (isto é, se o depoente estiver disponível, ele deve comparecer e dar o depoimento em julgamento. Caso contrário, admite-se a declaração em razão da impossibilidade de produção desta prova e para evitar a sua perda).

Apenas no início de 1700, doutrinadores começam a reconhecer que declarações para serem usadas como substitutos do depoimento em julgamento só são admissíveis se conceder a oportunidade de "cross-examination" à parte contrária, tanto com relação às declarações sob juramento, como aquelas sem este compromisso.[39]

Este ponto também foi lembrado por Dá Mesquita, em sua profunda pesquisa sobre o sistema probatório do "common law", de que, num primeiro período, a exclusão da "hearsay evidence" ligava-se a ausência do compromisso de dizer a verdade (juramento), na medida que este funcionaria como uma ferramenta gnoseológica de descoberta da verdade. Assim, numa primeira fase, havia a necessidade de corroboração de declarações por pessoas não ajuramentadas e, num momento posterior, a exclusão de tais declarações.[40]

37. Aqui já se nota uma diferença para o instituto do direito ao confronto. Enquanto este é somente aplicável em casos criminais, a hearsay rule serve aos propósitos tanto de casos civis como criminais.

38. WIGMORE, John Henry. The history of hearsay rule, op. cit., p. 452.

39. Ibidem, p. 456-457. Conforme o autor, uma consequência indireta deste fato, mas não menos importante, foi o desenvolvimento da necessidade de constituir advogado ao acusado, a fim de que fosse possível um efetivo "cross-examination" (em 1695, advogado só era permitido nos casos de crime de traição e, apenas depois de 1836, passou-se a conceder tal direito aos acusados dos demais crimes). Conforme LANDSMAN, de fato, apenas após 1836, todas as restrições à representação criminal dos acusados deixaram de existir (LANDSMAN, Stephan. The rise of the contentious spirit, op. cit., p. 508. Cf. MESQUITA, Paulo Dá. *A prova do crime e o que se disse antes do julgamento*, op. cit., p. 179, nota 31; p. 378 e p. 383, nota 31, que confirma tal afirmação sobre a intervenção dos advogados na produção da prova nos Estados Unidos e Inglaterra somente ao longo do século XIX e que inicialmente centrava-se apenas na contra-inquirição de testemunhas.

40. MESQUITA, Paulo Dá. *A prova do crime e o que se disse antes do julgamento*, op. cit., p. 381 e nota 28 da mesma página.

Num segundo momento, o juramento vai sendo desvinculado como critério de "aferidor gnoseológico", ao passo que a realização do exame cruzado passa a ser o suporte central da "hearsay rule",[41] na esteira dos estudos de Wigmore.

E foi ao longo do século XVIII e, mais especificamente no início do século XIX, que se consolidou firmemente as normas da "hearsay rule", sendo aplicadas correntemente nos tribunais ingleses.[42] A consolidação de normas proibindo o uso da "hearsay" está intimamente relacionada à formação do modelo de processo adversarial.[43] Isto porque, com a proibição de admissão de declarações anteriores ("hearsay evidence"), mais se incentivou que a prova fosse produzida em julgamento ("live testimony") e, sendo assim, aumentou a oportunidade do escrutínio da prova sob o prisma adversarial[44] (perante um juiz neutro e passivo e com a realização do "cross-examination" pelas partes).

Conforme Landsman, em 1730, a utilização do exame cruzado aumentou significantemente, talvez porque a atuação dos advogados ainda era limitada em outras fases do procedimento e, assim, aproveitaram o momento da contra-inquirição para apresentar sua teoria do caso, confrontar os argumentos da parte contrária, produzir uma prova que fosse favorável ao acusado, colocar em dúvida a credibilidade da testemunha e relatar a posição de seu cliente perante os jurados.[45] Um dos fatores mais importantes que certamente auxiliou na modelagem do processo adversarial no final do século XVIII.[46]

41. Ibidem, p. 382 e nota 29. Cf. ainda YOUNGER, Irving; GOLDSMITH, Michael; SONENSHEIN, David A. *Principles of evidence*. 5th ed. Newark: LexisNexis Publishing, 2007, p. 470-471.

42. LANDSMAN, Stephan. The rise of the contentious spirit, op. cit., p. 566-572.

43. WIGMORE, John Henry. *Evidence*. James H. Chadbourn rev., vol. 5, Boston: Little, Brown & Company, 1974, § 1364, p. 20-28.

44. LANDSMAN, Stephan. The rise of the contentious spirit, op. cit., p. 565. BINDER, David F. *The hearsay handbook*: the hearsay rule and its 40 exceptions. New York: Shepard´s Citations, Inc, 1975, p. 5.

45. LANDSMAN, Stephan. The rise of the contentious spirit, op. cit., p. 535.

46. Sobre todos os fatores que contribuíram para a formação do processo adversarial e seu desenvolvimento, cf. ibidem, p. 497-605. ASIMOW, Michael. Popular culture and the adversary system. *Loyola of Los Angeles Law Review*, vol. 40, pp. 653-686, 2007. Para uma visão mais completa do julgamento criminal como um todo no século XVIII,

Então, firma-se o pensamento de que todas as declarações para serem usadas como prova devem ser submetidas ao "cross-examination", a fim de que as partes possam testar a *credibilidade* através de tal técnica.[47]

Fazendo uma comparação entre o sistema do "common law" e o direito romano-canônico,[48] Dá Mesquita afirma que a "hearsay rule" tem uma concepção muito distante das regras abstratas estabelecidas neste último, realçando duas características: a contraparte pode renunciar ao contra-interrogatório, não tendo o juiz que proceder à inquirição e o juiz ao proceder com o interrogatório não satisfaz a exigência de contra-interrogatório da parte contrária.[49]

Visto brevemente a evolução histórica das normas de proibição da "hearsay" e realçando alguns pontos acerca da formação do processo adversarial, será estudado o conteúdo e os fundamentos da "hearsay rule".

cf. LANGBEIN, John H. Shaping the eighteenth-century criminal trial: a view from the Ryder sources, *University of Chicago Law Review*, vol. 50, nº 1, 1983, p. 1-134.

47. WIGMORE, John Henry. The history of hearsay rule, op. cit., p. 458.

48. Para MESQUITA, Paulo Dá. *A prova do crime e o que se disse antes do julgamento*, op. cit., p. 189, o direito romano-canônico tinha sido superado há muito na Inglaterra. Vale mencionar, entretanto, a título de contextualização histórica, que o sistema anglo-saxão ("common law procedure)" foi influenciado mais pelo direito romano *clássico* do que os países da Europa continental que, por sua vez, foram mais influenciados com o direito romano pós-clássico e bizantino. A história do direito romano divide-se em 3 fases: fase primitiva ou pré-clássica das *legis actiones*, a clássica do processo formulário e a pós-clássica e bizantina da extraordinária *cognitio* ou cognição oficial e da "libellary procedure" (cf. CAPPELLETTI, Mauro. O Processo civil italiano no quadro da contraposição "civil law" - "common law". Apontamentos histórico-comparativos. In *Processo, ideologias e sociedade*, vol. II, tradução e revisão do Prof. Dr. Hermes Zaneti Juniot, Porto Alegre: Sergio Anotnio Fabris Editor, 2010, p. 105-155, p. 106-107 e nota 2 da p. 107). Ainda, havia uma distinção do processo em duas fases, a "issue--making stage" (*fase in iure*) e o "trial" (*fase in iudicio* ou *apud iudicem*). "A analogia é tanto mais estreita quando se pensa que também no "trial" romano encontramos a figura do *iudex*, que é uma pessoa privada similarmente aos jurados do processo anglo-saxão (...) Também pode se encontrar na fase *apud iudicem* não um instituto propriamente dito, mas uma técnica processual muito parecida com o "cross-examination" (...) Isto indica também como este método romano de perguntas que eram colocadas pelas partes e juízes (*iudex*) às testemunhas estava muito mais próximo da "cross-examination" dos tribunais anglo-saxões que à estrutura escrita e formalística e à valoração pré-determinada e "numérica" da prova testemunhal no processo canônico e comum" (ibidem).

49. MESQUITA, Paulo Dá. *A prova do crime e o que se disse antes do julgamento*, op. cit., p. 380.

2.2.2 Conteúdo e fundamentos da "hearsay rule"

"Hearsay" refere-se a uma declaração distinta daquela que é dada por uma testemunha no momento do julgamento ou audiência para provar a veracidade de uma questão narrada.[50] Através de uma tradução literal, o "hearsay" é o *ouvir-dizer*.

Nos países cujos sistemas derivaram-se do romano-germânico (adotados em grande parte pelos países da Europa continental e também pelo Brasil), o ouvir-dizer associa-se com a prova decorrente de fonte pessoal (testemunha de ouvir-dizer) que nada mais é do que um depoimento indireto, em que aquele que faz a declaração não presenciou os fatos, mas tomou conhecimento deles por outra pessoa.

Por outro lado, não é este o significado utilizado no sistema do "common law"[51], em que o termo "hearsay" faz referência a todos os elementos produzidos fora do processo, seja decorrente de fonte pessoal (declarações anteriores), seja de prova documental (declarações constantes em documentos inscritos, suportes mecânicos ou registros).[52] Também é incluído nesse conceito a testemunha de "ouvir-dizer", porquanto depõe não sobre sua observação direta dos fatos, mas de terceiros que não comparecem no julgamento e que, portanto, não são submetidos ao exame cruzado.

Spencer indica que o que se conhece hoje como "rule against hearsay" concerne a quatro enunciados, sendo apenas um deles re-

50. Art. 801 (c) da *Federal Rules of Evidence*. "*hearsay is a statement, other than one made by the declarant while testifying at the trial or hearing, offered in evidence to prove the truth of matter asserted*". Cf. também MORGAN, EDMUND M. Hearsay and non-hearsay. *Harvard Law Review*, vol. 48, 1934-1935, p. 1138-1160. WALTZ, Jon R.; PARK, Roger C.; FRIEDMAN, Richard D. *Evidence*: cases and materials. 11th ed. New York: Thomson Reuters/ Foundation Press, 2009, p. 186.

51. É importante assinalar, porém, que no século XVIII, "hearsay" significa exatamente o sentido literal de sua palavra (ouvir-dizer), ou seja, o que uma pessoa ouvir outra dizer. No entanto, este sentido foi ampliado após o início do século XIX, provavelmente, em razão do crescimento do papel dos advogados criminais que enfatizavam a falta de oportunidade de "cross-examination" de elementos produzidos anteriormente ao processo (FRIEDMAN, Richard. Face to Face: rediscovering the right to confront prosecution witness". *The International Journal of Evidence and Proof,* vol. 08, 2004, p. 12).

52. MESQUITA, Paulo Dá. *A prova do crime e o que se disse antes do julgamento*, op. cit., p. 387-388.

lacionado ao termo original da palavra: (i) uma declaração escrita (gravada ou filmada) não é admissível como substituto de um depoimento oral prestado no julgamento, (ii) um depoimento oral prestado em julgamento de uma testemunha sobre o que ela ouviu de outro declarante não é admitido, (iii) o depoimento dado em julgamento de uma certa testemunha não pode ser complementado por suas declarações anteriores e (iv) a prova dos fatos objetos do processo não pode se dar por uma prova escrita.[53]

A "hearsay rule" tem como objetivo principal vedar a utilização dos elementos produzidos extrajudicialmente ou anterior ao julgamento ("hearsay evidence"), como uma forma de permitir que apenas aqueles produzidos durante o julgamento sejam submetidos à análise do julgador.

Grande parte da doutrina relaciona o fundamento de existência da "hearsay rule" com a questão da *confiabilidade* ("reliability") dos elementos de prova. A falta de confiabilidade pode decorrer de alguns fatores elencados pela doutrina, quais sejam, (i) "hearsay evidence" não é a melhor prova ("the best evidence principle");[54] (ii) as declarações anteriores não são prestadas sob juramento; (iii) a pessoa que prestou as declarações não será submetida ao exame cruzado;[55] (iv) o julgador não terá a oportunidade de observar o comportamento daquele que prestou a declaração.[56]

53. SPENCER, John R. *Hearsay evidence in criminal proceedings*, op. cit., p. 5-6. *Idem*. Evidence. In DELMAS-MARTY, Mireille; SPENCER, John R. (eds.). *European criminal procedures*. New York: Cambrige University Press, 2002, p. 616-617.

54. SPENCER, John. *Hearsay evidence in criminal proceedings*, op. cit., p. 9. Interessante, por outro lado, o estudo sobre o princípio da "best evidence" de SEIGEL, Michael L. Rationalizing hearsay: a proposal for a best evidence hearsay rule. *Boston University Law review*, vol. 72, p. 893-950,1992, no qual o autor apresenta algumas propostas de reforma da "hearsay rule", pontuando algumas hipóteses em que a "hearsay evidence" será a melhor prova ("best evidence").

55. Pela análise histórica acima, nota-se que a evolução da "hearsay rule", num primeiro momento, veio relacionada à questão da ausência de juramento ("under oath") para então, posteriormente, seguindo também a doutrina de, entre outros, WIGMORE, (ii) ficar atrelada à possibilidade do exame cruzado ("cross-examination").

56. CHOO, Andrew. *Hearsay and confrontantion in criminal trials*, op. cit., p. 11. Cf. também SPENCER, John. *Hearsay evidence in criminal proceedings*, op. cit., p. 9-10 quando o autor afirma que a "hearsay evidence" é perigosa, pois ausentes os mecanismos normalmente utilizados quando as declarações são prestadas no julgamento:

Este fundamento é analisado sob o ponto de vista de uma política intrínseca ("intrinsic policy"), preocupada em assegurar o máximo possível a confiabilidade de um elemento de prova. Trata-se de uma preocupação em evitar erros no julgamento por parte do julgador com base em uma análise equivocada de elementos não-confiáveis. O propósito, portanto, é determinar se a formulação das hipóteses acerca de um fato apresentadas pela parte foi provada com exatidão, valendo-se para tanto de elementos confiáveis, a fim de assegurar um julgamento correto e sua respectiva validade gnoseológica, em que não haverá um risco (ou pelo menos este será mínimo) de um inocente ser condenado.[57]

A "rule against hearsay" também pode ser fundamentada à luz de uma política extrínseca ("extrinsic policy") que, diversamente de questões relacionadas à *confiabilidade*, preocupa-se em tutelar outros valores. Um deles é a confiança do público (legitimação social) nos vereditos, o que seria minada caso o declarante fizesse uma declaração anterior e depois se retratasse.[58]

juramento, exame cruzado e observação do comportamento do declarante. Tais mecanismos servem para testar a veracidade e exatidão de uma declaração, funcionando como aferidores gnoseológicos. No entanto, o próprio autor faz uma ressalva no sentido de que existem provas diretas que, ainda que submetidas a estes três mecanismos e, portanto, admissíveis na forma da lei, são tão menos confiáveis quanto algumas provas indiretas que, pela lei, não podem ser admitidas (por ex: uma pessoa que depõe mas que na época dos fatos estava sob influencia de álcool ou uma testemunha presta depoimento sobre fatos ocorridos num passado mais distante). Para o autor, ainda que este concorde que tenha que haver uma lei que exija que uma declaração anterior tenha que ser analisada com certo cuidado e em alguns casos até não se admitir, defende que não pode sempre impedir o acesso da "hearsay evidence" ao julgador (ibidem).

57. DWORKIN, Ronald. *A matter of principle*. Cambridge: Harvard University Press. 1986, p. 72. Há autores que, em sede de comparação entre o sistema da common law e da europa continental, afirmam que, apesar deste último não ter uma "hearsay rule", o princípio da imediação cumpre essa função de excluir determinados elementos a serem apreciados pelo julgador. Cf. DAMASKA, Mirjan R. Evidentiary barriers to conviction and two models of criminal procedure: a comparative study. *University of Pennsylvania Law Review*, vol. 121, 1973, p. 517. VOGLER, Richard. The principle of immediacy in english criminal procedural law. *ZSTW (Zeitschrift für die gesamte Strafrechtswissenschaft)*, 126 (1), 2014, p. 240.

58. NESSON, Charles. The evidence or the event? On judicial proof and the acceptability of verdicts. *Harvard Law Review*, vol. 98, 1985, p. 1373. Em sentido contrário, cf. PARK, Roger. The hearsay rule and the stability of verdicts: a response to Professor Nesson. *Minnesota Law Review*, vol. 70, 1986, p. 1064, defendendo que a confiança das pessoas poderia ser quebrada, em sentido oposto, quando não se admitisse uma de-

Outra justificação de proibição da "hearsay" é a percepção social de um procedimento justo, em que aqueles que presenciaram os fatos venham a juízo testemunhar diretamente sobre eles.[59] Ou, ainda, justifica-se para evitar condutas abusivas por parte dos órgãos de persecução criminal, como por exemplo a utilização da tortura na colheita de informações, uma vez que, não havendo normas que proíbam a admissão de declarações anteriores, aumentaria as chances de condutas ilegais por parte da polícia.[60]

Ademais, ainda na esteira de uma política extrínseca, a "hearsay rule" abraça outros valores, tais como (i) garantir um procedimento participativo ("participative proceedings"), principalmente a participação do imputado no procedimento criminal e na produção da prova oral; (ii) proteger o valor referente à dignidade individual do imputado ("value of individual dignity") que se reflete na possibilidade deste confrontar e *cross-examinar* as testemunhas e, assim, (iii) participar e influenciar efetivamente a decisão final ("value of equality").[61]

Outrossim, pode-se aduzir que o fundamento de tais regras de exclusão está também relacionado às características do processo penal dos países do "common law".[62]

Impende registrar que este caminho foi diverso daquele seguido pelos países da Europa continental que, pelo sistema jurídico adotado, buscavam a todo custo a certeza dos veredictos, o que gerou a possibilidade por considerável período de tempo de se socorrer, no caso de falta de provas, aos meios necessários à confissão.[63] Nota-se

claração anterior ("hearsay") e, posteriormente, o declarante comparecesse e ratificasse o conteúdo daquela declaração anterior.

59. CHOO, Andrew. *Hearsay and confrontantion in criminal trials*, op. cit., p. 39.

60. Ibidem. Cf. também *idem, Abuse of process and judicial stays of criminal proceedings*. Oxford: Clarendon Press, 1993, p. 96-98.

61. CHOO, Andrew. *Hearsay and confrontantion in criminal trials*, op. cit., p. 40-42.

62. A referência é ao processo penal, mas sem esquecer que as regras de exclusão ("exclusionary rules"), entre elas, a "hearsay rule", também são aplicadas aos processos cíveis. Mas, diante do tema proposto na presente pesquisa, limitar-se-á aos criminais.

63. MESQUITA, Paulo Dá. *A prova do crime e o que se disse antes do julgamento*, op. cit., p. 170. Cf. GIL, Fernando. *Provas*. Lisboa: Imprensa Nacional-Casa da Moeda, 1986, p. 38: "A este respeito, a tortura para obtenção da confissão é um instituto particularmente interessante. Trata-se de uma regra do direito romano-canónico, especialmente

aqui uma diferença do "common law" em que a tortura não fora sedimentada.[64]

Além do mais, os países do "common law" e os da Europa continental se rendiam a concepções epistêmicas diversas que, além da adoção por parte destes últimos da prova tarifada, aquele apresenta como diferença estrutural a participação do acusado na produção da prova que se dava em julgamento.[65] Portanto, bem diferente do caminho adotado na Europa continental no que toca à descoberta da verdade.

Voltando às características do processo penal do modelo do "common law", em primeiro lugar, menciona-se a existência de um procedimento para julgamento pelo Tribunal do Júri, em que pessoas leigas irão julgar os fatos e, por isso, evita-se que elementos de prova com menor-valia (menos confiáveis em razão da ausência de submissão ao juramento, num primeiro momento, ou ao "cross-examination", em momento posterior) cheguem ao conhecimento dos jurados.[66]

importante depois de os ordálios haverem sido abolidos (pelo IV Concílio de Latrão, 1215). Como escreve J.H. Langbein (1976, p. 7), aquela abolição fez com que passasse a ser homem, e nao mais Deus, a decidir as disputas humanas. Ora a falibilidade do juízo humano obriga a fixar padrões de prova extremamente elevados, de modo a limitar ao máximo a dúvida. Por isso, em caso de crime grave, quando as penas podiam acarretar morte ou mutilação, a prova plena devia residir em declarações de duas testemunhas ou, na ausência delas, na confissão do acusado." THAMAN, Stephen C. Verdad o legalidad: los límites del blanqueo de pruebas ilegalmente recogidas en um estado de derecho. *Revista Derecho Penal y Criminología*, vol. 30, n. 89, 2009, p. 115-116.

64. Muito embora há relatos de tortura no tempo das dinastias Tudor e Stuart, mas que desapareceu no fim do século XVII, precedendo em 100 anos a Europa continental (MESQUITA, Paulo Dá. *A prova do crime e o que se disse antes do julgamento*, op. cit., p. 174.

65. Ibidem, p. 170, 171 e 173.

66. DAMASKA, Mirjan. Of hearsay and its analogues. *Minnesota Law Review*, vol. 76, 1992, p. 427. Isso porque acredita-se que os jurados, juízes leigos, são incapazes de avaliar de forma correta a credibilidade de determinado elemento de prova produzido anteriormente ao julgamento, cf. LANDSMAN, Stephan, RAKOS, Richard F. Research essay: a preliminary empirical enquiry concerning the prohibition of hearsay evidence in american courts. *Law & Psychology Review*, vol. 15, 1991, p. 70-72. CHOO, Andrew L-T. *Evidence*. New York: Oxford University Press, 2006, p. 23. NEWTON, Samuel P.; WELCH, Teresa L. *Understanding criminal evidence*: a case method approach. New York: Wolters Kluwer Law and Business, 2013, p. 381. Sobre regras probatórias e o procedimento do júri, cf. DAMASKA, Mirjan R. The jury and the law of evidence: real and imagined interconnections. *Law, Probability and Risk*, vol. 5, 2006, p. 255-265.

Além disso, considerando que o procedimento é concentrado nesses sistemas ("one-shot proceedings"), em que o julgamento com a oitiva das testemunhas e decisão final ocorre no mesmo dia, caso se admitisse a "hearsay", a parte contrária não teria tempo suficiente para trazer ao julgamento a fonte de prova que fez declaração anterior. Damaska afirma que, em tese, não seria impossível interromper o julgamento para chamar a fonte originária da declaração, mas que há dificuldades práticas, principalmente em razão de manter os jurados reunidos.[67] Assim, a opção é feita pela inadmissibilidade do "hearsay".

Outro fator é a ausência de mecanismos regulares de revisão dos fundamentos dos julgadores (vereditos imotivados) e, portanto, obsta o ingresso no arcabouço probatório de elementos indiretos ("derivate proof"), realizando um filtro de informações e permitindo apenas que elementos de prova diretos sejam submetidos ao crivo dos jurados.[68]

De fato, considerando a inacessibilidade e a dificuldade de reexame do veredito e, a fim de precaver que os jurados sejam induzidos a erro, a opção do modelo probatório do "common law" é excluir certos elementos, reduzindo esse risco.[69]

TARUFFO, Michele. *A prova*. Tradução de Joao Gabriel Couto. 1ª ed. São Paulo: Marcial Pons, 2014, p. 41. No entanto, há autores que sustentam que não há qualquer estudo científico que indique uma maior probabilidade de os jurados valorarem de forma equivocada elementos indiretos ("hearsay") do que os juízes togados. Cf. FRIEDMAN, Richard. Thoughts from across the water on hearsay and confrontation, op. cit., p. 701; SPENCER, John. *Hearsay evidence in criminal proceedings*, op. cit., p. 12. Pelo contrário, há pesquisas que demonstram que os jurados dão um valor menor à "hearsay evidence", cf. KOVERA, Margaret Bull, PARK, Roger C. PENROD, Steven D. Jurors' perceptions of eyewitnesses and hearsay evidence. *Minnesota Law Review*, vol. 76, 1992, p. 703-722. KESSEL, Gordon Van. Hearsay hazards in the american criminal trial: an adversary-oriented approach. *Hastings Law Journal*, nº 49, 1997-1998, p. 494-496.

67. DAMASKA, Mirjan. Of hearsay and its analogues, op. cit., p. 429. O autor informa que, diversamente do sistema anglo-americano, o sistema dos países da Europa continental tem uma maior tendência em admitir as declarações anteriores, diante do procedimento composto por várias fases, o que torna possível chamar a fonte originária da declaração no julgamento (ibidem, p. 428-429). *Idem*. *Evidence law adrift*. Yale University Press, 1997, p. 65.

68. DAMASKA, Mirjan. Of hearsay and its analogues, op. cit., p. 429-430. Em comparação com o sistema continental, onde os juízes togados devem fundamentar suas decisões, o autor informa que que há uma facilidade maior de controle pelas instâncias superiores sobre a utilização de elementos indiretos e sua valoração (ibidem, p. 430).

69. LANGBEIN, John. Historical foundations of the law of evidence, op. cit., p. 1194-1195.

E, por fim, o modelo de processo penal como um *processo de partes* também contribui para a inadmissibilidade de declarações anteriores pela ausência de controle oficial sobre a gestão de provas. Tendo as partes um amplo controle sobre as provas que serão apresentadas em julgamento, entende-se que deve dar o máximo de oportunidade para a parte adversária enfrentar o elemento de prova introduzido pela outra parte, o que não aconteceria se se permitisse o uso da "hearsay evidence" em substituição à produção da prova em julgamento, tendo em vista que a parte contrária não poderia proceder com a inquirição cruzada.[70]

Assim, em razão da natureza do processo penal adversarial se caracterizar pelo combate entre as partes perante um juiz passivo e imparcial, em que estas possuem uma ampla iniciativa e gestão probatória,[71] a lei contra o "hearsay" funciona como um mecanismo de controle diante da ausência de uma supervisão imparcial nas fases de investigação.[72]

Dá Mesquita diz que a sedimentação da lei contra "hearsay" estrutura-se como uma proibição que se relaciona com os princípios sobre a produção de prova em julgamento - focando-se na admissibilidade dos elementos de prova-, e "não fruto de uma pré-definição normativa sobre o valor das provas".[73]

Feita esta rápida análise sobre o conteúdo e fundamentos da "hearsay rule", não se pode olvidar que há exceções a esta regra.

Durante todo o período de consolidação das referidas regras probatórias, estas sempre conviveram lado a lado com as exceções, em sua grande parte criadas pelos tribunais.

70. DAMASKA, Mirjan. Of hearsay and its analogues, op. cit., p. 431-432. Diversamente com o que ocorre com os países continentais, em que há, normalmente, um órgão oficial encarregado de colher a informação que será utilizada em julgamento, além de um controle maior do juiz que pode interrogar diretamente as testemunhas, já que estas são vistas como "neutras", não pertencendo especificamente a uma parte (ibidem, p. 433).

71. ASIMOW, Michael. Popular culture and the adversary system, op. cit., p. 653-686. Cf. também LANDSMAN, Stephan. *Readings on adversarial justice*: the american approach to adjudication, St. Paul: West Publishing Company, 1988, p. 2.

72. MALAN, Diogo. *Direito ao confronto no processo penal*, op. cit., p. 56.

73. MESQUITA, Paulo Dá. *A prova do crime e o que se disse antes do julgamento*, op. cit., p. 379 e p. 173.

Para Wigmore, consoante já analisado, no momento derradeiro de consolidação de tais regras, consagrou-se na doutrina que o melhor mecanismo de testar a confiabilidade (aferidor gnoseológico) de uma declaração é através do exame cruzado. Ocorre que, em certas ocasiões, tal teste não será possível diante da indisponibilidade do declarante (morte, doença mental etc). Daí, na visão do autor, surge a pergunta se se deve perder aquele elemento de prova ou se, mesmo com a ausência do exame cruzado, seria possível admitir tal elemento.[74]

Para o autor, cuja obra de direito probatório teve grande influência na edição da "Federal Rules of Evidence", as exceções da "hearsay rule" se fundamentam em dois aspectos: (i) quando uma declaração (seja oral, seja escrita) possuir um alto grau de confiabilidade ("trustworthy"), em razão das circunstâncias em que foram feitas e que, por esta razão, a realização do exame cruzado seria prescindível e (ii) a necessidade ("necessity principle") da produção daquele elemento de prova.[75]

Quanto ao item (i), entende-se que, em determinadas circunstâncias, algumas declarações possuem um grau de confiabilidade equivalente ao que teria se fosse submetida ao teste convencional (exame cruzado). Algumas razões citadas pelo autor podem ser enumeradas da seguinte forma: (a) as circunstâncias são tais que a sinceridade e exatidão da declaração pode ser naturalmente percebida e não há qualquer constatação de uma intenção de falsificá-la; (b) mesmo em circunstâncias em que haja uma intenção inicial de falsear a declaração, outras considerações, como o receio de uma fácil percepção do erro ou o medo de ser punido, impedem que assim o faça e (c) a

74. WIGMORE, John Henry. *A treatise on the system of evidence in trials at common law*. 2° ed., Boston: Little, Brown & Company, vol. 2, 1904, §1420, p. 1791. Nos sistemas da "common law", há a ideia de que a melhor prova é o testemunho prestado em juízo oral e público, tendo uma qualidade gnoseológica superior a outros meios de prova, cf. BEIJER, Annemarieke et al. Witness evidence, article 6 of the European Convention on Human rights and the principles of open justice. In: HARDING, Cristopher et al. (orgs.). *Criminal justice in europe*: a comparative study. Oxford: Clarendon Press, 1995.

75. WIGMORE, John Henry. *A treatise on the system of evidence in trials at common law*. op. cit., §§1421-1422, p. 1793.

declaração é feita com publicidade que, qualquer erro se houvesse, seria facilmente detectado e corrigido.[76]

Quanto ao item (ii), a necessidade relaciona-se, em primeiro lugar, com a indisponibilidade do declarante e, portanto, a impossibilidade de produzir esta prova no julgamento. Em segundo lugar, a necessidade decorre da *ausência de expectativa* de, no momento do julgamento, se consiga obter uma prova com o mesmo valor que aquela declaração anterior (seja oriunda da mesma fonte de prova ou outra). É o caso por exemplo das "spontaneous declarations", declarações feitas espontaneamente de forma contemporânea por aquele que participou do evento ou foi um observador direto.[77]

Sendo a regra a inadmissibilidade de elementos probatórios produzidos anteriormente ao processo em razão da ausência de confiabilidade, nos Estados Unidos, por exemplo, a "Federal Rules of Evidence", doravante FRE, traz diversas exceções para permitir a admissão.[78]

Tais exceções existem basicamente em três casos, claramente por influência das ideias e os princípios trazidos por Wigmore, visto acima. Na primeira lista de exceções, a admissão da "hearsay" é independente da disponibilidade da fonte de prova. No segundo grupo, a admissão só é possível em razão da indisponibilidade da fonte. Na última lista de exceções, conhecida também por exceção residual ("residual or catchall exception"), encontram-se os casos em que a possibilidade de admissão não está prevista nas listas anteriores.

No primeiro caso, o legislador entende que a "hearsay evidence" é tão *confiável* quanto seria o testemunho direto (artigo 803, da FRE) e, por isso, pode ser admitido, lembrando que o termo "testemunho" aqui não se refere necessariamente ao elemento de prova decorrente de fonte *pessoal*, mas a qualquer declaração formal, incluída aqui a

76. Ibidem, §§1421-1422, p. 1793-1794.

77. Ibidem, §§1421, p. 1793. Há um grande valor epistemológico nessas declarações iguais ou até maiores do que se a declaração fosse produzida posteriormente em julgamento. No caso específico do exemplo, o curto intervalo de tempo entre o evento e a produção da declaração deixará pouca margem para uma falha de memória ou fabricação do testemunho e, por isso, entende-se como um elemento apresentando um alto grau de confiabilidade.

78. São mais de 20 exceções constantes do texto legal.

forma escrita, que sirva para comprovar a veracidade de uma questão narrada. Neste ponto, o legislador entendeu que, independentemente da disponibilidade do declarante, o elemento produzido anteriormente ao processo tem uma considerável qualidade epistemológica e deve ingressar no arcabouço probatório.[79]

A segunda hipótese consagrada pelo legislador para admissão e valoração destes elementos ("hearsay evidence") se dá pela *indisponibilidade* da fonte de prova original,[80] o que pode acontecer pelo falecimento de uma testemunha ou pelo acometimento de uma doença mental que impeça seu depoimento (artigo 804, da FRE). A justificativa neste caso, conforme Diogo Malan, é diversa da norma anterior, uma vez que, conquanto se reconheça que o elemento de prova não tem uma boa qualidade epistemológica como seria o testemunho direto, é permitida a sua admissão diante da impossibilidade material de produção daquela prova em julgamento.[81]

No último grupo de exceções, elencados no artigo 807, da FRE, há 5 (cinco) condições para se permitir a admissão da "hearsay". Estas são (i) uma declaração, ainda que não se enquadre nas exceções dos grupos anteriores, possui equivalentes garantias de confiabilidade ("equivalent circumstantial garantees of trustworthiness"[82]); (ii) a declaração é utilizada para provar um fato material ("material fact"); (iii) a declaração tem uma força probante maior do que qualquer outro elemento que poderia ser obtido pela parte; (iv) a admissão da declaração atenderá aos propósitos da lei (FRE) e os interesses da justiça e (v) aquele que pretende utilizar a declaração deve notificar a outra parte sobre sua pretensão de utilizar aquele elemento em

79. MALAN. *Direito ao confronto no processo penal*, op. cit., p. 57.

80. Ibidem.

81. Ibidem.

82. Sobre a discussão envolvendo esta exigência de "equivalentes garantias de confiabilidade", cf. RAEDER, Myrna S. The effect of the catchalls on criminal defendants: little red riding hood meets the hearsay Wolf and is devoured. *Loyola of Los Angeles Law Review*, vol. 25, 1992, p. 936; LEWIS, Scott M. The residual exceptions to the Federal Hearsay Rule: shuffling the wild cards. *Rutgers Law Journal*, vol. 15, 1984, p. 116-123; SONENSHEIN, David A. The residual exceptions to the Federal Hearsay Rule: two exceptions in search of a rule. *New York University Law Review*, vol. 57, nº 5, 1982, p. 876-888.

juízo, dando chance a ela, anteriormente ao julgamento, para que se prepare adequadamente.[83]

2.2.3 Comparação entre o direito ao confronto e a lei contra admissão da "hearsay" ("hearsay rule") na discussão sobre as declarações anteriores ("out-of-court statements")

O direito ao confronto não se confunde com a "hearsay rule", no entanto, tal entendimento não era corrente na doutrina e jurisprudência americana que os associava como tendo os mesmos valores e as mesmas raízes.[84]

A questão que surge é sobre quais os critérios, situações e tipos de elementos de prova anteriores ao julgamento ("hearsay evidence") que a cláusula do direito ao confronto e a "hearsay rule" devem incidir.

Os valores que estruturam a cláusula do direito ao confronto, analisados sob uma perspectiva histórica, bem como seus fundamentos, principalmente a inclusão na Declaração de Direitos ("Bill of Rights", em 1791), são diversos daqueles que dão base à "hearsay rule".

Então, por uma questão didática e para uma melhor compreensão do âmbito de incidência de cada um dos institutos, relevante a análise sobre a mudança de paradigma estabelecida no julgamento do caso *Crawford v. Washington*, pela Suprema Corte norte-americana no qual foram redefinidos os contornos do direito ao confronto a partir de um vasto estudo de suas origens históricas e as reais intenções dos "Framers" responsáveis pela sua inclusão na Carta Constitucional norte-americana.

83. Apesar de, a princípio, tal grupo de exceções tenha sido criada para utilização de forma excepcional, em 1992, RAEDER trouxe uma pesquisa no sentido de que, desde a criação da Federal Rules of Evidence, mais de 400 (quatrocentas) decisões discutiram sobre a admissibilidade da "hearsay evidence" sob o ponto de vista deste grupo de exceções residuais e mais de 60% (sessenta por cento) nos casos criminais foi admitida (cf. RAEDER, Myrna S. Commentary: a response to Professor Swift – the hearsay rule at work: has it been abolished de facto by judicial discretion? *Minnesota Law Review*, vol. 76, 1992, p. 514). MALAN. *Direito ao confronto no processo penal*, op. cit., p. 60.

84. *White v. Illinois*, 502 U. S. 346 (1992), p. 353. BAUGHAN, Nancy H. White v. Illinois: The confrontation clause and the Supreme Court´s preference for out-of-court statements. *Vanderbilt Law Review*, vol. 46, 1993, p. 247-249.

2.2.3.1 Tratamento da suprema corte norte-americana antes do caso Crawford

Até 2004, data na qual foi julgado o caso *Crawford*, a Suprema Corte não fazia uma distinção ideal entre o direito ao confronto e "hearsay rule". A posição da Corte era no sentido de que a cláusula do direito ao confronto teria somente reconhecido em sede constitucional a validade da tradicional lei de proibição da "hearsay ("hearsay rule").[85]

Este posicionamento era defendido por Wigmore, que, há tempo, em seu tratado sobre direito probatório, defendia que a Constituição, através da cláusula de confrontação, apenas ratificou o que na tradição do "common law" já era reconhecido: a exigência da realização do exame cruzado ("cross-examination") na produção da prova. E que tal direito era assegurado pela aplicação da "hearsay rule"[86], a qual também prevê diversas exceções, ou seja, o direito de realizar o exame cruzado tem exceções e estas são aquelas reconhecidas na "hearsay rule".[87]

A cláusula do direito ao confronto, para o renomado tratadista, apenas prescreve que, quando a "hearsay rule" impõe que determinado depoimento seja dado *judicialmente* para que seja admitido, este deve ser submetido ao "cross-examination".[88]

85. STRONG, John W. *McCormick on evidence*. 5th ed, vol. 02, Saint Paul, Minessota: West Group, 1999, p. 122-123. Vale afirmar que com tal interpretação limitava-se muito o direito ao confronto como um direito de conteúdo autônomo e eficaz na gestão da inadmissibilidade das declarações anteriores (cf. Ibidem, p. 123). Cf. também FRIEDMAN, Richard. Confrontation: the search for basic principles, op. cit., p. 1015.

86. Como visto no capítulo de evolução da "hearsay rule", ao longo de seu desenvolvimento, o primeiro aferidor gnoseológico era prestar a declaração sob juramento ("under oath"), para que esta fosse admitida como elemento de prova valorável e que, ao tempo da consolidação da referida lei na common law, o mecanismo entendido como a melhor maneira de colher e admitir um elemento de prova passou a ser o exame cruzado.

87. WIGMORE, John Henry. *A treatise on the anglo-american system of evidence in trials at common law*, op. cit., p. 130 ("the right to subject opposing testimony to cross-examination is the right to have the Hearsay Rule enforced; for the Hearsay Rule is the rule requiring cross-examination. Now the Hearsay Rule is not a rule Without exceptions").

88. Ibidem, p. 131 ("the net result, then, under constitutional rule, is that so far as testimony is required under the Hearsay Rule to be taken infra-judicially, it shall be taken in a certain way, namely, subject to cross-examination, -not secretly or ´ex parte´ away from the accused. The Constitution does not prescribe what kinds of testimonial statements (dying declarations, or the like) shall be given infra-judicially, - this depends

Com este entendimento, o direito ao confronto - que, na visão do autor, nada mais é do que o "cross-examination"[89] -, fica adstrito às normas da "hearsay rule" e suas exceções.[90]

Um caso paradigmático, julgado pela Suprema Corte norte-americana, com efeitos que perduraram por quase um quarto de século, foi *Ohio v. Roberts*,[91] no qual criou-se uma teoria geral da aplicabilidade do direito ao confronto, em especial sua aplicação às declarações anteriores ao julgamento ou extraprocessuais.[92]

Em suma, o tratamento dado à admissibilidade de elementos anteriores era a submissão ao seguinte teste: quando o declarante estava indisponível para comparecer ao julgamento, mas tinha prestado suas declarações anteriormente, a admissibilidade destas dependia do grau de *confiabilidade* ("indicia of reliability").[93] Por sua vez, consideravam-se confiáveis elementos de prova que se enquadrassem numa "firmly rooted hearsay exception"[94] ou apresentasse "particularized guarantees of trustworthiness".[95] O acórdão trabalhava com

on the Law of Evidence for the time being - but only what mode of procedure shall be followed - i.e. a cross examination - in the case of such testimony as is required by the ordinary law of Evidence to be given infra-judicially."). Como visto no capítulo 1, para o citado autor o conceito de "testemunha" para os propósitos do direito ao confronto é apenas a pessoa que comparece no julgamento.

89. Ibidem, p. 129.

90. FIGUEIREDO, Daniel Diamantaras. O direito ao confronto e o caso Al-Khawaja e Tahery c. Reino Unido. *Revista de Concorrência e Regulação*, ano VI, nº 23-24, jul.-dez., 2015, p. 332.

91. 448 U.S. 56 (1980).

92. Muito embora passível de crítica, que será visto a seguir, o caso foi importante em razão da consolidação de aplicação do direito ao confronto às *declarações anteriores*, e não apenas aos depoimentos prestados judicialmente, como defendia Wigmore. De todo forma, não garantiu ao direito ao confronto um conteúdo autônomo, permanecendo este associado à aplicação da "hearsay rule". Neste ponto, remete-se o leitor para o capítulo 1, em que foi abordada a questão do conceito de testemunha para fins de aplicação da cláusula do direito ao confronto.

93. *Ohio v. Roberts*, 448 U.S. 56 (1980), p. 66.

94. Algo como uma exceção que, ao longo de toda evolução das normas de proibição da "hearsay", antes mesmo de positivadas em leis escritas, eram aceitas e aplicadas pelos juízes e tribunais. Vale dizer: uma exceção firmemente estabelecida ou enraizada.

95. Expressão bem semelhante àquela utilizada na exceção residual da "Federal Rules of Evidence" mencionada no subcapítulo anterior. Relaciona-se com as circunstâncias em que uma declaração é prestada que, por si só, demonstra ser confiável. Cf. também

estes dois elementos basicamente: a indisponibilidade do declarante em julgamento e a confiabilidade da declaração que podia ser aferida por estes dois últimos critérios.

Com efeito, se determinada declaração se enquadrasse como uma *exceção firmemente enraizada*, era possível sua admissão e ingresso no conjunto probatório submetido à apreciação do julgador. Mas, ainda que não fosse a hipótese desta exceção, entendia-se que a declaração estava de acordo com os critérios fixados em *Roberts* quando apresentasse suficientes garantias de confiabilidade.[96]

Em 1992, o caso *White v. Illinois*[97] ratificou a interpretação acima e admitiu declarações anteriores que se encaixavam em exceções previstas na "hearsay rule". No caso concreto, declarações feitas pela vítima à mãe, à babá, ao médico e ao servidor responsável pela investigação antes do processo foram admitidas diante da previsão em exceções à lei de proibição da "hearsay". Mais uma vez, o argumento central foi que tais declarações quando previstas como exceções são tão confiáveis que não necessitam ser submetidas ao "cross-examination", pois este não acrescentaria tanto a confirmação da confiabilidade.[98]

Diante disso, é possível concluir que a Suprema Corte, até então,

o caso *Idaho v. Wright*, 497 U.S. 805 (1990), p. 820 (circunstâncias que "surround the making of the statement and that render the declarant particularly worthy of belief").

96. FRIEDMAN, Richard. Confrontation: the search for basic principles, op. cit., p. 1020. O autor ressalta que este critério é exatamente similar ao adotado na exceção da "hearsay rule", do artigo 807, da "Federal Rules of Evidence" e que essa exceção residual, assim como o critério fixado no caso *Roberts* foi criado para assegurar a admissibilidade de elementos anteriores quando não enquadradas nas exceções regulares da lei ("the language is strikingly similar to the key frase of the residual hearsay exception as expressed in Federal Rule 807 – ´equivalent circumstantial guarantees of trustworthiness´. And that residual exception, like this aspect of the *Roberts* reliability test, was created to ensure that hearsay warranting admissibility would not be excluded merely because it failed to fit one of the ´firmly rooted´ hearsay exemptions enumerated in the Rules". Ibidem, p. 1020-1021.

97. 502 U.S. 346 (1992). As declarações anteriores foram consideradas como espontâneas ("spontaneous declaration"), conforme art. 803(2), da FRE e feitas em decorrência de atendimento médico ao médico ("medical examination"), conforme art. 803 (4), da FRE.

98. *White v. Illinois*, 502 U.S. 346 (1992), p. 357. Note-se que este argumento é bem semelhante ao de WIGMORE, John Henry. *A treatise on the system of evidence in trials at common law*, op. cit., §1420, p. 1792 ("...in a high degree of probability, it would be pedantic to insist on a test whose chief object is already secured.").

entendia que quando as declarações se enquadrassem nas exceções à "hearsay rule", ou possuíssem suficientes garantias de confiabilidade, o direito ao confronto é considerado satisfeito.[99] Sob essa visão, o direito ao confronto era visto como uma mera regra probatória, como supostamente tendo os mesmos valores e propósitos da "hearsay rule" no sentido de garantir os elementos de prova mais confiáveis que auxiliassem numa mais acertada análise dos enunciados fáticos contidos na imputação em busca da verdade.[100]

Muitas foram as críticas da doutrina sobre este parâmetro traçado pela Suprema Corte[101], vez que esta interpretação do direito ao confronto o aproximou demasiadamente dos contornos traçados pela "hearsay rule"[102], de sorte que, como visto, aquele considerava-se satisfeito ao se admitir uma declaração anterior, consoante o cumprimento dos critérios desta[103].

Friedman discorda que o direito ao confronto seja tratado e determinado pelos mesmos fundamentos da doutrina que constituiu a

99. White v. Illinois, 502 U.S. 346 (1992), p. 356.

100. A posição da Suprema Corte parece ter aceitado as lições doutrinárias de WIGMORE para quem o direito ao confronto e "cross-examination" eram institutos idênticos e o propósito era apenas obter elementos de prova mais confiáveis para fins de descobrimento da verdade. Tanto é assim que a famosa frase de WIGMORE que o "´cross-examination´ é a melhor ferramenta de descoberta da verdade" reflete esta assertiva sobre o própósito do "cross-examination" que para o autor é o direito ao confronto. ("is beyond any doubt the greatest legal engine ever invented for the discovery of truth"), cf. WIGMORE, John Henry. *A treatise on the anglo-american system of evidence in trials at common Law*. 2. ed., Boston: Little, Brown & Company, vol. 3, 1923, § 1367, p. 27. Sobre a interpretação da cláusula do direito ao confronto na constituição norte-americana e o aspecto epistemológico, cf. ALLEN, Ronald J. From the Enlightenment to Crawford to Holmes. *Seton Hall Law Review*, vol. 39, 2009, p. 1-16.

101. Cf. FRIEDMAN, Richard. Confrontation: the search for basic principles, op. cit., p. 1011-1043. JONAKAIT, Randolph. Restoring the confrontation clause to the sixth amendment. *University of California Law Review*, vol. 35, 1988, p. 622. Este último autor chegou a afirmar que a forma pela qual o direito ao confronto estava sendo interpretado: "não era realmente um direito constitucional (fundamental), interpretado como as outras garantias fundamentais, mas apenas um mero apêndice da doutrina da ´hearsay´" ("It is not really a constitutional right, interpreted like other fundamental guarantees, but a mere vestigial appendix of hearsay doctrine").

102. FRIEDMAN. Richard. Confrontation: the search for basic principles, op. cit., p. 1015.

103. Ibidem. JONAKAIT, Randolph. Restoring the confrontation clause to the sixth amendment, op. cit., p. 572.

"hearsay", a menos que aquele seja considerado essencialmente uma constitucionalização das regras probatórias sobre "hearsay" e suas exceções consolidadas historicamente no "common law",[104] o que certamente não é e não deve ser.

O direito ao confronto não tem a ver com "hearsay" e, muitos elementos anteriores ao processo definidos como tal, não violam a norma de *confrontar* as testemunhas. A teoria consolidada no caso Roberts é muito ampla e, por assim ser, admite muitas exceções em sua aplicação, o que significa um esvaziamento do conteúdo normativo do direito ao confronto.[105]

É claramente um desvio de perspectiva um direito constitucional e fundamental ser interpretado de acordo com uma lei ordinária. Pelo contrário, para interpretar adequadamente a cláusula do direito ao confronto, o parâmetro tem que ser as normas constitucionais, e não a lei ordinária que regula o direito probatório.

2.2.3.2 Contexto factual e jurídico pós-caso Crawford

O caso *Crawford v. Washington*[106] foi julgado pela Suprema Corte norte-americana em 2004 e foi considerado um divisor de águas no tratamento dado à questão da admissibilidade de declarações anteriores.

Michael Crawford foi acusado pelos crimes de lesão e tentativa de homicídio contra a vítima Kenneth Lee. O primeiro, juntamente com sua mulher Sylvia, foi ao apartamento de Lee por supostamente este ter tentado abusar da sua mulher. Após uma briga, Crawford cortou a mão e a vítima sofreu sérias lesões na barriga. Ambos prestaram declarações à polícia que foram gravadas em fita. Enquanto o acusado alegou legítima defesa, sua esposa teria dito que não houve tal excludente. Esta não depôs em julgamento sob o fundamento de privilégio marital

104. FRIEDMAN. Richard. Confrontation: the search for basic principles, op. cit., p. 1021. Idem. The confrontation right across the systemic divide. In: JACKSON, John, LANGER, Máximo, TILLERS, Peter (orgs.). *Crime, procedure and evidence in a comparative and international context, essays in honour of professor Mirjan Damaska,* Oxford and Portland: Hart Publishing, 2008, p. 263.

105. Idem. Adjusting to Crawford: high Court decision restores confrontation clause protection. *Criminal Justice*, vol. 19, nº 2, 2005, p. 5.

106. 124 S.Ct. 1354 (2004) ou 541 U.S. 36 (2004).

e o órgão acusatório introduziu as declarações anteriores no processo e as apresentou ao júri. A Suprema Corte de Washington manteve a condenação, sustentando que, muito embora não se enquadrassem numa exceção à "hearsay rule", as declarações possuíam suficientes garantias de confiabilidade e, por isso, podiam ser admitidas.

Dentre os fundamentos suscitados pelo juiz Scalia para reverter tal decisão, um deles foi buscar o propósito original do direito ao confronto.[107] Para tanto, valeu-se de um apanhado das suas origens históricas, conforme será observado a seguir.

Na tradição do "common law", a maneira pela qual uma testemunha presta seu depoimento em processos criminais é de forma oral, pessoal e sujeita ao teste adversarial ("adversarial testing").[108] Então, o escopo original do direito ao confronto seria a proteção do indivíduo contra práticas existentes nos países da Europa continental que permitiam a utilização de declarações testemunhais anteriores escritas contra ele, dadas em sua ausência.[109]

Por essa razão que um dos critérios estabelecidos no caso *Crawford* para fins de aplicação e proteção do direito ao confronto é que este tem incidência sobre qualquer declaração de natureza testemunhal ("testimonial"), embora prestada fora das condições prescritas pela lei para uma testemunha prestar seu depoimento. Então, restou estabelecido que "testemunha", na sexta emenda, refere-se não apenas àqueles que depõem em juízo, mas também a qualquer pessoa que presta declaração anterior com essa natureza. [110]

Neste ponto, cumpre discorrer sobre a controvérsia existente quanto ao termo *testemunha*, para fins de incidência da cláusula do

107. Ibidem. Cf. ISRAEL, Jerold H.; LaFAVE, Wayne R. *Criminal procedure*: constitutional limitations in a nutshell. 8th ed. St. Paul: West Academic Publishing, 2014, p. 28.

108. Tal teste adversarial, basicamente, é sob juramento e a realização do exame cruzado.

109. *Crawford v. Washington*, 124 S. Ct. 1354 (2004), p. 1363. Kwasniewski, David H. Confrontation clause violations as structural defects. *Cornell Law Review*, vol. 96, 2011, p. 403.

110. *Crawford v. Washington*, 124 S. Ct. 1354 (2004), p. 1359-1365 e p. 1374. BELLIN, Jeffrey. The incredible shrinking confrontation clause. *Boston University Law Review*, vol. 92, 2012, p. 1874-1875 e p. 1881-1885.

direito ao confronto. Se seriam apenas aquelas pessoas que comparecem em julgamento para dar seu depoimento ou se, na verdade, seriam todas aquelas pessoas responsáveis por declarações prestadas em qualquer momento que serão usadas contra o imputado no processo judicial. Parece que o entendimento mais adequado é analisar sob o ponto de vista dos propósitos das normas que consagram o direito ao confronto, e não apenas diante de um conceito *técnico-formal* ou *processual* do termo, sob pena de esvaziar o referido direito.[111]

Neste último sentido, a palavra "testemunha" designa a pessoa chamada a declarar, segundo sua experiência pessoal, acerca da existência e natureza de um fato.[112] Sob o prisma processual, portanto, a reflexão sobre o conceito de testemunha recai sobre a ideia de um meio de prova que transmitirá seu conhecimento sobre os fatos, de acordo com as *formalidades determinadas na lei*, auxiliando o julgador na resolução do caso sob julgamento.[113]

Também é o entendimento de Wigmore, para o qual o termo *testemunha* (*"witness"*) diz respeito à apenas aquelas pessoas que prestam suas declarações no julgamento.[114] O autor, assim, limita a aplicação do direito ao confronto àqueles que comparecem em juízo para depor.

Todavia, é necessário adotar um conceito que seja coerente com o fim de proteção da cláusula do direito ao confronto, bem como com a pretensão de definir um conteúdo universal deste.[115]

Desta forma, interessante a adoção de um conceito *substancial*

111. MAFFEI, Stefano. *The right to confrontation in Europe*, op. cit., p. 33.

112. MITTERMAIER, Karl Joseph Anton. Tratado de la prueba en materia criminal. Traducción al castellano por Primitivo González del Alba. Collección Criminalistas Perennes. Buenos Aires: Editorial Hammurabi, 1993, p. 319.

113. SILVA, Sandra Oliveira e. *A protecção de testemunhas no processo penal*. Coimbra: Coimbra editora, 2007, p. 18. Tal estatuto processual é determinante na delimitação de algumas normas processuais, gerando uma série de deveres (compromisso de dizer a verdade e obrigação de comparecer ao ato processual, por exemplo) e direitos (proteção contra ameaças e intimidação, por ex.).

114. WIGMORE, John henry. *A treatise on the anglo-american system of evidence in trials at common law*, op. cit., § 1397, p.104. Sobre a discussão, cf. SKLANSKY, David Alan. Anti-inquisitorialism. *Harvard Law Review*, vol. 122, 2009, p. 1646.

115. Nesse sentido, MAFFEI, Stefano. *The right to confrontation in Europe*, op. cit., p. 25; MALAN, Diogo. *Direito ao confronto no processo penal*, op. cit., p. 77.

ou material de testemunha que se aproxima, inclusive, de seu sentido etimológico.[116] São testemunhas, nesta linha, aqueles que adquirem uma percepção dos fatos investigados através do seu aparelho sensorial e que tem capacidade de transmitirem tais conhecimentos para verificação dos fatos sob julgamento. Trata-se de um conceito *amplo* e que leva em consideração qualquer pessoa cujo conhecimento probatório possa ter influência na decisão,[117] e não somente quem comparece em juízo para depor.

Assim, melhor entender que não apenas aqueles que prestam declarações em juízo e com as *formalidades impostas pela lei*, mas também as pessoas que prestam declarações anteriores ao julgamento (ou ao processo) podem ter o *status* de testemunha para fins de incidência da cláusula do direito ao confronto, desde que tais declarações tenham natureza *testemunhal*. Ou seja, exerçam uma função equivalente à prova testemunhal produzida no julgamento ("functional equivalent"[118]).[119]

Quando a norma refere-se à "testemunha" não significa que sua aplicação se limite apenas às pessoas que comparecem em juízo (ou ao julgamento), descartando do seu âmbito de incidência as declarações anteriores ao processo ou ao julgamento - o que, se fosse o caso, permitir-se-ia a admissão de todas estas, - mas prescreve que qualquer declaração com *natureza testemunhal* deve ser submetida

116. A palavra "*testis*" que deriva de "*antesto*", "*antisto*" designa o indivíduo que se encontra diretamente diante de um objeto e conserva a sua imagem (cf. MITTERMAIER, Karl Joseph Anton. *Tratado de la prueba en materia criminal*, op. cit., p. 319, nota 1.

117. SILVA, Sandra Oliveira e. *A protecção de testemunhas no processo penal*, op. cit., p. 22-23. Este é o conceito adotado pelo Tribunal Europeu dos Direitos Humanos, como será aprofundado em capítulo próprio.

118. Caso *Crawford v. Washington*, 541 U.S. 36 (2004) ou 124 S.Ct. 1354, p. 1364. Por função equivalente à prova testemunhal produzida em julgamento, entenda-se: função de transmissão do conhecimento ao julgador da causa e a possibilidade de sua consideração na decisão.

119. Adotando tal entendimento, a interpretação do direito ao confronto não fica limitado ao conceito que cada sistema jurídico utilizará para "testemunha". Nesse sentido, interessante a Recomendação nº R (97) 13 do Comitê de Ministros dos Estados Membros que define testemunha como qualquer pessoa que possui informação relevante para o procedimento criminal, independentemente do status concedido pela lei processual de cada país ("any person, irrespective of his/her status under national criminal procedural law, who possesses information relevant to criminal proceedings").

aos ditames da norma do *confronto*, sob pena de inadmissibilidade de tal declaração.

Friedman entende que a natureza testemunhal ("testimonial") de uma declaração está ligada à razoável expectativa do declarante de que tal declaração será usada posteriormente numa persecução criminal contra o imputado.[120] O teste proposto pelo autor para averiguar esta natureza e, por conseguinte, a admissibilidade de uma declaração é saber se uma pessoa ("reasonable person"[121]), em circunstâncias similares a do declarante, poderia constatar que, ao dar a declaração, esta poderia servir como elemento de prova num procedimento criminal.[122] Neste caso, se a resposta for positiva, a declaração será inadmissível, a menos que a defesa tenha oportunidade de confrontar.

Normalmente, certas declarações são facilmente identificáveis como tendo uma natureza "testimonial". É o caso de declarações prestadas por vítimas de delitos ou pessoas que presenciaram os fatos às autoridades públicas ou servidores responsáveis pelos órgãos de persecução criminal durante as investigações dos delitos;[123] declara-

120. FRIEDMAN, Richard. Confrontation: the search for basic principles, op. cit., p. 1039. CICCHINI, Michael D.; RUST, Vincent. Confrontation after crawford v Cashington: defining "testimonial". *Lewis and Clark Law Review*, vol. 10, nº 3, 2006, p. 531-557. FRIEDMAN, Richard; FISHER, Jeffrey L. The frame of reference and other problems. *Michigan Law Review First Impressions*, vol. 113, 2014, p. 43-46.

121. FRIEDMAN, Richard. Face to Face: rediscovering the right to confront prosecution witness, op. cit., p. 20.

122. Idem. Confrontation: the search for basic principles, op. cit., p. 1040. Idem. Thoughts from across the water on hearsay and confrontation, op. cit., p. 706.

123. MALAN, Diogo. *Direito ao confronto no processo penal*, op. cit., p. 80. No caso *Crawford v. Washington*, 541 U.S. 36 (2004) ou 124 S.Ct. 1354 (2004), algumas formulações sobre declarações "testimonial": "*ex parte* in-court testimony or its functional equivalent - that is, material such as affidavits, custodial examinations, prior testimony that the defendant was unable to cross-examine, or similar pretrial statements that declarants would reasonably expect to be used prosecutorially" ou, ainda, "statements that were made under circumstances which would lead an objective witness reasonably to believe that the statement would be avaiable for use ate a later trial" (124 S. Ct. 1354 (2004), p. 1364). Outros casos posteriores também refinaram o conceito "testimonial". No caso *Davis v. Washington*, o objeto sob julgamento referia-se à natureza das declarações feitas ao operador de telefone de emergência 911 ("911 calls") pela vítima sob alegação de que havia sido agredida por seu ex-namorado. A corte entendeu que tais declarações eram "nontestimonial", pois feitas num contexto de emergência ("ongoing emergency") e que o objetivo não era colher elementos para utilizar posteriormente numa persecução criminal, mas sim solucionar uma questão urgente (547 U.S. 813 (2006)). Em outro caso julgado em conjunto com o anterior, *Hammon v. Indiana*, tratava de uma denúncia de

ções tomadas a termo por policiais no curso de interrogatórios;[124] ou, ainda, depoimentos dados em audiências anteriores ao julgamento ou em outros procedimentos judiciais.[125]

Sendo assim, testemunha, para os propósitos do direito ao confronto, deve ser entendida como qualquer pessoa que presta declarações com natureza testemunhal contra o agente seja antes ou durante o julgamento.[126] E isso tem como consequência que declarações

violência doméstica, os policiais compareceram na casa da vítima, tendo esta inicialmente negado os fatos, mas ao ser interrogada por um dos policiais sem a presença do marido, foi relatada a violência e tais declarações foram documentadas e assinada pela vítima. Neste caso, diferentemente do anterior, a Corte entendeu pela natureza "testimonial", já que o objetivo não era resolver uma questão urgente em andamento que já não existia, mas obter elemento de prova para futura persecução criminal, com a razoável expectativa do policial e da vítima que tal declaração poderia ser usada em um futuro processo criminal (547 U.S. 813 (2006)). Cf. também BELLIN, Jeffrey. The incredible shrinking confrontation clause, op. cit., p. 1881-1888. FRIEDMAN, Richard. Crawford, Davis, and way beyond. *Journal of Law and Policy*, vol. 15, 2007, p. 553-586.

124. Cf. caso *Crawford v. Washington*, 541 U.S. 36 (2004) ou 124 S.Ct. 1354, p. 1364. Sobre uma comparação entre os casos *Crawford*, *Davis* e *Hammon* e como as instâncias inferiores estão aplicando o entendimento fixado em Crawford, cf. KEENAN, Dylan O. Confronting Crawford v. Washington in the Lower Courts. *The Yale Law Journal*, vol. 122, 2012, p. 782-836.

125. FRIEDMAN, Richard. Face to Face: rediscovering the right to confront prosecution witness, op. cit., p. 21. Para AMAR, Akhil Reed. Confrontation clause first principles: a reply to Professor Friedman. *The Georgetown Law Review*, vol. 86, 1998, p. 1050, declaração entre particulares, dada quando sequer a polícia chegou ao local do crime não pode ser considerada como testemunhal para incidência da cláusula do direito ao confronto. Cf. também AMAR, Akhil Reed. The future of constitutional criminal procedure. *American Criminal Law Review*, vol. 33, 1996, p. 1132. Em um caso julgado pela Suprema Corte Norte-americana, em 2009, *Melendez-Diaz v. Massachusetts* (557 U.S. 305, 129 S.Ct. 2527), um dos juízes (Justice Thomas) entendeu que, para incidência do direito ao confronto, além da caracterização das declarações como "testimonial", estas devem estar formalizadas, cf. FENNER, Michael G. Today's confrontation clause (after crawford and melendez-diaz). op. cit., p. 39.

126. Recentemente, foi levantada questão interessante por parte da doutrina norte-americana sobre a aplicação da cláusula do direito ao confronto diante da possibilidade de utilização do conteúdo de comunicações eletrônicas geradas em plataformas de redes sociais como Facebook, Twitter, ou mensagens de texto e e-mails. Seguindo o entendimento adotado em *Crawford* no tocante a natureza das declarações (e também em Davis e Hammon - cf. nota 123), é certo que, na maior parte das vezes, declarações feitas em tais plataformas não possuem natureza "testimonial" - não são feitas com o objetivo de ser utilizadas como elementos de prova em procedimentos criminais - e, assim sendo, não incide o direito ao confronto.

A preocupação do autor é que cada dia mais as pessoas utilizam e se comunicam basicamente pela internet, "smartphones", etc e este conteúdo "hearsay" gerado em

com esta natureza só serão admissíveis e valoradas pelo julgador se submetidas às prescrições da cláusula do direito ao confronto. Este foi o entendimento mais recente da Suprema Corte norte-americana.

Com esta interpretação, a referida Corte alinha-se com a ideia básica do sistema norte-americano que, diversamente de alguns sistemas adotados por países na Europa medieval, incentiva o depoimento em juízo, de forma oral e na presença do acusado para que este possa proceder com o exame cruzado.[127]

Foram abordados em *Crawford* os contextos históricos na Inglaterra e nos Estados Unidos que proporcionaram a criação do "right of confrontation". No primeiro, a sua criação encontra-se associada à repercussão gerada pelo julgamento do Sir Walter Raleigh, que teve sua condenação baseada em declarações anteriores de uma testemunha feitas de forma secreta e sem a presença do imputado, apesar dos insistentes argumentos deste sobre os motivos de não ter a testemunha perante si.[128]

Nos Estados Unidos, como também já desenvolvido em capítulo próprio e para o qual remete-se o leitor, fatores ligados à produção de elementos de prova nos moldes semelhantes ao adotado nos países do "civil law" foram a justificativa para o direito ao confronto ser um aspecto fundamental da "Bill of Rights" (1791) e sua inclusão na sexta emenda. No caso americano, o rigor da Inglaterra com questões acerca do comércio e navegação e a utilização das "admiralty courts", onde não eram aplicadas normas clássicas do processo adversarial e negado aos colonos o mesmo tratamento dispensado aos cidadãos

redes sociais, ou mensagens de texto e e-mail, com o entendimento jurisprudencial atual, poderia livremente ser utilizado pelos órgãos de acusação em substituição ao depoimento da testemunha em julgamento, já que a natureza seria de declaração "nontestimonial". De toda forma, é uma questão atual que deve ser debatida pela doutrina. Cf. BELLIN, Jefrey. Applying Crawford´s confrontation right in digital age. *Texas Tech Law Review*, vol. 45, 2012, p. 33-49. Na jurisprudência, já há casos negando a incidência do direito ao confronto às declarações anteriores em forma de mensagens de texto por considerá-las "nontestimonial", cf. *Hape v. State*, 903 N.E.2d 977 (Ind. Ct. App. 2009). Disponível em https://www.courtlistener.com/opinion/2020514/hape-v-state/. Acesso em 03 maio 2017.

127. FRIEDMAN, Richard. Adjusting to Crawford: high Court decision restores confrontation clause protection, op. cit., p. 7.

128. Reporta-se ao subcapítulo 2.1, em que foi desenvolvido com mais detalhes os fatos e o julgamento do caso em referência.

ingleses, auxiliaram no surgimento do direito ao confronto nas Treze Colônias e a preocupação em protegê-lo.[129]

Outro critério sustentado no caso em referência foi no sentido de que, se uma declaração tem a natureza "testimonial" - ou seja, é uma declaração testemunhal incriminadora -, não poderá ser admitida, exceto se a testemunha comparecer em julgamento e se submeter à inquirição da defesa. Se a testemunha estiver indisponível, suas declarações só serão admitidas se houve anteriormente a oportunidade de proceder com tal inquirição.[130]

O entendimento exposto no acórdão foi que o suporte histórico do direito ao confronto não sugere que este seja passível de restrições a não ser aquelas existentes no momento de sua inclusão no texto constitucional, isto, é, em caso de indisponibilidade da testemunha no momento do julgamento, a única maneira de admitir declarações anteriores no processo é se estas foram sujeitas à inquirição do suposto agente em algum momento.[131]

Outra forma de excepcionar sua aplicação é quando o próprio imputado, com a prática de um ato ilícito, inviabiliza o comparecimento da testemunha em julgamento (ex: ameaça à testemunha ou familiares, morte etc). Neste caso, considera-se que o imputado renunciou ao seu direito e, assim, admite-se declarações anteriores de uma testemunha que não compareceu ao julgamento.[132]

Entendeu-se, ainda, fazendo referência aos responsáveis ("Fra-

129. *Crawford v. Washington*, 124 S. Ct. 1354 (2004), p. 1362-1363.

130. Cf. FRIEDMAN, Richard. Adjusting to Crawford: high Court decision restores confrontation clause protection, op. cit., p. 7. *Crawford v. Washington*, 124 S. Ct. 1354 (2004), p. 1365.

131. *Crawford v. Washington*, 124 S. Ct. 1354 (2004), p. 1365-1366. Cf. *Mattox v. United States*, 156 U.S. 237 (1895), p. 243; *Pointer v. Texas*, 380 U.S. 400 (1965), p. 406-408. YETTER, John F. Wrestling with Crawford v. Washington and the new constitutional law of confrontation. *The Florida Bar Journal*, 2004, (october), p. 26-37.

132. *Crawford v. Washington*, 124 S. Ct. 1354 (2004), p. 1370. Cf. *Giles v. California*, 554 U.S. 353 (2008). Esta exceção também está prevista na Federal Rules of Evidence, art. 804 (b) (6) "the forfeiture by wrongdoing". LATIMER, Jerome C. Confrontation after Crawford: the decision's Impact on how hearsay is analyzed under the confrontation clause. *Seton Hall Law Review*, vol. 36, 2006, p. 352. Cf. ainda FRIEDMAN, Richard. Come back to the boat, Justice BREYER. *Michigan Law Review First Impressions*, vol. 113, 2014, p. 1-8.

mers") pela criação da cláusula do confronto, que este não está vinculado às leis probatórias infraconstitucionais e suas exceções, tampouco às questões de confiabilidade ("reliability").[133] Interessante a passagem do acórdão *Crawford* sobre este último ponto: "Dispensar a confrontação porque uma declaração testemunhal é obviamente confiável é semelhante a dispensar o julgamento pelo Tribunal do Júri porque o acusado é obviamente culpado."[134]

Uma das principais críticas lançada pelo acórdão de *Crawford* foi que o teste criado em *Roberts* era muito *amplo*, pois incidia em situações, quer o elemento anterior ("hearsay") não fosse considerado uma declaração testemunhal contra o agente ("ex parte testimony"), quer fosse efetivamente uma declaração com essa natureza. Nada obstante, ao mesmo tempo, o referido teste considerava-se muito limitado, uma vez que admitia elementos anteriores que, de fato, eram declarações com natureza "testimonial" apenas pela mera análise da sua confiabilidade.[135]

Em regra, portanto, a cláusula do direito ao confronto determina que a produção da prova testemunhal seja de forma oral, pública e na presença da defesa (para realização do exame cruzado), admitindo apenas, como exceção à inadmissibilidade de declarações anteriores, que estas em algum momento tenham sido submetidas ao escrutínio do imputado ou já do acusado.

O "right of confrontation" é uma garantia da defesa com conteúdo processual e impõe, não que um elemento de prova seja confiável para ser admitido, mas que esta confiabilidade seja perquirida de uma maneira particular, que é a submissão ao exame cruzado.[136]

Portanto, com o julgamento do presente caso, o direito ao confronto passou a ser tratado de forma autônoma à "hearsay rule" e teve reconhecido seu status de direito fundamental, deixando claro que

133. *Crawford v. Washington*, 124 S. Ct. 1354 (2004), p. 1370.

134. "Dispensing with confrontation because testimony is obviously reliable is akin to dispensing with jury trial because a defendant is obviously guilty." (*Crawford v. Washington*, 124 S. Ct. 1354 (2004), p. 1371).

135. *Crawford v. Washington*, 124 S.Ct. 1354 (2004), p. 1369.

136. Ibidem, p. 1370.

não pode ser restringido pelo simples fato de declarações anteriores apresentarem "indicia of reliability" (indícios de confiabilidade).[137]

2.2.3.3 Algumas considerações finais sobre a autonomia do "right of confrontation" frente à "hearsay rule"

Como visto no capítulo sobre os fundamentos da "hearsay rule", as normas constantes das leis contra sua admissão têm como objetivo primordial, para grande parte da doutrina, assegurar a melhor prova a ser utilizada no procedimento criminal. O critério principal, portanto, é a averiguação da confiabilidade de um elemento de prova, a fim de atender a exatidão, a correção ("accuracy") do julgamento na busca da verdade. É mais uma preocupação epistemológica.[138]

Não se olvida que o direito ao confronto também possui essa dimensão relacionada à prova (dimensão *probatória*), mas inegável a existência de outras dimensões, caracterizadas pela doutrina como dimensão *processual* e dimensão *social*.[139]

A dimensão probatória é bem semelhante ao que já foi abordado sobre a "hearsay rule" e visa garantir a melhor qualidade da prova,

137. MALAN, Diogo. *Direito ao confronto no processo penal*, op. cit., p. 97. Para este autor, *"pode se afirmar que o âmbito de incidência do right of confrontation (declarações testemunhais incriminadoras) é, por um lado, mais restrito do que a hearsay rule (testemunhos indiretos em geral). Por outro lado, a cláusula do confronto oferece proteção mais intensa ao acusado, pois, ao contrário da hearsay rule, ela não pode ser restringida em razão da confiabilidade do testemunho indireto"*. Cf. FRIEDMAN. Face to Face: rediscovering the right to confront prosecution witness, op. cit., p. 1-30; FRIEDMAN, Richard. Confrontation: the search for basic principles, op. cit., p. 1013.

138. O artigo 102, da FRE nos orienta nesse sentido. Art. 102. "These rules should be construed so as to administer every proceeding fairly, eliminate unjustifiable expense and delay, and promote the development of evidence law, to the end of ascertaining the truth and securing a just determination." (sem grifo no original). Cf. FORTY-FOURTH ANNUAL REVIEW OF CRIMINAL PROCEDURE. *The Georgetown Law Journal*, vol. 103, 2015, p. 738 e nota 2010 que elenca alguns casos julgados nesse sentido.

139. SCALLEN, Eileen A. Constitutional dimensions of hearsay reform: toward a three-dimensional confrontation clause. *Minnesota Law Review*, vol. 76, 1992, p. 624. REDMAYNE, Mike. Confronting confrontation. In ROBERTS, Paul; HUNTER, Jill (ed.). *Criminal Evidence and human rights*: reimagining common law procedural traditions. Oxford and Portland: Hart Publishing, 2012, p. 289-290, afirmando que os fundamentos do direito ao confronto são tanto de natueza epistêmica como não-epistêmica. O autor entende que tem um peso maior para fundamentar tal direito razões de natureza epistêmica (Ibidem, p. 299-301).

a prova mais confiável, a fim de assegurar um julgamento correto.[140] E a melhor forma de atingir tal propósito é através do "cross-examination",[141] que não se confunde com o direito fundamental ao confronto em si, mas é a técnica pela qual este se materializa no caso concreto, principalmente pelo seu corolário do direito à inquirição das testemunhas de forma contemporânea as suas declarações.

Porém, o direito ao confronto não é apenas o direito ao "cross--examination" diante da linguagem e estrutura estabelecida na Sexta emenda.[142] Sua dimensão *processual* indica que tem como um dos seus objetivos impedir o uso abusivo dos poderes governamentais na produção de declarações anteriores para a utilização no julgamento.[143]

Ainda sob a ótica processual, o direito ao confronto cria um ônus de produção ("confrontation´s burden of production") aos ór-

140. A participação da defesa também contribui com um viés epistemológico e a busca da verdade. Discorrendo sobre uma teoria processual da infração criminal e relacionando--a com a metodologia da descoberta da verdade, cf. MENDES, Paulo de Sousa. *Causalidade complexa e prova penal*. Coimbra: Almedina, 2018, pp. 87-88 ("A verdade no processo não é encontrada, mas é construída através de um autêntico procedimento retórico de produção dos fatos (Al. *Herstellung des Sachverhalts*). Ademais, a verdade do julgamento é conscientemente assumida como um produto contingente do confronto entre as provas concorrentes apresentadas pelas partes, as quais têm de ser, por fim, escrutinadas pelo juiz de facto segundo critérios probabilísticos. A epistemologia subjacente à retórica adversarial quadra bem com o estabelecimento de graus de probabilidade, afastando assim o conceito de prova da ideia escolástica de verdade lógica ou da ideia positivista de verdade empírica e, ao invés, aproximando-o da ideia de máximo grau de probabilidade").

141. Cf. ROBERTS, Paul; ZUCKERMAN, Adrian. *Criminal evidence*. New York: Oxford University Press, 2004, p. 254, que afirmam que a força probatória do depoimento associa-se com quatro fatores independentes, quais sejam, (i) a confiabilidade da percepção inicial da testemunha quanto ao evento que está depondo; (ii) sua memória; (iii) a veracidade de suas alegações e (iv) a extensão na qual seu depoimento está corretamente sendo entendido. O "cross-examination" carrega junto de si estes quatro fatores, mas particularmente está ligado de forma mais intensa à possibilidade de testar a veracidade da testemunha ("truthfulness or veracity").

142. SCALLEN, Eileen A. Constitutional dimensions of hearsay reform: toward a three-dimensional confrontation clause, op. cit., p. 630.

143. Ibidem, p. 632-635. BERGER, Margaret A. The Deconstitutionalization of the confrontation clause: a proposal for a prosecutorial restraint model. *Minnesota Law Review*, vol. 76, 1992, p. 560. JONAKAIT, Randolph. The right to confrontation: not a mere restraint on government. *Minnesota Law Review*, vol. 76, 1992, p. 617 também concorda com outras dimensões do direito ao confronto, além da probatória, mas diverge de BERGER, por entender que não se trata apenas de limitar abusos do governo. Com relação à dimensão processual, KIRST, Roger. The procedural dimension of confrontation doctrine. *Nebrasca Law Review*, vol. 66, 1987, p. 485-531.

gãos acusatórios de produzir a testemunha no julgamento de todos os casos criminais,[144] o que permitirá que o acusado fique diante da testemunha e a interrogue perante o julgador da causa.

Por último, a dimensão *social* considera a qualidade das inter-relações humanas, tanto referente ao acusado e a pessoa que presta as declarações contra aquele (testemunha de acusação), como entre aquele e o Estado (órgãos da persecução penal).[145] Assim, colocar face-a-face o acusado com seus acusadores contribui para uma percepção social, quanto ao funcionamento do sistema de justiça criminal, em que prevalece um procedimento justo ("fair").[146]

O exercício deste direito defensivo ao confronto contribuirá, portanto, para assegurar tal percepção social, uma vez que, com participação da parte no procedimento e na produção da prova oral, influirá na decisão final que terá efeitos sobre si. E isso transmite a ideia de um procedimento justo à toda sociedade, legitimando as próprias decisões judiciais.

Diante destas considerações sobre uma visão *tridimensional*[147] do direito ao confronto, impende apontar que seus fundamentos não se relacionam essencialmente com critérios de confiabilidade do elemento de prova ou busca da verdade.[148] Tal autonomia lhe foi assegurada, principalmente, a partir do julgamento do caso *Crawford*.

144. METZGER, Pamela R. Confrontation as a rule of production. *William and Mary Bill of Rights Journal*, vol. 24, 2016, p. 997. Para a autora, esse ônus imposto aos órgãos acusatórios decorre da própria norma constitucional (VI Emenda), cujo texto encontra-se na voz passiva ("the accused...*to be confronted* with the witness against him"), o que gera o dever do órgão acusatório de produzir suas testemunhas para provar seu caso (ibidem, p. 999). JACKSON, John D., SUMMERS, Sarah J. *The internationalisation of criminal evidence:* beyond the common law and civil law traditions. New York: Cambridge University Press, 2012, p. 349.

145. SCALLEN, Eileen A. Constitutional dimensions of hearsay reform: toward a three-dimensional confrontation clause, op. cit., p. 637.

146. Ibidem, p. 643, citando juiz Scalia no caso *Coy v. Iowa*, 487 U.S. 1012 (1988). CHOO, Andrew. *Hearsay and confrontantion in criminal trials*, op. cit., p. 39 que, apesar de não se referir diretamente ao direito ao confronto, faz suas assertivas sobre a utilização de "hearsay evidence" nos casos criminais.

147. Expressão utilizada por SCALLEN, Eileen A. Constitutional dimensions of hearsay reform: toward a three-dimensional confrontation clause, op. cit., p. 623-654.

148. FRIEDMAN, Richard. Confrontation: the search for basic principles, op. cit., p. 1022. Antes do julgamento do caso *Crawford*, o direito ao confronto e a "hearsay rule" tinham uma ligação muito estreita, posição predominante na Suprema Corte, que

Os valores que o direito ao confronto visa assegurar e sua origem histórica demonstram claramente a diferença entre ele e a "hearsay rule". Há autores que entendem que a interpretação deste direito deve ser feita à luz dos fatores que ensejaram a edição da "Bill of Rights" como um todo, qual seja, restringir e limitar o uso abusivo dos poderes governamentais.[149]

Nesse caminho, o referido direito impõe aos órgãos acusatórios a abstenção da produção da prova testemunhal em segredo, devendo produzir tal prova em julgamento público[150] e na presença da defesa, permitindo sua inquirição perante o julgador. Ainda que, através deste escrutínio, possa se revelar a fragilidade do elemento de prova e assegurar uma decisão correta, o propósito do direito ao confronto é desmotivar condutas erradas por parte dos agentes da persecução penal na criação/produção da prova.[151] Trata-se, como visto, da sua dimensão *processual*.[152]

entendia que o propósito de ambos era a obtenção dos elementos de prova mais confiáveis para uma melhor reconstrução histórica dos fatos e, por conseguinte, a busca por um julgamento mais próximo da verdade. AMAR, Akhil Reed. (*The Constitution and criminal procedure*: first principles. New Haven and London: Yale University Press, 1997, p. 125-126) discorda de FRIEDMAN e defende que o direito ao confronto tem o propósito de buscar a verdade - "truth-seeking" (visa a uma acurada reconstrução histórica dos fatos). Entende-se que o direito ao confronto também tem uma dimensão relacionada à prova (dimensão probatória), mas também possui outras que não se limitam à questão epistêmica.

149. AMAR, Akhil Reed. The Bill of Rights as a constitution, op. cit., p. 1132-1133. JONAKAIT, Randolph. The right to confrontation: not a mere restraint on government, op. cit., p. 615.

150. BERGER, Margaret A. The Deconstitutionalization of the confrontation clause: a proposal for a prosecutorial restraint model, op. cit., p. 561-562. PALMA, ao comentar sobre o "*processo* de Kafka", afirma que umas das condições de um modelo anti-kafkiano é a comunicabilidade no processo e que o Processo Penal deve evitar o segredo de justiça, permitindo o conhecimento por parte da sociedade das decisões e fundamentos dos atos praticados. Nas palavras da autora: "a compreensão exacta do que vai sendo decidido é uma exigência de prevenção geral positiva, pois é necessário que todos possam compreender quais os critérios de decisão" (PALMA, Maria Fernanda. O problema penal do processo penal. In PALMA, Maria Fernanda (coord.). *Jornadas de Direito Processual Penal e Direitos Fundamentais*. Coimbra: Almedina, 2004, p. 43).

151. TASLITZ, Andrew. What remains of reliability: hearsay and freestanding due process after Crawford v. Washington. *Criminal Justice*, vol. 20, nº 2, 2005. Disponível em: http://www.americanbar.org/publications/criminal_justice_magazine_home/crimjust_cjmag_20_2_taslitz.html. Acesso em 19 abr 2016.

152. SCALLEN, Eileen A. Constitutional dimensions of hearsay reform: toward a three-dimensional confrontation clause, op. cit., p. 632.

Desta forma, mais do que excluir alguns elementos de prova ("hearsay") decorrente de sua aplicação, o "right of confrontation" serve para incentivar os órgãos da persecução penal a produzir de forma correta a prova oral. Tais assertivas são baseadas na origem histórica desse direito e nos valores políticos que a "Bill of Rights" pretendeu encampar com suas provisões que, em suma, tinham a pretensão de evitar que métodos inquisitoriais fossem utilizados na persecução penal pelo governo.[153]

Por outro lado, os objetivos da "Bill of Rights" não dizem respeito apenas a uma mera restrição do poder governamental (sentido negativo, de prevenção) - prevenir que agentes estatais utilizem elementos anteriores produzidos em segredo no julgamento (p.ex. através da leitura de declarações escritas) –, mas suas normas têm um caráter positivo de garantir direitos às pessoas investigadas ou acusadas de crimes (é uma prestação positiva por parte do poder público).[154]

Então, para Jonakait, declarações anteriores, *independentemente de prestadas perante os agentes estatais*, também se encontram no cerne da cláusula do direito ao confronto, eis que a perspectiva deve ser do imputado, e não do agente responsável pela persecução penal ou outro particular.[155]

Conclui-se, portanto, que a natureza, conteúdo, estrutura e fundamentos do direito ao confronto e da "hearsay rule" são diversos e não podem ser confundidos, sob pena de esvaziamento total de um direito fundamental.

153. BERGER, Margaret A. The Deconstitutionalization of the confrontation clause: a proposal for a prosecutorial restraint model, op. cit., p. 578-586. A autora afirma que nos Estados Unidos o contexto histórico de criação e proteção do direito ao confronto se deu quando os ingleses começaram a utilizar métodos inquisitoriais da civil law na produção da prova contra os colonos, com apresentação de declarações anteriores e escritas, dadas na ausência do acusado e julgamento sem o procedimento do Júri. Daí a preocupação de incluir o direito ao confronto na Carta de Direitos em 1791 (Ibidem, p. 579 e ss).

154. JONAKAIT, Randolph. The right to confrontation: not a mere restraint on government, op. cit., p. 616-618. É uma prestação positiva assim como o é o direito do acusado a um advogado, o direito ao julgamento pelo Tribunal do Júri, constantes nas demais normas da "Bill of Rights".

155. JONAKAIT, Randolph. The right to confrontation: not a mere restraint on government, op. cit., p. 618 e ss. MOSTELLER, Robert P. Crawford v. Washington: encouraging and ensuring the confrontation of witnesses. *University of Richmond Law Review*, vol. 39, 2005, p. 623-625.

Enquanto um instituto é basicamente um regramento probatório, mais especificamente regras de exclusão que tem como escopo garantir uma melhor apuração dos fatos e, assim, a busca pela verdade e correção no julgamento, o direito ao confronto não é dirigido necessariamente para esta questão epistemológica, sendo um direito de natureza fundamental que visa assegurar a correta produção da prova oral, evitando práticas inquisitivas e garantindo a participação da defesa na formação da prova.

A "hearsay rule" aplica-se tanto em procedimentos criminais, como cíveis, e tanto a defesa, como o órgão acusatório, podem requerer a exclusão de elementos com base em suas normas, ao passo que o direito ao confronto é um direito somente da defesa (imputado/acusado) e aplicado apenas nos procedimentos criminais.

Por derradeiro, conforme visto ao longo do capítulo, o "right of confrontation" aplica-se quando a fonte de prova é um ser humano[156] que faz uma declaração com natureza testemunhal ("testimonial"),[157] enquanto que a "hearsay rule" tem aplicação sobre os demais testemunhos indiretos, sejam aqueles provenientes de declarações de fonte pessoal com natureza "nontestimonial", sejam outras hipóteses de testemunhos indiretos previstos na "Federal Rules of Evidence".

156. MALAN, Diogo. *Direito ao confronto no processo penal,* op. cit., p. 79. FRIEDMAN, Richard. Confrontation: the search for basic principles, op. cit., p. 1026.

157. "hearsay declarants...have acted as witness" (Ibidem, p. 1026). FRIEDMAN, Richard. Face to Face: rediscovering the right to confront prosecution witness, op. cit., p. 1-30.

3

DIREITO AO CONFRONTO E O TRIBUNAL EUROPEU DOS DIREITOS HUMANOS. SOBRE RESTRIÇÕES E A EVOLUÇÃO DA INTERPRETAÇÃO ADOTADA

3.1 Direito ao confronto no Tribunal Europeu de Direitos Humanos

Na primeira parte deste trabalho, foi investigado o direito ao confronto dentro do sistema jurídico no qual se desenvolveu, bem como delimitado seu conteúdo e fundamentos, enfrentando casos paradigmáticos e as discussões recentes objeto da jurisprudência da Suprema Corte dos Estados Unidos nos últimos anos. Após, a pesquisa focou em analisar a "hearsay rule", regras de importância central no direito probatório dos países do "common law" e objeto de diversas discussões doutrinárias e jurisprudenciais para, então, estabelecer a diferenciação com o direito ao confronto, enfrentando as origens históricas e fundamentos político-criminais de cada instituto.

Neste momento, o ponto central será o tratamento dado ao direito ao confronto pelo TEDH. Analisar-se-ão casos que enfrentaram as questões relacionadas à sua aplicação, principalmente o tratamento e valoração de declarações testemunhais anteriores ao processo ou ao julgamento e também focar-se-á em outros aspectos acerca de restrições ao referido direito, como por exemplo casos envolvendo testemunhas anônimas.

Como é sabido, este direito fundamental foi transplantado para CEDH por nítida influência do "right of confrontation" do "common law", mais especificamente do ordenamento jurídico norte-americano que o consagrou em seu texto constitucional.

Como visto no capítulo anterior, o direito ao confronto e a "hearsay rule" não se confundem. E tanto é assim que a CEDH adotou aquele, muito embora a maioria dos países signatários não possuam uma lei que proíba a admissão de "hearsay evidence".

Em outras palavras, as normas encampadas na CEDH e sua aplicação/interpretação pela Tribunal não têm qualquer similitude com a "hearsay rule", na medida em que a maioria dos países signatários da Convenção não possuem leis semelhantes, contudo, afirma Richard Friedman que, em suas previsões dos artigos 6, nº 1 e 6, nº 3, d, foi adotado o direito ao confronto.[1]

A CEDH, em seu artigo 6, nº 3, d, prevê o direito defensivo de "interrogar ou fazer interrogar as testemunhas de acusação (...)".[2] Como sustentado constantemente em sua jurisprudência, o TEDH declara que o objetivo é assegurar um caráter adversarial ao processo,[3] em particular pela ideia do "fair trial",[4] previsto no topo do artigo 6,

1. FRIEDMAN, Richard. Face to Face: rediscovering the right to confront prosecution witness, op. cit., p. 13-14.

2. Na versão inglesa, "everyone charged with a criminal offense has the right to examine or have examined witnesses against him".

3. BADARÓ, Gustavo. A utilização da hearsay witness na Corte Penal Internacional: estudo sobre sua admissibilidade e valoração". *Revista eletrônica Zeitschrift für Internationale Strafrechtsdogmatik* - www.zis-online.com, ZIS n° 4, 2014, p. 181; SUMMERS, Sarah. *Fair Trials*: the european criminal procedural tradition and the European Court of Human Rights. Oxford and Portland, Oregon: Hart Publishing, 2007, p. 137. A última autora afirma que, em razão dos diferentes ordenamentos jurídicos europeus, a norma do artigo 6, nº 3, d, da CEDH se tornou um dos mais controvertidos da Convenção.

4. TEDH, *Schatschaschwili c. Alemanha*, nº. 9154/10, de 17 de abr. 2014; TEDH, *Taxquet v. Belgium,* nº. 926/05, § 84, de 16 de nov. 2010. Disponível em www.echr.coe.int.

nº 1, da CEDH (direito a um processo equitativo), do qual o direito de interrogar ou fazer interrogar as testemunhas é corolário.[5]

A referida Convenção tem como propósito a promoção de ideias e valores de uma sociedade democrática, valores estes que refletem a importância dada aos direitos da defesa no processo criminal, uma vez que o "fair trial" é um dos princípios inerentes a qualquer sociedade democrática.[6]

O TEDH, em sua interpretação do artigo 6, nº 3, costuma afirmar que as garantias mínimas que devem ser concedidas a qualquer pessoa *acusada criminalmente*, exemplificadas no referido artigo, são aspectos específicos do direito geral ao "fair trial" prescrito no artigo 6, nº 1 que deve ser levado em consideração na avaliação da alegada violação.[7]

O conceito de "acusação em matéria penal" ("charged with a criminal offence") é uma premissa estabelecida pelo TEDH que delimita o âmbito subjetivo de incidência da norma do artigo 6º da Convenção. O referido Tribunal entende que prescinde de uma acusação através de um procedimento *formalmente* classificado como criminal, bastando, por outro lado, uma ação do Estado em decorrência de uma suspeita/ imputação referente a uma infração penal para que se configure uma acusação.[8]

Assim, "acusado" é aquele formalmente acusado no âmbito de um processo penal (após uma denúncia) e também quem já foi

5. MESQUITA, Paulo Dá. *A prova do crime e o que se disse antes do julgamento*, op. cit., p. 422.

6. TEDH, *Stefanelli v. San Marino*, de 8 maio 2000, §19 ("...to the achievement of the aim of Article 6 § 1, namely a fair trial, the guarantee of which is one of the principles of any democratic society"). Cf. Diretiva (UE) 2016/343 do Parlamento Europeu e do Conselho, de 9 de março de 2016, relativa ao reforço de certos aspetos da presunção de inocência e do direito de comparecer em julgamento em processo penal. Na exposição de motivos da Diretiva, consta no §33 que "O direito a um processo equitativo constitui um dos princípios fundamentais de uma sociedade democrática".

7. TEDH, *Ibrahim e outros v. Reino Unido*, de 16 dez 2014, §191; TEDH, *Imbrioscia v. Suiça,* de 24 nov de 1993, §38; TEDH, *Gäfgen v. Alemanha*, de 1 jun 2010, § 169. Cf. TRECHSEL, Stefan. *Human rights in criminal proceedings*. New York: Oxford University Press, 2005, p. 292.

8. RAMOS, Vânia Costa. Corpus Iuris 2000 – Imposição ao arguido de entrega de documentos para prova e nemo tenetur se ipsum accusare, op. cit., p. 145.

comunicado oficialmente pela autoridade competente da condição de suspeito de um crime ou tenha essa ciência em razão de ter sido submetido à alguma medida investigativa.

Voltando às garantias, estas contribuem, na visão do TEDH, para assegurar que os procedimentos criminais sejam justos como um todo, mas que não são um fim em si mesmas, e que as exigências do direito ao "fair trial" devem ser examinadas em cada caso, levando em consideração o procedimento como um todo, e não considerando um aspecto particular de forma isolada.[9]

Neste ponto, a Corte não analisa se teve uma violação a um direito específico do artigo 6, nº 3, mas se o procedimento como um todo atendeu ao "fair trial". Daí o entendimento no sentido de considerar que a análise do direito ao confronto é feita sob um ponto de vista mais amplo de um *processo equitativo* previsto no artigo 6, nº 1, da CEDH. Porém, esta orientação acaba por não definir uma linha clara entre o conceito geral de "fair trial" e aspectos específicos na maneira pela qual a prova oral foi produzida e valorada pelos tribunais nacionais.[10]

O TEDH determina que, em regra, a produção da prova oral seja realizada na presença do acusado, numa audiência pública e em contraditório[11] (o que, na perspectiva da defesa, assegura-se o direito ao confronto com todos os seus corolários, conforme já descrito no capítulo 2[12]). Trechsel afirma que a garantia expressa no artigo 6, nº

9. TEDH, *Pishchalnikov v. Russia*, de 24 set 2009, §64; TEDH, *Ibrahim e outros v. Reino Unido*, de 16 dez 2014, §191.

10. MAFFEI, Stefano. *The right to confrontation in Europe*, op. cit., p. 79.

11. Caso TEDH *Scholer v. Alemanha*, de 18 mar 2015, §45.

12. MAFFEI, Stefano. *The right to confrontation in Europe*, op. cit., p. 82, chega até mesmo a aduzir que o conceito de procedimento adversarial ("with a view to adversarial argument") frequentemente citado pela jurisprudência do TEDH é melhor descrito pelo paradigma do direito ao confronto que, para o autor, como visto, é o direito do acusado (i) à produção da prova testemunhal em audiência pública; (ii) a presenciar a produção da prova testemunhal ("right to be present"); (iii) à produção da prova testemunhal na presença do julgador do mérito da causa; (iv) à determinação às testemunhas do compromisso de dizer a verdade; (v) a desvendar a verdadeira identidade das testemunhas; (vi) à inquirição das fontes de prova testemunhal desfavoráveis, no momento de sua produção (ibidem, p. 37-43). Acrescente-se a esses componentes o direito do acusado (vii) de se comunicar, reservada, livre e ininterruptamente, com seu defensor durante a produção da prova oral e (viii) direito de influir na produção da prova.

3, d, tem o propósito de assegurar um caráter adversarial do procedimento criminal, em especial a oportunidade da defesa de enfrentar a prova apresentada, de forma que possa ter uma participação ativa no julgamento, influenciando e direcionando o curso da produção da prova.[13]

Todavia, isso não significa que haja uma obrigação dos Estados-Partes a adotar um modelo adversarial em seus ordenamentos jurídicos, seja na produção da prova oral, seja na exclusão das provas quando não submetidas ao *confronto*.[14]

Apesar de correta a afirmação que o TEDH se orienta por determinadas normas subjacentes ao modelo adversarial (e ao paradigma estabelecido pelo direito ao confronto), o fato é que relativiza diversas regras do seu procedimento,[15] a ponto de parte da doutrina sustentar que apenas, excepcionalmente em casos pontuais, é que o modelo adversarial (principalmente a exigência de uma audiência oral, pública, contraditória e perante o julgador de mérito) é seguido efetivamente,[16] como será estudado adiante com as exceções e restrições ao direito ao confronto toleradas pelo TEDH.

No seu entendimento, a Corte não deve se imiscuir em matérias atinentes às normas de admissibilidade de prova,[17] cabendo às

13. TRECHSEL, Stefan. *Human rights in criminal proceedings*, op. cit., p. 292-293.

14. BADARÓ, Gustavo. A utilização da hearsay witness na Corte Penal Internacional: estudo sobre sua admissibilidade e valoração, op. cit., p. 181.

15. O grande problema enfrentado pelo TEDH é que possui sob sua jurisdição diversos países com sistemas processuais bem diferentes e a Corte precisa buscar um *standard* mínimo de aplicação de um direito probatório europeu, assentando-se sempre na noção de um processo equitativo.

16. SUMMERS, Sarah. *Fair Trials*: the european criminal procedural tradition and the european court of human rights, op. cit., p. 145-146. A autora conclui que a decisão no caso *Cardot c. França* é excepcional dentro da Corte. No referido caso, entendeu-se que, para atender os requerimentos de um processo justo e a paridade de armas, as testemunhas devem ser ouvidas no julgamento e sob a perspectiva de um processo adversarial porque, assim, o juiz poderá analisar o comportamento da testemunha examinada e formar sua própria impressão de credibilidade desta. Ressalta-se que a Corte, neste caso, mesmo o acusado tendo confrontado a testemunha na fase anterior ao julgamento, entendeu que esta deveria ter sido chamada a depor em juízo oral e público, seguindo um processo adversarial.

17. A única exceção em que a Corte absolutamente não admite uma prova é no caso de confissões mediante tortura ou elementos de prova incriminadoras como resultado de

legislações internas de cada país discipliná-las,[18] restando apenas a função de avaliar se a prova apresentada e o procedimento em geral de sua produção atendem ao "fair trial"[19]. Conforme Badaró, a Corte Europeia já se manifestou no sentido de que seu papel não é de se pronunciar quanto à possibilidade do depoimento de uma testemunha ter sido corretamente admitido como prova, mas verificar se o processo como um todo, incluindo a maneira em que a prova foi tomada, foi justo.[20]

3.2 Conceito de testemunhas para o Tribunal Europeu dos Direitos Humanos

Quanto ao conceito de *testemunha* adotado pelo TEDH, são importantes algumas considerações. A Corte não se limita à classifi-

atos de tortura, independentemente do seu valor probatório. Cf. neste ponto MAFFEI, Stefano. *The right to confrontation in Europe*, op. cit., p. 81.

18. É o que a Corte de Estrasburgo entende por "margem de apreciação" nacional. Para mais detalhes sobre esse assunto, cf. CAKMAK, Cenap. The problem relating to the margin of appreciation doctrine under the European Convention on Human Rights". *Review of International Law and Politics*, vol. 2, nº 5, 2006, p. 18-29; YOUROW, Howard Charles. "The margin of appreciation doctrine in the dynamics of European Human Rights jurisprudence". *Connecticut Journal of International Law,* vol. 3, nº 1, 1988, p. 111-160.

19. SUMMERS, Sarah. *Fair Trials:* the european criminal procedural tradition and the european court of human rights, op. cit., p. 133-134. TRECHSEL, Stefan. *Human rights in criminal proceedings*, op. cit., p. 293-294. DIJK, Pieter Van; HOOF, Fried Van; RIJN, Arjen Van; ZWAAK, Leo. *Theory and practice of the European Convention on Human Rights*. 4th ed. Antwerpen - Oxford: Intersentia, 2006, p. 585-586. TEDH, *Khodorkovskiy and Lebedev v. Russia*, de 25 jul 2013, §743; Caso TEDH *Karaman v. Alemanha,* de 27 fev 2014, §§ 42-43; Caso TEDH *Schatschaschwili c. Alemanha*, de 15 dez 2015; Caso do TEDH *Windisch c. Áustria*, de 27 set. 1990; TEDH, *Doorson v. Holanda*, de 26 mar. 1996; Caso do TEDH *Lucà v. itália*, de 27 fev. 2001; TEDH, *Perna v. Itália*, de 6 maio 2003. Para uma visão crítica sobre este aspecto do TEDH não se intrometer em questões de admissibilidade de prova, cf. GOSS, Ryan. *Criminal fair trial rights*: article 6 of the European convention on Human Rights. Oxford and Portland: Hart Publishing, 2014, p. 60-63. Para este autor, direta ou indiretamente, o TEDH acaba por ter que enfrentar questões relacionadas à admissibilidade de prova, por ex., para decidir se a admissão de certo elemento de prova rendeu um julgamento injusto ("unfair"), o tribunal pode precisar rever questões de admissibilidade da prova para assegurar que o julgamento foi justo.

20. BADARÓ, Gustavo. A utilização da hearsay witness na Corte Penal Internacional. Estudo sobre sua admissibilidade e valoração, op. cit., p. 181. TEDH, *Schatschaschwili c. Alemanha*, de 15 dez 2015, §101; TEDH *Caka v. Albania*, de 8 mar 2010, §100; TEDH, *Balliu v. Albania*, de 30 nov 2005, §42; TEDH, *Saïdi v. França*, de 20 set 1993, §43; TEDH, *A.M. v. Itália*, de 14 dez 1999, §25.

cação dada por um determinado ordenamento nacional no tocante a alguns conceitos jurídicos, tendo uma autonomia na interpretação e definição destes ("autonomous meaning theory"), inclusive no que se refere aos termos utilizados no artigo 6º da CEDH, como "acusação criminal", "direitos e deveres civis" e *testemunhas*.[21] Tal abordagem é necessária para que se evite que os países burlem as normas da Convenção com classificações jurídico-formais que poderiam evitar a incidência de normais legais na proteção dos indivíduos.

Assim, o conceito de testemunha adotado é amplo, não se limitando àquelas pessoas que depõem em juízo, mas também todas que prestam declarações em fases preliminares, incluindo em investigações.[22] Trata-se de um conceito substancial que tem como foco o conhecimento probatório de qualquer pessoa cujas declarações possam influenciar a decisão judicial.

Esta orientação é semelhante àquela defendida neste livro que são testemunhas para fins da cláusula do direito ao confronto, além daqueles que prestam declarações em juízo e com as *formalidades impostas pela lei*, também quem presta declarações anteriores ao julgamento com natureza testemunhal, i.e., exerçam uma função equivalente à prova testemunhal produzida no julgamento.[23]

Com efeito, ao adotar tal orientação, a interpretação do direito ao confronto não fica limitado ao conceito que cada sistema jurídico utilizará para "testemunha". Nesse sentido, interessante a Recomendação nº R (97) 13 do Comitê de Ministros dos Estados Membros que a define como qualquer pessoa que possui informação relevante para o procedimento criminal, independentemente do status concedido pela lei processual de cada país.[24]

21. MAFFEI, Stefano. *The right to confrontation in Europe*, op. cit., p. 74. LEANZA, Piero; PRIDAL, Andrej. *The right to a fair trial*: article 6 of the European convention of Human Rights. Wolters Kluwer Law and Business, 2014, p. 28. VAN DIJK, Pieter; VAN HOOF, Fried; VAN RIJN, Arjen; ZWAAK, Leo (eds.). *Theory and practice of the European Convention on Human rights*, op. cit., p. 516-517.

22. TEDH, *Kostovski c. Países Baixos*, de 20 nov. 1989; TEDH, Windisch v. Austria, §23; TEDH, Delta v. França, §34; TEDH, Pullar v. Reino Unido, §45; TEDH, Sn v. Suécia, §45.

23. Cf. capítulo 2.

24. "Any person, irrespective of his/her status under national criminal procedural law, who possesses information relevant to criminal proceedings".

No caso *Asch v. Áustria,*[25] o tribunal reconheceu como *testemunha* a pessoa que havia relatado o incidente no dia dos fatos ao policial e que não compareceu ao julgamento, sendo suas declarações transmitidas pelo policial (testemunha de ouvir-dizer). Em outro caso, *Isgrò v. Itália,*[26] considerou como testemunha o autor das declarações prestadas em fases anteriores cuja transmissão ao julgador se deu por meio da *leitura* em julgamento. Aqui, apesar do mediador ter sido diferente - a leitura do termo de declarações,[27] e não por depoimento de outra testemunha (indireta) -, o tribunal não fez distinção para fins de considerar a fonte originária como testemunha.

Há quem diga que o TEDH não estabelece uma diferença entre declaração incriminadora testemunhal ("testimonial") e outras formas de "hearsay", porém todos os casos julgados pela Corte sob a análise do artigo 6º da CEDH envolveram *declarações* dadas em fases anteriores perante à polícia, Ministério Público ou juiz da instrução, às quais assemelham-se com a de natureza "testimonial", conforme interpretação delineada no caso *Crawford*, julgado pela Suprema Corte norte-americana.[28]

3.3 Restrições ao direito ao confronto

3.3.1 Testemunhas ausentes

Em seguida, será investigada a possibilidade de admissão de

25. TEDH, *Asch v. Austria*, de 26 abr 1991, §25. Saliente-se que nesse caso apesar das declarações anteriores terem sido valoradas pelo julgador, o tribunal considerou possível sua admissibilidade por entender que não foi a única a embasar a sentença condenatória, sendo corroborada por outros elementos de prova (*Asch v. Austria*, de 26 abr 1991, §§ 30-31).

26. TEDH, *Isgrò v. Itália*, de 19 fev 1991, §33.

27. Ressalve-se que, ainda que não tenha havido a leitura do termo de declarações, mas o mero fato de ela constar nos autos do processo, é suficiente para o TEDH considerar também o autor das declarações como testemunha e consequentemente suas declarações como de natureza testemunhais. TEDH, *Kostovski v. Holanda*, de 20 nov 1989, §40.

28. O´BRIAN, William E. The right of confrontation: US and european perspectives. *Law Quarterly Review*, vol. 121, 2005, p. 481-510. Para o autor, após o julgamento pela Suprema Corte norte-americana do caso *Crawford*, deu-se uma nova interpretação e significado independente à cláusula do direito ao confronto, diversa da que até então era dada, sendo consistente com o entendimento dominante do TEDH referente à análise do artigo 6º da CEDH (p. 30). Para mais detalhes de declarações "testimonial" e sobre o caso referido, ver capítulo anterior do presente trabalho.

declarações anteriores de testemunhas que deixam de comparecer em julgamento. A ausência pode se dar por morte,[29] doença,[30] recusa em depor[31] ou desconhecimento do seu paradeiro. Como dito, a princípio, o TEDH entende que a prova deve ser produzida numa audiência pública, na presença do acusado, com base num modelo adversarial de inquirição ("adversarial argument"), ou seja, a defesa deve confrontar as testemunhas em juízo oral, público e contraditório.[32]

Summers[33] indica que, no caso *Cardot v. França*, a Comissão, ao admitir o processo, entendeu que, para atender as exigências de um processo justo e a paridade de armas, as testemunhas devem ser ouvidas no julgamento em que será realizada a inquirição e contra-inquirição porque, somente assim, o julgador poderá analisar o seu comportamento e formar sua própria impressão da sua credibilidade. Ressalta-se que a Comissão, neste caso, mesmo a defesa tendo confrontado a testemunha na fase anterior ao julgamento, opinou que esta deveria ter sido chamada a depor em juízo e aí ser inquirida.

Em outros casos, o TEDH entendeu que bastava o imputado ter a oportunidade de *discutir* ou *contestar* as declarações anteriores.[34] Nestes, a Corte considerou suficiente a noção de contraditório sobre o elemento de prova ("contraddittorio sull'elemento di prova"), e não um contraditório na formação do elemento de prova ("contraddittorio

29. TEDH, *Al-Khawaja e Tahery v. Reino Unido*, de 15 dez 2011, §§120-125.

30. TEDH, *Bobeş v. Romênia*, de 9 jul 2013, §§ 39-40; TEDH, *Vronchenko v. Estonia*, de 18 jul 2013, § 58.

31. TEDH, *Unterpertinger c. Áustria*, de 24 nov. 1986, § 31; TEDH, *Asch v. Áustria*, de 26 abr 1991, §16 e 20.

32. TEDH, *Barberà, Messegué e Jabardo c. Espanha*, de 06 dez. 1988, § 78 ("... also means that the hearing of witnesses must in general be adversarial. In addition, the object and purpose of Article 6 (art. 6), and the wording of some of the sub-paragraphs in paragraph 3 (art. 6-3), show that a person charged with a criminal offence ´is entitled to take part in the hearing and to have his case heard´ in his presence by a "tribunal"... The Court infers, as the Commission did, that all the evidence must in principle be produced in the presence of the accused at a public hearing with a view to adversarial argument. It will ascertain whether this was done in the instant case". Grifado)

Cf. KIRST, Roger. Hearsay and the right of confrontation in the European Court of Human Rights". *Quinnipac Law Review*, Hamden, vol. 21, 2003, p. 785.

33. SUMMERS, Sarah. *Fair Trials*: the european criminal procedural tradition and the european court of human rights, op. cit., p. 145.

34. Caso TEDH *Asch v. Austria*, de 26 abr 1991, §29.

per l'elemento di prova").[35] O primeiro refere-se a um contraditório *fraco* ou diferido, uma vez que o imputado não estará presente no momento da produção da prova, podendo apenas *discutir* este elemento de prova num momento posterior, enquanto que o segundo é a efetiva participação defensiva na produção de prova (sendo denominado de contraditório forte). Este último se aproxima das exigências do paradigma do direito ao confronto.

Malgrado no caso citado acima a Corte considerar-se satisfeita com uma mera discussão das declarações anteriores, de uma forma geral, em matéria de testemunhas ausentes, fixou-se o entendimento de que a defesa tem que ter a oportunidade de inquirir as testemunhas em algum momento para fins de admissão da prova. Em *Unterpertinger c. Áustria,*[36] foi apreciada a possibilidade de utilização para condenação de declarações de duas testemunhas na fase de investigação, em que a defesa não interveio e aquelas não foram ouvidas em julgamento. A princípio, o TEDH entendeu que a utilização de tais declarações não viola, automaticamente, o artigo 6, nº 3, d, da CEDH, desde que estas não sejam o fundamento *exclusivo* ou *preponderante* para a condenação.[37]

Pontue-se que aquele primeiro caso mencionado (*Cardot*), em que efetivamente a regra de produção da prova em juízo oral público e contraditório foi seguida, é considerado uma exceção na jurisprudência do TEDH.[38]

São adotados alguns critérios pelo Tribunal em que (i) são verificados se houve um processo equitativo ("fair trial") na perspectiva do procedimento como um todo, (ii) não se adota uma proibição abstrata da prova e (iii) o relevo da prova na condenação do agente.[39]

35. Distinções feita pela doutrina italiana. Cf. UBERTIS, Giulio. Corte europea dei diritti dell'uomo e "processo equo", op. cit., p. 40.

36. Caso TEDH *Unterpertinger c. Áustria*, de 24 nov. 1986, §§28-33. Trata-se de um caso de violência doméstica em que a esposa do acusado e sua enteada se recusaram a depor contra ele no julgamento, sendo utilizadas as declarações dadas em fase policial que serviram de base para condenação.

37. No caso acima aludido, entendeu-se pela violação em razão das declarações terem sido decisivas para a condenação dos acusados.

38. SUMMERS, Sarah. *Fair Trials*: the european criminal procedural tradition and the european court of human rights, op. cit., p. 145-146.

39. MESQUITA, Paulo Dá. *A prova do crime e o que se disse antes do julgamento*,

Quanto à possibilidade de inquirição por parte da defesa, é relevante aduzir acerca de um dever positivo por parte do Estado de realizar todos os esforços necessários para trazer a testemunha a julgamento.[40] Como dito no capítulo anterior, o respeito ao paradigma do direito ao confronto impõe um ônus sobre a acusação de produzir as testemunhas, a fim de que a defesa exerça o direito de confrontação, bem como sejam efetivados todos os corolários deste direito.

Em *Sadak e outros v. Turquia*, a decisão da Corte foi no sentido de responsabilizar o Estado por não trazer as testemunhas ao julgamento, não admitindo as declarações anteriores.[41] Em 2009, em *Cadak v. Albania*, o TEDH não admitiu as declarações dadas pela testemunha em fases anteriores, devido o Estado não ter sido diligente em trazê-la, impedindo que a defesa pudesse exercer o direito ao confronto.[42] Por outro lado, no caso *Ferrantelli e Santageli v. Itália,*[43] entendeu-se que não poderia responsabilizar o Estado pela morte da testemunha, muito embora tenha decorrido o prazo de quase dois anos até o falecimento para promover a confrontação defensiva.

Comprovado que o Estado envidou os esforços necessários para trazer a testemunha, as declarações podem ser admitidas, sem prejuízo de posterior análise sobre o peso de tais declarações na condenação (avaliação se foram exclusivas ou decisivas).[44]

Conforme supramencionado, e também será analisado de forma detalhada adiante, o TEDH tem entendido que é possível a utilização

op. cit., p. 424. Quanto à conclusão de que o TEDH avalia o peso das declarações não submetidas ao confronto na condenação do acusado para verificar se o direito ao confronto foi violado, cf. VANDERPUYET, Kweku. Traditions in conflict: the internationalization of confrontation". *Cornell International Law Journal,* vol. 43, 2010, p. 551.

40. TEDH, *Gabrielyan v. Armênia*, de 10 abr 2012, § 78; TEDH, *Tseber v. Republica Tcheca,* de 22 nov 2012, § 48; TEDH, *Lučić v. Croácia,* de 27 fev 2014, § 79; TEDH, *Sadak e outros v. Turquia*, de 17 jul 2001, §67; TEDH, *Barberà, Messegué and Jabardo v. Espanha*, de 6 dez 1988, §78; TEDH, *Caka v. Albania*, de 8 dez 2009, §115.

41. TEDH, *Sadak e outros v. Turquia*, de 17 jul 2001, §§66-68.

42. TEDH, *Caka v. Albania*, de 8 dez 2009, §115.

43. TEDH, *Ferrantelli e Santageli v. Itália*, de 7 ago 1996, §52.

44. MESQUITA, Paulo Dá. *A prova do crime e o que se disse antes do julgamento*, op. cit., p. 438. Cf. TRECHSEL, Stefan. *Human rights in criminal proceedings*, op. cit., p. 315.

de declarações feitas numa fase pré-processual ("hearsay evidence"), desde que o imputado tenha tido a possibilidade de questionar tais depoimentos, quer no momento da produção da declaração, quer em momento posterior e, assim sendo, não haveria violação da referida norma.[45] Isto porque, dando uma ocasião "adequada e suficiente" para discutir um testemunho contrário ao imputado, as declarações dadas em fases anteriores ao juízo oral não lesionam o direito ao devido processo se podem ser submetidas ao escrutínio defensivo.[46]

Parte da doutrina sustenta que, caso não seja no momento do julgamento, só se poderia falar em oportunidade adequada e suficiente quando numa fase processual anterior esteja presente uma autoridade judicial imparcial e independente, bem como que o imputado esteja acompanhado de seu advogado, a fim de se atender o princípio da igualdade de armas (artigo 6, nº 1, da CEDH) e do direito à assistência jurídica (artigo 6, nº 3, c, CEDH).[47]

Alinhado a tal fundamento, o Tribunal de Estrasburgo aplica uma regra chamada de "sole or decisive rule",[48] sustentando que uma condenação não pode ser fundamentada exclusivamente ou de forma

45. TEDH, *Trampevski v. the former Yugoslav Republic of Macedonia*, de 10 jul 2012, § 44; TEDH, *Unterpertinger c. Austria*, §31, de 24 nov. 1986; TEDH *Kostovski c. Holanda*, §41, 20 nov. 1989; *Lucà c. Italia*, §47, 27 fev. 2001; *Asch c. Austria*, §27, de 26 abr. 1991; *Saïdi c. França*, §43, de 20 set. 1993; TEDH, *Solakov c. "the former Yugoslav Republic of Macedonia"*, de 31 out. 2001; TEDH *SN c. Suécia*, de 02 jul. 2002; TEDH *Isgrò c. Itália*, de 19 fev. 1991; TEDH, *Asch c. Áustria*, de 26 abr 1991, §27.

46. ALCÁCER GUIRÃO, Rafael. La devaluación del derecho a la contradicción em la jurisprudência del TEDH", *InDret*, 4/2013, p. 1-15. Disponível em <www.indret.com>. Acesso em: 18 nov. 2014, p. 4.

47. JACKSON, John D., SUMMERS, Sarah J. *The internationalisation of criminal evidence*: beyond the common law and civil law traditions, op. cit., p. 345-347.

48. Para a definição do que seria "sole" ou "decisive", cf. TEDH, *Schatschaschwili c. Alemanha*, de 15 dez 2015, §§123-124. Essa regra é objeto de críticas. Para tanto, ver SUMMERS, Sarah. *Fair Trials*: the european criminal procedural tradition and the european court of human rights, op. cit., p. 140-143 que afirma que para se assegurar o "fair trial" é essencial que todas as testemunhas de acusação sejam confrontadas pelo acusado, ou ao menos que lhe dê a possibilidade para isso, independentemente se o depoimento é decisivo ou único para a condenação. Ademais, aduz que a regra do "sole or decisive rule" é contrário aos objetivos do preâmbulo da Convenção e cria níveis de proteção diferentes entre prova documental e testemunhal, assim como entre sistemas que utilizam o exame das testemunhas no julgamento e sistemas que utilizam a fase anterior ao julgamento para o confronto com as testemunhas.

preponderante num depoimento prestado em fase extrajudicial, em que a defesa não teve a chance de confrontar.[49]

Relevante ressaltar que a criação dessa regra resulta da falta de normas excludentes ("exclusionary rules") em grande parte dos sistemas legais europeus no sentido de que, enquanto em países do "common law", elementos de prova sem passar pelo escrutínio defensivo são excluídos e o julgador não tem acesso a eles, naqueles sistemas os elementos obtidos durante a investigação estão disponíveis ao julgador.[50]

Desta forma, a regra do "sole or decisive" aplicada pelo TEDH permite delinear e regular a produção da prova testemunhal - sem adentrar na discussão sobre regras de exclusão ou inclusão de elementos obtidos anteriormente ao processo[51] -, averiguando se um depoimento de uma testemunha não confrontada pela defesa poderá ser utilizado em seu desfavor.

Em *Lucà v. Itália*, o TEDH afirmou que, por vezes, os juízes precisam se valer de declarações prestadas em fase anterior ao julgamento, salientando que, basta dar à defesa a possibilidade de examinar a testemunha em algum momento. Porém, quando a condenação se baseia de forma preponderante ou exclusiva em depoimentos que a defesa não pode examinar na fase de investigação ou, posteriormente, no julgamento, há clara violação do direito defensivo, sendo incompatível com as garantias consagradas na Convenção.[52]

Por alguns anos, prevaleceu essa ideia e o critério de valoração expressada na regra do "sole or decisive rule". Ocorre que, mais recentemente, houve alteração do entendimento com uma nova interpretação do direito ao confronto, de modo que se passou a permitir a

49. TEDH, *Khametshin v. Russia*, de 4 mar 2010, § 32; TEDH, *Lucà c. Itália*, de 27 fev. 2001; TEDH, *Asch c. Austria*, de 26 abr. 1991; TEDH, *Saïdi c. França,* de 20 set. 1993; TEDH, *Kostovski c. Holanda*, de 20 nov. 1989; caso do TEDH *A.L. c. Finlândia*, de 27 jan. 2009; TEDH, *D. c. Finlândia*, de 7 jul. 2009. Disponível em www.echr.coe.int.

50. JACKSON, John D., SUMMERS, Sarah J. *The internationalisation of criminal evidence*: beyond the common law and civil law traditions, op. cit., p. 339.

51. Ibidem, p. 340.

52. TEDH, *Lucà c. Italia*, §40, de 27 fev. 2001. Disponível em www.echr.coe.int.

utilização de declarações testemunhais não submetidas ao escrutínio defensivo, *ainda que exclusivas ou decisivas na condenação*. Trata-se do caso *Al-Khawaja e Tahery v. Reino Unido*.[53]

O julgamento realizado, inicialmente, pela Câmara do TEDH, o qual fora reformado posteriormente pela Grande Câmara ("Grand Chamber"), foi no sentido de não ser possível a utilização de declarações às quais não obedeceram à norma elencada na CEDH (artigo 6, nº 3, d).

Todavia, a Grande Câmara decidiu que mecanismos de contrabalanceamento no caso *Al-Khawaja* foram suficientes a impedir uma violação ao "right of confrontation", decidindo de forma diversa quanto ao acusado *Tahery*.

Esta nova compreensão levou o TEDH a negar violação ao direito ao confronto, defendendo que, ainda que a defesa não tenha a oportunidade de interrogar as testemunhas, é possível realizar uma ponderação das circunstâncias concretas em cada caso, contanto que os órgãos judiciais se utilizem de medidas que compensem o prejuízo ao direito defensivo. Tal ponderação pode ocorrer, por exemplo, quando existam interesses concretos de necessidade de proteção da vítima ou da testemunha e os órgãos judiciais autorizam a ausência da vítima em juízo por temor a represálias ou aceita o anonimato do depoimento.[54]

O TEDH acatou esse entendimento após discussão acerca da possibilidade de utilização de mecanismos de contrabalanceamento ("counterbalancing factors") e se tais medidas são suficientes para impedir uma violação do direito de confrontar as testemunhas, principalmente quando as declarações têm um peso grande para condenação.

No próximo capítulo, será desenvolvida especificamente esta

53. TEDH, *Al-Khawaja e Tahery v. Reino Unido*, de 15 dez 2011.

54. ALCÁCER GUIRÃO, Rafael. La devaluación del derecho a la contradicción em la jurisprudência del TEDH", op. cit., p. 11, referindo-se inclusive ao comentário feito pelo próprio TEDH no caso *Al-Kawaja e Tahery*, §37. Saliente-se que o TEDH não vinha aceitando uma condenação com base unicamente ou de forma preponderante em testemunhos anônimos, mesmo quando utilizados mecanismos de compensação para diminuir os prejuízos defensivos. Caso *kostovski c. Holanda*, §44, de 20 nov. 1989 e caso *Visser c. Holanda*, §55, 2002 (este último indicado pelo autor citado nesta nota).

mudança de entendimento da Corte de Estrasburgo quanto ao direito fundamental ao confronto, analisando o referido caso.

3.3.1.1 Caso Al-Khawaja e Tahery c. Reino Unido e alteração de paradigma dentro da Corte

Uma pessoa chamada Al-Khawaja, exercendo sua profissão de médico, foi acusada de praticar abusos contra algumas clientes durante algumas consultas.

Por motivo diverso do suposto abuso, a vítima ST suicidou-se antes do julgamento. Antes de falecer, todavia, e, após alguns meses do alegado abuso, ela prestou declarações à polícia, além de dizer a dois amigos BF e SH sobre o ocorrido.

Em 22 de Março de 2004, durante uma audiência preliminar, foi decidido que a declaração da vítima ST deveria ser lida ao júri no julgamento. O órgão acusatório requereu a convocação dos amigos de ST para prestar depoimento sobre o que ela tinha dito a eles.

No julgamento, foi lida a declaração de ST e produzida a prova referente às testemunhas BF e SH. O clínico geral que atendeu a vítima ST também apresentou uma carta que ele havia escrito em favor da vítima para as autoridades do hospital, em que declinou algumas alegações da vítima em desfavor do imputado. Em 30 de novembro de 2004, Al-Khawaja foi condenado por um veredicto unânime do júri por ter abusado da vítima.

Interposto recurso pelo acusado com argumentos contrários à admissão da leitura da declaração de ST como prova e que o juiz não deu instruções adequadas ao júri quanto à fragilidade desta prova, o que gerou desvantagem ao recorrente, tal recurso foi julgado e improvido em 6 de setembro de 2005. O tribunal de segunda instância concluiu que o direito do acusado a um julgamento justo não foi violado e que a admissão como prova da declaração de ST à polícia não era necessariamente incompatível com a alínea d, do artigo 6, nº 1 e nº 3, da Convenção.[55]

55. O Tribunal sustentou o seguinte: "Os fatores importantes no presente caso são as seguintes. A testemunha ST não poderia ser examinada, porque ela tinha morrido. Ela foi a única testemunha cujo depoimento foi diretamente ligado à prática de um atentado

Com relação à Tahery, no momento da ocorrência de uma briga, este teria se colocado entre S., membro da comunidade iraniana que vive em Londres, e outros homens curdos, a fim de proteger S. Após este fato, S. e Tahery encontraram-se novamente do lado de fora de um restaurante iraniano, quando este pediu a S. para ter uma conversa com ele e levou-o para um beco nas proximidades. Após discutirem sobre a briga ocorrida mais cedo e iniciarem uma briga, S. sentiu uma sensação de queimação nas costas, que posteriormente averiguou-se ser o resultado de três facadas nas costas. S. declarou que não viu Tahery esfaqueá-lo, tampouco estava ciente deste ter ido atrás dele ou dado à volta para esfaqueá-lo.

No momento do conflito, um amigo de S., um outro membro da comunidade iraniana chamado T., assim como dois amigos de T. e o tio do acusado, estavam lá. Quando indagados no momento dos fatos, nenhuma das testemunhas disse ter visto o acusado esfaquear S. Entretanto, dois dias depois T. prestou declaração à polícia que ele havia visto o acusado dar uma facada em S. No julgamento, a vítima S. afirmou que ele não tinha visto o Tahery ir atrás dele e que ficaram "cara a cara".

O órgão acusatório fez um pedido no sentido de ler a declaração da testemunha T. diante do temor que T. alegou para prestar depoimento no julgamento, sendo autorizado pelo juiz a leitura perante os jurados. Após a condenação do acusado pela lesão corporal grave, foi interposto recurso para o Tribunal, sob o fundamento de que a ausência da testemunha T. em julgamento violou seu direito a um processo justo, sendo julgado improcedente o recurso apresentado.

No citado caso, aceitou-se a flexibilidade da regra conhecida como "sole or decisive rule" e afirmou o TEDH que, nada obstante as declarações anteriores *sem* confronto defensivo sejam o fundamento decisivo ou exclusivo da condenação, não há uma violação *automática* do artigo 6, nº 1.[56]

ao pudor pelo recorrente. Se sua declaração fosse excluída, a acusação teria sido obrigada a abandonar a primeira acusação (...) Sempre que uma testemunha que é a única testemunha de um crime fez uma declaração para ser usada na acusação e morreu, pode haver um grande interesse público na admissão da declaração em evidência, de modo que a acusação pode prosseguir. Esse foi o caso aqui(...)" (tradução livre).

56. TEDH, *Al-Kawaja and Tahery*, de 15 dez 2011, §§146 -147.

Em sentido oposto ao que vinha sendo afirmado pelo Tribunal em casos anteriores, como *Lucà v. Italia*, a partir de *Al-Khawaja*, assentou-se o critério de que, quando uma condenação está baseada exclusivamente ou decisivamente em provas decorrentes de testemunhas ausentes, a ausência de confrontação defensiva não gerará *automaticamente* uma violação ao direito de um processo equitativo, o que dependerá se no caso concreto existiram fatores de compensação e outras medidas que permitiram analisar a confiabilidade da prova diante do prejuízo defensivo em não confrontar a testemunha.[57]

A Corte foi expressa no sentido da utilização de mecanismos de contrabalanceamento como forma de diminuir os prejuízos defensivos. Trata-se de métodos utilizados para verificar a credibilidade do depoimento por meio diverso do confronto direto.[58]

No tocante ao caso de Al-khawaja, a problemática central era se o depoimento prestado pela falecida vítima ST à polícia poderia ser lido ao júri e, portanto, valorado no julgamento. No caso Tahery, discutiu-se sobre a possibilidade de admitir a leitura do depoimento de T, dado anteriormente a um juiz, e não aos jurados (juiz natural) sem a presença da defesa e, portanto, sem obedecer ao paradigma do direito ao confronto.

Foram estabelecidos alguns critérios no julgamento em se tratando da possibilidade de admissão de declarações anteriores, quais sejam, (i) se existiu uma boa razão para a ausência da testemunha de acusação; (ii) se os elementos de prova oral não submetidos ao confronto foram decisivos ou exclusivos para a condenação e (iii) se existiram fatores de compensação, incluindo mecanismos procedimentais que assegurassem um julgamento, como um todo, justo diante do mandamento do artigo 6, nº 1 e nº 3, d.[59] Impende mencionar que, nos casos mais atuais, esse entendimento vem sendo seguido, como se observa em *Schatschaschwili c. Alemanha*, de 15 dez 2015.[60]

57. ALCÁCER GUIRÃO, Rafael. La devaluación del derecho a la contradicción em la jurisprudência del TEDH, op. cit., p. 12.

58. TEDH, *Al-kawaja e Tahery*, de 15 dez 2011, §147; TEDH, *Schatschaschwili c. Alemanha*, de 15 dez 2015, §125.

59. TEDH, *Al-kawaja e Tahery*, de 15 dez 2011, §152.

60. Nos seguintes casos, o TEDH também aplicou os critérios estabelecidos em *Al-*

Quanto ao critério se existe uma boa razão para o não comparecimento da testemunha em julgamento, o TEDH entendeu que isto deve ser apreciado antes mesmo de saber se uma prova é única ou decisiva de uma condenação ("sole or decisive rule"). Mesmo quando uma prova decorrente de uma testemunha ausente no julgamento não é uma prova única ou decisiva, acaso não tenha uma "boa razão" para sua ausência no julgamento, a orientação é pela violação ao artigo 6, nº 1 e nº 3, d, tendo em vista que a regra geral é que a prova testemunhal seja obtida em audiência durante o julgamento e todos os esforços devem ser feitos para assegurar a presença da testemunha.[61]

Quanto à regra do "sole or decisive rule", como já dito, o TEDH alterou sua jurisprudência e entende que, muito embora declarações anteriores sem confronto defensivo sejam exclusivas ou decisivas para a condenação, não há uma violação automática do direito de interrogar as testemunhas.[62]

Por fim, referente aos mecanismos de compensação, entendeu o TEDH que as declarações da vítima (caso Al-Kawaja) foram dadas à polícia de maneira formal e sua credibilidade foi verificada pelo depoimento das testemunhas que compareceram no julgamento que tiveram contato com a vítima logo após os fatos.

Além disso, sustentou-se que a declaração da vítima estava bem similar ao de outra vítima do mesmo acusado e que os jurados foram devidamente alertados sobre a fragilidade da prova (leitura das declarações anteriores) em razão da ausência de confrontação, bem como que, no entendimento do Tribunal, o júri foi capaz de avaliar de forma adequada a credibilidade da vítima.[63]

Por outro lado, no caso Tahery, o TEDH reconheceu a violação ao direito ao confronto sob o fundamento de que não foram utilizados

-*Khawaja*. TEDH, *Salikhov v. Russia*, de 3 maio 2012, §§ 118 e ss.; TEDH, *Asadbeyli e outros v. Azerbajão*, de 11 dez 2012, § 134; TEDH, *Yevgeniy Ivanov v. Rússia*, de 25 abr 2013, §§ 45-50; TEDH *Şandru v. Romênia,* de 15 out 2013, §§ 62-70.

61. TEDH, *Al-kawaja e Tahery,* §120.

62. Ibidem, §154.

63. Ibidem, §§ 155-157, de 15 dez. 2011.

mecanismos suficientes de compensação ao prejuízo defensivo pela leitura aos jurados do depoimento da testemunha T.[64]

Interessante que, recentemente (em 2015), o TEDH, também por meio da Grande Câmara ("Grand Chamber"), fez uma nova interpretação sobre os critérios estabelecidos em *Al-Khawaja*. No caso *Schatschaschwili c. Alemanha*, debateu-se no tocante ao primeiro critério - se não existir uma boa razão para ausência da testemunha -, isto já seria suficiente para se reconhecer a violação ou, ainda assim, dever-se-ia analisar se as declarações anteriores foram decisivas ou exclusivas para condenação.

Apesar de haver casos posteriores ao *Al-Khawaja* em que foi decidido no sentido da violação ao direito ao confronto pelo simples fato de não existir uma boa razão para o não-comparecimento da testemunha,[65] o entendimento atual é que os critérios devem ser lidos conjuntamente na averiguação se o procedimento como um todo foi justo.[66]

Em seus argumentos, o TEDH afirmou que a base dos fundamentos utilizados em *Al-Khawaja* foi para acabar com uma regra absoluta do "sole or decisive rule", bem como priorizar a interpretação holista da equidade do procedimento sob a qual os casos devem ser analisados. Desta forma, se se impedisse a avaliação dos demais critérios quando a resposta ao primeiro fosse negativa, criaria outra regra indiscriminada e contrariaria a interpretação de que se deve observar a equidade do procedimento como um todo.[67]

Diante disso, ainda que não exista uma boa razão para a ausência

64. Ibidem, §161-165, de 15 dez. 2011. Neste caso, houve apenas uma testemunha que presenciou a suposta agressão do acusado Tahery e, nada obstante o Reino Unido ter sustentado que o acusado poderia trazer provas com seu interrogatório ou trazendo outras testemunhas e que o júri foi advertido sobre a fragilidade e o peso que deveria dar aquela prova, o TEDH entendeu que não foram utilizadas medidas compensatórias suficientes para diminuir o prejuízo da defesa, porque o fato de o acusado negar a acusação não o torna capaz de testar a credibilidade da prova dada pela testemunha "T" por "cross-examination" e não seria possível trazer outras testemunhas em razão de não existir outras presenciais além de "T".

65. TEDH, *Rudnichenko v. Ucrânia,* de 11 jul 2013, §§ 105-110.

66. TEDH, *Schatschaschwili c. Alemanha*, de 15 dez 2015, §§111-113.

67. Ibidem, §112.

da testemunha, o segundo critério - se as respectivas declarações foram decisivas ou exclusivas - deve ser enfrentado pelo tribunal, sendo aquele primeiro mais um fator dentro do conjunto de elementos que o tribunal deve levar em consideração na análise holista da equidade do procedimento como um todo.[68]

Quanto à ordem dos critérios, embora no caso *Al-Khawaja* tenha sido definido um percurso de análise, o TEDH firmou entendimento, em *Schatschaschwili c. Alemanha*, que esta ordem pode ser alterada no caso concreto.[69]

Portanto, ficou estabelecido que a ausência de confronto não se opõe a um processo equitativo quando, no caso concreto, existam mecanismos processuais que permitam avaliar adequadamente a credibilidade da declaração testemunhal.[70]

3.3.1.2 Algumas considerações críticas acerca do julgamento do caso Al-Khawaja e Tahery v. Reino Unido

O direito ao confronto, após o novo entendimento fixado, foi objeto de restrição intolerável, esvaziando-se seu conteúdo demasiadamente. No momento atual, para a jurisprudência da Corte, basta apurar-se a credibilidade das testemunhas por outro meio diverso do confronto que já seria suficiente para admitir declarações anteriores ao julgamento ou ao processo.[71]

O tratamento dispensado a este direito fundamental parece deixar de considerá-lo como um direito de defesa, contemplando-o como mais um meio de avaliação da credibilidade de declarações testemunhais, com o propósito de busca da verdade,[72] de sorte que se permite

68. Ibidem, §113.

69. Ibidem, §§117-118. Cf. casos pós-*Al-Khawaja* em que a ordem foi alterada, a saber: *Nechto v. Rússia*, de 24 jan 2012, §§ 119-127; *Mitkus v. Letônia*, de 2 out 2012, §§ 101-102 e §106; *Gani v. Espanha*, de 19 fev 2013, §§ 43-45.

70. ALCÁCER GUIRÃO. Rafael. La devaluación del derecho a la contradicción em la jurisprudência del TEDH, op. cit., p. 11

71. A exigência do TEDH para um devido processo criminal, neste momento, já não se refere às medidas que venham a compensar os eventuais "déficits da defesa" e que, apesar de diminuída, permitam um certo grau de confrontação, mas fatores que permitam assegurar "por outras vias a credibilidade das declarações". Cf. ibidem, p. 13.

72. DUFF, Antony; FARMER, Lindsay; MARSHALL, Sandra; TADROS, Victor.

dispensá-lo caso tenham outros meios seguros de obter a credibilidade de declarações.[73] Com esta interpretação, parece que o TEDH entende que o objetivo da norma do artigo 6, nº 3, d assemelha-se ao regime da "hearsay" norte-americana, cuja preocupação principal é a questão da confiabilidade do elemento de prova.

Este entendimento prevalecia na jurisprudência da Suprema Corte norte-americana até o julgamento do caso *Crawford*, em que o direito ao confronto, seguindo posicionamento tradicional de WIGMORE, não era nada mais do que o "cross-examination" e, por ser assim, quando a testemunha estivesse indisponível, mas a credibilidade podia ser aferida por outros meios, admitiam-se as declarações anteriores.

Após *Crawford*, o direito ao confronto resgatou sua natureza de direito fundamental, desvinculando-se de uma mera regra probatória com fins epistemológicos (regime da "hearsay"), sendo entendido como um imperativo político, com o propósito de evitar o retorno a práticas inquisitivas no processo penal, o que não pode deixar de ser observado pelo TEDH, ainda que não haja qualquer tipo de vinculação formal entre os tribunais.

Isto porque foi resgatado pela Suprema Corte norte-americana o verdadeiro e original sentido do direito ao confronto, com base no contexto histórico de sua previsão na "Bill of Rights", devendo o TEDH assegurar, de igual modo, esta natureza fundamental, abraçando a intenção do legislador ao fazer constá-lo na CEDH.

De fato, foi visto nos capítulos anteriores que o direito ao confronto não se limita a verificar a credibilidade das declarações testemunhais, tendo componentes diversos desta questão epistemológica, inclusive permitir que a defesa participe efetivamente na produção da prova e na decisão que terá efeitos sobre si,[74] não podendo, pois, "por tal razón, (...) que pueda sencillamente ser substituida por otras

The trial on trial: towards a normative theory of the criminal trial, vol. 3, Oxford and Portland: Hart Publishing, 2007, p. 61-91. Os autores discorrem sobre os objetivos do sistema de justiça criminal, notadamente sobre a busca da verdade e a exatidão/correção das decisões ("accuracy").

73. ALCÁCER GUIRÃO, Rafael. La devaluación del derecho a la contradicción em la jurisprudência del TEDH, op. cit., p. 13.

74. DIAS, Jorge de Figueiredo. *Direito Processual Penal*, op. cit., p. 258.

formas de asegurar la fiabilidad de los testimonios sin conllevar a la vez uma considerable merma del derecho a um proceso equitativo".[75]

Saliente-se que essa participação na produção da prova será assegurada também com o direito de presença na audiência (e julgamento). Nesse sentido, importante a expedição da recente Diretiva (UE) 2016/343 do Parlamento Europeu e do Conselho, de 9 de março de 2016, relativa ao reforço de certos aspectos do direito do imputado de comparecer ao julgamento em processo penal.[76] O direito de presença ("right to be present") é um dos componentes do paradigma do direito ao confronto e permitirá que o imputado participe na produção da prova, por. ex., na inquirição e contra-inquirição das testemunhas de acusação.

Então, à luz do direito ao confronto, a aferição da simples credibilidade de uma declaração não é suficiente para se admitir um elemento de prova e, caso assim ocorra, restarão violados os mandamentos de um processo equitativo. Dito de outra forma, a avaliação sobre a credibilidade de um elemento de prova será um ato de valoração probatória que não pode ser antecipada para o juízo acerca da admissibilidade da prova.[77]

A admissibilidade de um elemento de prova é questão que deve ser analisada sob a luz do direito ao confronto, só sendo possível, a princípio, admitir uma prova quando submetida ao escrutínio defensivo, respeitando-se o *paradigma do confronto*. Só assim será garantido a proteção necessária contra o uso pelos órgãos persecutórios do Estado de utilizar declarações testemunhais prestadas em fases anteriores como substituto do depoimento em julgamento, o que permitirá a

75. ALCÁCER GUIRÃO, Rafael. La devaluación del derecho a la contradicción em la jurisprudência del TEDH, op. cit., p. 13.

76. Cf. artigos 1, b e 8, nº 1, da Diretiva (UE) 2016/343 do Parlamento Europeu e do Conselho, de 9 de março de 2016. Disponível em http://eur-lex.europa.eu/legal content/PT/TXT/?uri=uriserv:OJ.L_.2016.065.01.0001.01.POR&toc=OJ:L:2016:065:TOC. Acesso em 20 maio 2016. Na exposição de motivos, consta no §9 que o objetivo da referida diretiva é reforçar o direito ao um processo equitativo em processo penal e que este direito está na base do direito do acuado de comparecer em julgamento (§33).

77. FRIEDMAN, Richard. Confrontation: the search for basic principles, op. cit., p. 1027-1029. MALAN, Diogo. *Direito ao confronto no processo penal*, op. cit., p. 97.

participação defensiva na produção da prova penal que, indubitavelmente, deve ocorrer num juízo oral, público e contraditório.[78]

Pela simples leitura do artigo 6, nº 3, da CEDH, resta claro a "ratio" legal de assegurar, minimamente, os direitos ali descritos, dentre eles, o direito ao confronto, como imprescindíveis para se contrapor ao poder estatal acusatório, notoriamente mais forte. E, ao se permitir condenações baseadas em declarações anteriores sem confrontação defensiva, é dar maior vantagem à acusação.[79] Os juízes, no voto dissidente, sustentaram que o TEDH sempre protegeu um núcleo mínimo do direito ao confronto ao proibir condenações de forma exclusiva ou decisivas baseadas em prova sem confrontação, porém, com o novo entendimento, abandonou por completo a proteção antes efetivada.[80]

Ademais, conforme o voto dissidente, "o termo ´overall examination´ é novo no contexto do artigo 6º. É verdade que a Corte consistentemente avalia o impacto que a impossibilidade da defesa de confrontar as testemunhas tem para fins de verificar se o procedimento como um todo foi justo. De fato, a Corte reconhece que mesmo quando um elemento do direito de defesa é restringido, pode haver um contrabalanceamento e alcançar-se um procedimento justo. Mas numa visão holista (agora definida como "an overall examination") para determinar se o procedimento foi justo, a Corte jamais havia sustentado que o procedimento justo pode ser alcançado se um dos direitos fundamentais são restringidos em sua essência".[81]

O direito ao confronto pode ser colocado entre aqueles conhecidos como direitos de liberdade (ou defesa) em que seu sentido é a

78. Ibidem, p. 97-98. Cf. também FIGUEIREDO, Daniel Diamantaras. O direito ao confronto e o caso Al-Khawaja e Tahery c. Reino Unido, op. cit., p. 321-358.

79. Voto dissidente do caso *Al-khawaja e Tahery c. Reino Unido*. Nesse sentido, ver também O´BRIAN, William E. The right of confrontation: US and european perspectives, op. cit., p. 21-22.

80. Voto dissidente do caso *TEDH Al-Khawaja e Tahery v. Reino Unido.*

81. Trecho do voto dissidente do caso *TEDH Al-Khawaja e Tahery v. Reino Unido* (tradução livre). O TEDH adota diversas abordagens acerca das garantias específicas do artigo 6, nº 3, sendo que por vezes a interpreta com o foco no artigo 6, nº 1 em razão daquelas serem aspectos específicos deste último artigo. Em outras, o foco é no artigo 6, nº 3.

limitação dos poderes estatais de intervenção no âmbito jurídico do indivíduo. Em outras palavras, trata-se da função de defesa da pessoa humana e da sua dignidade perante os poderes públicos.[82]

Na sua dimensão subjetiva, um direito fundamental de liberdade significa uma "posição *forte*" de garantia de liberdade e autonomia pessoal, vinculando os poderes públicos que, ainda quando no exercício do papel de legislador, não tem liberdade plena de dispor de tais direitos, só o fazendo conforme os requisitos constitucionais.[83]

Em todo caso, essa possibilidade de restrição, ou com Reis Novais, o reconhecimento de uma *reserva geral imanente dos direitos fundamentais de compatibilização* com outros bens não pode levar a um esvaziamento do direito em jogo.

O TEDH adota diversas abordagens acerca das garantias do artigo 6, nº 3, sendo que, por vezes, sob o fundamento de tratar-se de aspectos específicos do artigo 6, nº1, afirma que o foco deve ser neste último artigo.[84] Em outras, com base na mesma fundamentação (de tratar-se de aspectos específicos do artigo 6, nº 1), diz que o foco deve ser, por outro lado, no artigo 6, nº 3.[85] E, ainda, uma outra interpretação de que a análise há que orientar-se de forma conjunta ("taken together"). Esta última foi adotada mais recentemente no caso *Al-Khawaja*.

A doutrina critica a falta de uniformidade e a ausência de explicação por parte da Corte sobre a utilização de cada abordagem e para quais casos deve ser aplicada cada uma.[86] Ryan Goss sugere como ideal para assegurar de forma efetiva as garantias da defesa

82. CANOTILHO, José Joaquim Gomes. *Direito Constitucional e teoria da Constituição*. 5ª ed. Coimbra: Almedina, 2002, p. 405.

83. NOVAIS, Jorge Reis. *As restrições aos direitos fundamentais não expressamente autorizadas pela Constituição*. Coimbra: Coimbra Editora, 2003, p. 570.

84. TEDH, *Barberà, Messegué and Jabardo v. Espanha*, de 6 dez 1988, §67; TEDH, *Bonisch v. Austria*, de 6 maio 1985, §29 ("In the circumstances of the instant case, the Court, whilst also having due regard to the paragraph 3 (art. 6-3) guarantees, including those enunciated in sub-paragraph (d) (art. 6-3-d), considers that it should examine the applicant's complaints under the general rule of paragraph 1 (art. 6-1)").

85. TEDH, *Daud v. Portugal*, de 21 abr 1998, §33.

86. Para as críticas mais detalhadas, cf. GOSS, Ryan. *Criminal fair trial rights*: article 6 of the European convention on Human Rights, op. cit., p. 72-86.

previstas no artigo 6, nº 3, uma abordagem na qual, em primeiro lugar, seja averiguada, isoladamente e especificamente, a violação a uma determinada garantia, sem adentrar numa análise "em conjunto" com o artigo 6, nº 1 para aferir a violação. Sem prejuízo, caso entenda que não haja uma violação a uma garantia específica, nada impede a Corte de reconhecer uma violação a noção mais ampla de "fair trial" do artigo 6, nº1.[87]

Voltando àquela regra da "sole or decisive rule", ainda quando esta era aplicada efetivamente, existiam críticas na doutrina com relação à utilização de declarações anteriores que não respeitaram o paradigma do direito ao confronto por entender que as garantias da CEDH são essenciais para assegurar a equidade do processo ("fair trial").[88]

E, ademais, para se assegurar a equidade do procedimento, é mister que a Corte apenas respalde a noção de contraditório *forte* ou aquele exercido na formação do elemento de prova ("contraddittorio per l'elemento di prova"), e não aceite o contraditório sobre o elemento de prova ("contraddittorio sull'elemento di prova"),[89] um contraditório fraco.[90]

O contraditório serve para a formação da prova com a participação das partes para, posteriormente, o juiz julgar e decidir o caso, sendo fundamental para a estrutura dialética do processo. Aos sujeitos processuais é garantida uma "participação constitutiva" na declaração do direito ao caso,[91] e na perspectiva defensiva, incide ainda o direito ao confronto que é tão fundamental quanto o princípio do contraditório na produção da prova penal decorrente de fonte pessoal.

87. Ibidem, p. 87-88.

88. SUMMERS, Sarah. *Fair Trials*: the european criminal procedural tradition and the european court of human rights, op. cit., p. 140-143.

89. UBERTIS. Giulio. Corte europea dei diritti dell'uomo e "processo equo", op. cit., p. 33-45.

90. Como visto no início do trabalho, o direito ao confronto se aproxima de um contraditório na formação do elemento de prova, momento em que o acusado poderá questionar e desafiar a prova que está sendo produzida em sua presença. Cf. MALAN, Diogo. *Direito ao confronto no processo penal*, op. cit., p. 103-104.

91. MARTINS, Joana Boaventura. *Da valoração das declarações de arguido prestadas em fase anterior ao julgamento:* contributo para uma mudança de paradigma, Coimbra: Coimbra Editora, 2014, p. 24.

A prova decorrente de fonte pessoal é uma prova constituenda, sendo a regra que sua produção ocorra durante o julgamento no âmbito de interação comunicativa entre a fonte pessoal, juiz, defensor e o Ministério Público.[92] Assim, a colheita de declarações em fases anteriores serve apenas para fundamentar a admissibilidade da acusação e o juízo acerca de medidas cautelares pessoais, patrimoniais ou probatórias, pelo que se considera que os elementos produzidos nesta fase, por serem *repetíveis*, deverão ser reproduzidos na fase processual, sob o crivo do contraditório (e, na perspectiva defensiva, do direito ao confronto), para poderem ser valorados no julgamento.[93]

Com relação às provas não-repetíveis, em razão de uma impos-

92. MESQUITA, Paulo Dá. *A prova do crime e o que se disse antes do julgamento*, op. cit., p. 514. No processo penal português, como será observado, a prova testemunhal deve ser formada no julgamento, havendo uma proibição de valoração das declarações processuais antes do julgamento.

93. MENDES, Paulo de Sousa. *Lições de direito processual penal.* Coimbra: editora Almedina, 2014, p. 48. AMBOS, Kai. *Processo penal europeu:* preservação das garantias e direitos individuais: princípios processuais e análise da convenção europeia de direitos humanos. Tradução, notas e comentários sob a perspectiva brasileira de Marcellus Polastri. Rio de Janeiro: editora Lumen Juris, 2008, p. 155-156. Neste sentido, CELSO DE MELLO (Voto do Ministro no acórdão da AP 470/MG "Mensalão", fls. 54.050-54.052, referindo-se ao acórdão de sua relatoria sob a referência RTJ 161/264-266), ao sustentar que apenas a prova penal produzida em juízo pelo Ministério Público, sob a égide do contraditório, reveste-se de "eficácia jurídica o bastante para legitimar a prolação de um decreto condenatório", muito embora relate o referido Ministro do Supremo Tribunal Federal brasileiro que é possível a utilização de elementos informativos do inquérito na formação do livre convencimento do julgador quando corroborados com outras provas produzidas em contraditório. Com a recente reforma promovida pela Lei 13.964/19, passou-se a existir a figura do juiz das garantias que atuará no curso da investigação para fins de controle de legalidade e da garantia dos direitos fundamentais até o recebimento da denúncia (arts. 3°-B, 3°-C, §1°, CPP brasileiro). Os autos que compõem as matérias de competência do juiz das garantias não serão apensados aos autos principais que serão enviados ao juiz da instrução e julgamento, com exceção das provas irrepetíveis, medidas de obtenção de provas ou de antecipação de provas (art. 3°-C, §3°, CPP). Desta forma, a partir desta relevante reforma processual, entende-se que o juiz da instrução e julgamento não poderá se valer em sua fundamentação de elementos informativos colhidos na investigação, eis que este não terá contato com os autos do inquérito policial, com a ressalva de provas irrepetíveis, medidas de obtenção de provas ou de antecipação de provas, de forma que deverá fundamentar sua decisão em provas produzidas sob o contraditório. Com isso, assume-se o momento da instrução e julgamento como o lugar adequado para estabelecer a dialética entre acusação e defesa. Todavia, tais normas (arts. 3°-A a 3°-F) estão com a eficácia suspensa por decisão liminar do Ministro do STF Luiz Fux, dada em 20 de janeiro de 2020, aguardando-se, no momento, a apreciação pelo Plenário.

sibilidade material de produção, há uma preocupação da doutrina em se assegurar o contraditório (e o *direito ao confronto*) o máximo possível, fazendo-se necessário que se analisem os motivos da impossibilidade da repetição na fase judicial das declarações anteriores. Em situações absolutamente imprevistas, há até certa razoabilidade em aceitar que se valorem tais declarações, contudo, numa hipótese em que os órgãos persecutórios, por desídia, deixassem de requerer a produção antecipada da prova e esta perecesse, o entendimento mais adequado é no sentido de não poder utilizar aquele elemento informativo anterior ao processo (ou julgamento).[94]

Sendo assim, não há dúvida de que o novo posicionamento do TEDH viola o direito ao confronto ao permitir que sejam valoradas declarações testemunhais anteriores, permitindo que condenações se baseiem em prova não confrontadas pela defesa, o que retira, em último grau, o direito democrático do indivíduo de participar na produção da prova penal e na própria decisão judicial.

Quando o TEDH aplicava a regra do "sole or decisive rule", embora não fosse o ideal, ao menos, protegia um núcleo mínimo deste direito ao não permitir condenações em provas não confrontadas pela defesa quando estas fossem fundamento exclusivo ou decisivo na decisão condenatória. Isto porque as provas não confrontadas não influenciarão o conteúdo da decisão condenatória, haja vista que o julgador se valerá preponderantemente de provas que passaram pelo crivo do direito ao confronto.[95]

Como visto no decorrer do presente livro, a Suprema Corte norte-americana, ratificando posição de parte da doutrina,[96] alterou seu entendimento para impedir que declarações com natureza testemunhal

94. ZILLI, Marcos. O convencimento judicial em face dos depoimentos colhidos durante as atividades de CPI. *Revista eletrônica Zeitschrift für Internationale Strafrechtsdogmatik* - www.zis-online.com, ZIS 6/2014, p. 267.

95. "Nada obstante, ainda assim, tal afirmação é sujeita a críticas, tendo em vista que o TEDH aceita uma noção de contraditório *fraco* ou diferido <aquele sobre um elemento de prova>" (FIGUEIREDO, Daniel Diamantaras. O direito ao confronto e o caso Al-Khawaja e Tahery c. Reino Unido, op. cit., p. 348, nota 105).

96. Por todos, FRIEDMAN, Richard. Face to Face: rediscovering the right to confront prosecution witness, op. cit., p. 1-30. Conforme informação do próprio autor, este artigo foi feito com base na petição por ele apresentada como *amicus curiae* no caso *Crawford c. Washington*, julgado pela Suprema Corte Americana em 2004.

("testimonial") possam ser admitidas no processo e valoradas pelo julgador, a não ser que a defesa tenha tido a possibilidade de exercer o direito ao confronto e a fonte de prova esteja indisponível. Anteriormente, a aferição para admissibilidade de uma declaração anterior era baseada em análises sobre a sua credibilidade ("reliability").

No entanto, o direito ao confronto não tem como propósito apenas uma questão epistemológica, mas, dentre outros objetivos, permitir a participação defensiva na produção e formação da prova. Em sentido diverso, parece que o TEDH está se limitando àquele primeiro aspecto da averiguação da credibilidade de uma declaração para fins de admissão e valoração no processo.

Relevante citar o exemplo, a título de ilustração, da Itália que consagrou em sua carta constitucional norma semelhante ao artigo 6º, nº 3, d, da CEDH que assegura o direito de confrontar as testemunhas.[97] Há dois aspectos que a diferenciam do dispositivo da CEDH: um deles é que substituiu a palavra "testemunhas" por "pessoas" para englobar todos aqueles que prestam declarações acusatórias (nesse ponto, como já visto, a interpretação delineada pelo próprio TEDH é no sentido de um conceito amplo para testemunha) e o outro é que há determinação que o *confronto* das testemunhas ocorra "perante um juiz".[98]

97. Cf. AMODIO, Ennio. *Processo penale, diritto europeu e common law*: dal rito inquisitorio al giusto processo. Milano: Giuffrè Editore, 2003, p. 131-142. CECANESE, Gianfederico. *Confronto, ricognizione ed esperimento giudiziale nella logica dei mezzi di prova*. Napoli: Edizioni Scientifiche Italiane, 2013, p. 55. Veja Art. 111. "La giurisdizione si attua mediante il giusto processo regolato dalla legge. Ogni processo si svolge nel contraddittorio tra le parti, in condizioni di parità, davanti a giudice terzo e imparziale. La legge ne assicura la ragionevole durata. Nel processo penale, la legge assicura che la persona accusata di un reato sia, nel più breve tempo possibile, informata riservatamente della natura e dei motivi dell'accusa elevata a suo carico; disponga del tempo e delle condizioni necessari per preparare la sua difesa; abbia la facoltà, davanti al giudice, di interrogare o di far interrogare le persone che rendono dichiarazioni a suo carico, di ottenere la convocazione e l'interrogatorio di persone a sua difesa nelle stesse condizioni dell'accusa e l'acquisizione di ogni altro mezzo di prova a suo favore; sia assistita da un interprete se non comprende o non parla la lingua impiegata nel processo. Il processo penale è regolato dal principio del contraddittorio nella formazione della prova (...)". Grifei.

98. TONINI, Paolo. *A prova no processo penal italiano*. Tradução Alexandra Martins e Daniela Mróz. São Paulo: Editora Revista dos Tribunais, 2002, p. 25. FIGUEIREDO, Daniel Diamantaras. O direito ao confronto e o caso Al-Khawaja e Tahery c. Reino Unido, op. cit., p. 347.

No âmbito infraconstitucional, o Código de Processo Penal italiano contém disposição normativa que obsta a leitura em juízo de declarações testemunhais colhidas em fase anterior aos debates (artigo 514), determinando a inutilizabilidade de declarações extrajudiciais para valoração judicial (artigo 526). Há, por outro lado, algumas exceções na legislação que permitem a leitura destas declarações, mas a regra é que as provas obtidas em investigações preliminares são inutilizáveis, pois não foram submetidas ao escrutínio defensivo.[99]

Paolo Tonini afirma que o CPP italiano adotou o princípio do "relativismo probatório" no sentido de que um elemento de prova pode valer para uma fase processual e não para outra.[100]

Andou bem a legislação italiana que protege efetivamente o direito fundamental ao confronto ao valorizar a participação defensiva na produção e formação da prova, o que deveria ser mais bem desenvolvido e protegido pelo TEDH.

É sabido que a Corte de Estrasburgo possui jurisdição sobre diversos ordenamentos jurídicos, sejam daqueles da família do "common law", sejam outros de influência romano-germânica, sendo de suma importância assegurar uma proteção efetiva ao direito ao confronto, independentemente da influência jurídica de cada país, já que alçado à condição de um direito fundamental e com possibilidade de ser efetivamente aplicado em ordenamentos de diferentes famílias jurídicas, diante da previsão em tratados de direitos humanos e Constituições.

99. TONINI, Paolo. *A prova no processo penal italiano*, op. cit., p. 81. No tocante ao Brasil, com a reforma feita pela Lei 13.964/19, passou-se a existir a figura do juiz das garantias que atuará no curso da investigação para o controle da legalidade desta e garantia dos direitos fundamentais até o recebimento da denúncia (arts. 3º-B, 3º-C, §1º, CPP brasileiro). Os autos que compõem as matérias de competência do juiz das garantias não serão apensados aos autos principais que serão enviados ao juiz da instrução e julgamento, com exceção das provas irrepetíveis, medidas de obtenção de provas ou de antecipação de provas (art. 3º-C, §3º, CPP). Desta forma, entende-se que o juiz da instrução e julgamento não poderá se valer em sua fundamentação de elementos informativos colhidos na investigação, eis que este não terá contato com os autos do inquérito policial, com a ressalva de provas irrepetíveis, medidas de obtenção de provas ou de antecipação de provas, de sorte que deverá fundamentar sua decisão em provas produzidas sob o contraditório. Contudo, tais normas (arts. 3º-A a 3º-F) estão com a eficácia suspensa por decisão liminar do Ministro do STF Luiz Fux, dada em 20 de janeiro de 2020, aguardando-se, no momento, a apreciação pelo Plenário.

100. Ibidem, p. 81-82.

Portanto, cabe ao TEDH garantir um conteúdo mínimo que respeite a essência deste direito fundamental, desvinculando-o de uma mera regra probatória ou um mero aferidor gnoseológico, de maneira que este direito cumpra seus propósitos de forma eficaz.

Pelos motivos descritos, não restam dúvidas sobre a importância de proteção do direito ao confronto que, muito mais do que auxiliar na verificação da credibilidade de uma declaração, confere ao imputado uma proteção contra práticas inquisitivas e impede a proliferação de produção de declarações testemunhais em segredo, além claro de legitimar o processo penal com ares democráticos de participação defensiva na decisão final.

3.3.2 Testemunhas anônimas

O anonimato é uma medida de proteção das testemunhas que impede, em regra, o imputado e seu defensor, de obter o conhecimento da identidade da testemunha, incluindo além do nome e sobrenome, endereço e demais dados relevantes. Conforme reconhecido pelo próprio TEDH, trata-se de uma medida que restringe o direito ao confronto, dificultando a defesa nos processos criminais de contrariar efetivamente as testemunhas.[101]

Não obstante, a utilização de declarações prestadas por testemunhas anônimas não é vedada em absoluto pelo TEDH em razão da possibilidade de existência de interesses conflitantes entre testemunhas e imputado/acusado.[102] Sérios riscos de ameaças e intimidação contra as testemunhas ou familiares são motivos para admitir o uso de tais declarações.[103]

Importante a orientação da Recomendação nº R (97) 13, do Comitê de Ministros do Conselho da Europa relacionada ao tema de

101. TEDH, *Van Mechelen v. Holanda*, de 23 abr 1997, §54.

102. TEDH, *Kostovski v. Holanda*, de 20 nov 1989, §44; TEDH, *Van Mechelen v. Holanda*, de 23 abr 1997, §53 (citando *Doorson v. Holanda*, de 26 mar 1996).

103. MAFFEI, Stefano. *The right to confrontation in Europe*, op. cit., p. 98. ASHWORTH, Andrew. *Human rights, serious crime and criminal procedure*. London: Sweet and Maxwell, 2002, p. 34. Sobre o fundamento do dever do Estado de proteger as testemunhas, v. SILVA, Sandra Oliveira. "Salas vazias e declarações anónimas": notas sobre a protecção de testemunhas e o processo equitativo no julgamento da criminalidade organizada. *Revista do CEJ*, nº 16, Coimbra: Almedina, 2011, p. 288-294.

proteção de testemunhas e os direitos de defesa, na qual reconheceu o caráter excepcional da medida de anonimato, a necessidade de participação defensiva na decisão sobre tal concessão, bem como no controle da credibilidade das declarações produzidas.

Vale dizer que o anonimato, em regra, vem acompanhado de outras medidas judiciais que ocultam a imagem e/ou distorcem a voz, a fim de evitar o reconhecimento da testemunha pela sua fisionomia,[104] ou, ainda, prestam depoimento em salas diferentes da defesa.[105]

As declarações testemunhais anônimas não podem servir de fundamento *exclusivo* ou *decisivo* nas sentenças condenatórias. Isto foi enfrentado no caso *Doorson v. Holanda*, já em 1996, mas não foi reconhecida a violação neste caso por considerar que os elementos de prova decorrentes de fonte anônima não foram "decisivos" na condenação.[106]

De forma geral, o TEDH entende possível a admissão de declarações prestadas por testemunhas anônimas, desde que (i) extremamente necessárias; (ii) quando não constituam fundamento decisivo ou exclusivo na condenação e (iii) quando utilizadas medidas de compensação ("counter-balancing") que diminuam os prejuízos defensivos, atestando por outros meios a credibilidade da testemunha.[107]

Uma questão mais preocupante é quando se trata de testemunhas anônimas e também ausentes devido a maior restrição ao direito ao confronto que impedirá a defesa de, além de conhecer os dados qualificativos (ou, dependendo, fisionômicos) da testemunha,[108] poder exercer os outros componentes do direito ao confronto, como o direito de presença (que proporciona o encontro face a face entre acusado

104. SILVA, Sandra Oliveira e. *A protecção de testemunhas no processo penal*, op. cit., p. 280, nota 548.

105. WILDE, Bas de. A fundamental review of the ECHR right to examine witnesses in criminal cases. *The International Journal of Evidence & Proof*, vol. 17, 2013, p. 174.

106. TEDH, *Doorson v. Holanda*, de 26 mar 1996, §76.

107. TEDH, *Krasniki v. República Tcheca*, de 28 maio 2006, §§75-76.

108. LEIGH, Monroe. Witness anonymity is inconsistent with due process. *The American Journal of International Law*, vol. 91, nº 1, 1997, p. 80. Para a autora, uma adequada inquirição e contra-inquirição e, por conseguinte, a obediência ao paradigma do direito ao confronto, é fundamental conhecer a identidade da testemunha.

e a testemunha) e o direito à inquirição de forma contemporânea à produção da prova.

Em *Kostovski v. Holanda*, tal como visto no item anterior, o tribunal entende que se for concedida uma oportunidade adequada à defesa de confrontar a testemunha (antes ou durante o julgamento), suas declarações anteriores podem ser admitidas. No presente caso, a dificuldade maior era que, além de testemunhas ausentes, eram também anônimas. Conforme consta do acórdão, a defesa teve oportunidade de colocar perguntas a uma das testemunhas anônimas por escrito e através do juiz, todavia, diante da restrição ao tipo de perguntas devido ao anonimato da fonte, o TEDH reconheceu as dificuldades enfrentadas pela defesa em razão da impossibilidade de testar a credibilidade ou até mesmo demonstrar versões inverídicas e errôneas dadas pela testemunha.[109]

No entanto, o entendimento da Corte é que se as declarações de testemunhas anônimas forem corroboradas com outros elementos de prova não há violação ao artigo 6, nº 3, d. Neste caso específico, foi reconhecida a violação porque a condenação foi baseada de forma decisiva em tais declarações.[110]

No caso *Van Mechelen e outros v. Holanda*, reconhecendo também as dificuldades enfrentadas pela defesa quando se está diante de um caso com testemunhas anônimas e ausentes, frisou-se a necessidade de compensar tais prejuízos com medidas procedimentais de contrabalanceamento a ser adotada pelas autoridades judiciais.[111]

Como dito, nessas hipóteses em que a testemunha é anônima e ausente, i.e., estando oculta sua identidade e demais informações relevantes e suas declarações anteriores ao julgamento são admitidas,

109. TEDH, *Kostovski v. Holanda*, de 20 nov 1989, §42 ("The latter feature of the case compounded the difficulties facing the applicant. If the defence is unaware of the identity of the person it seeks to question, it may be deprived of the very particulars enabling it to demonstrate that he or she is prejudiced, hostile or unreliable. Testimony or other declarations inculpating an accused may well be designedly untruthful or simply erroneous and the defence will scarcely be able to bring this to light if it lacks the information permitting it to test the author's reliability or cast doubt on his credibility. The dangers inherent in such a situation are obvious.")

110. Nesse mesmo sentido, cf. acórdão do caso TEDH *Windisch v. Austria*, de 27 set 1990, §§ 23-31.

111. TEDH, *Van Mechelen e outros v. Holanda*, de 23 abr 1997, § 54.

a restrição ao paradigma do confronto é desproporcional e, por isso, em tais situações, o correto seria o TEDH reconhecer a violação e proibir que uma condenação seja baseada em tais declarações.

Stefano Maffei critica a postura adotada pela Corte e considera inadequado o critério de valoração da "corroboration rule", frequentemente adotado para questões ligadas a testemunhas ausentes, para os casos de testemunhas anônimas e ausentes[112], em que a restrição é maior.

Ocorre que o TEDH alterou seu entendimento sobre a valoração de declarações prestadas por testemunhas *ausentes*, considerando compatível com o artigo 6, nº 3, d, da CEDH a admissão destas declarações, ainda quando sejam os fundamentos exclusivos ou decisivos da condenação. E o novo entendimento após o julgamento do caso *Al-Khawaja*, no qual a regra do "sole or decisive rule" foi relativizada, foi estendido ao caso *Ellis, Simms e Martin c. Reino Unido,*[113] de 10 abril de 2012, que tratava de declarações prestadas por testemunha anônima.

Com efeito, o TEDH utilizou como horizonte os mesmos critérios lançados em *Al-Khawaja*, quais sejam, (i) se existe um bom motivo para manter em segredo a identidade da testemunha, (ii) se as declarações dadas pela testemunha anônima são utilizadas na condenação de modo decisivo ou exclusivo e (iii) se for de tal modo, se foram utilizadas medidas compensatórias para permitir a correta e justa avaliação da credibilidade da testemunha.[114]

O juiz permitiu a concessão do anonimato testemunhal em razão do temor pela segurança de uma testemunha que presenciou os fatos. Sua voz também foi distorcida e os acusados e o público em geral não puderam observar a testemunha e escutar claramente seu depoimento, sendo que apenas os jurados, juiz e os defensores dos acusados tiveram oportunidade de ver e ouvir a testemunha. O juiz também advertiu os jurados sobre a fragilidade e os riscos de um depoimento anônimo.[115]

112. MAFFEI, Stefano. *The right to confrontation in Europe*, op. cit., p. 101.
113. TEDH, *Ellis, Simms e Martin c. Reino Unido*, de 10 abr 2012.
114. Ibidem, §§75.
115. Ibidem, §§29.

Em sua avaliação se o procedimento foi equitativo, os critérios acima mencionados foram considerados. Primeiro, o TEDH entendeu que o anonimato era necessário e havia uma boa razão para sua concessão, já que o caso envolvia homicídios associados a grupos criminosos.

Em segundo lugar, apesar de a condenação não se basear de forma *exclusiva* nas declarações de testemunha anônima, estas foram *decisivas* na fundamentação da sentença condenatória, o que levou a análise do terceiro critério se houve medidas suficientes para contrabalancear os prejuízos da defesa, através da verificação por outros da credibilidade do depoimento. Quanto a tais medidas, a Corte afirmou que tanto o juiz e jurados, como os advogados da defesa, puderam observar e ouvir o depoimento e avaliar o comportamento das testemunhas e, ademais, os jurados foram orientados sobre a fragilidade da prova e o cuidado que deveriam ter na sua avaliação.

Por fim, na visão da Corte, foram fornecidas à defesa informações significantes sobre a testemunha anônima (inclusive sobre seu vínculo com grupos criminosos) que permitiram uma contra-inquirição adequada.[116]

Note-se que, no tocante à problemática de testemunhas anônimas, o critério até então utilizado do *modo decisivo* indicava que declarações de testemunhas anônimas possuem um baixo valor probatório e daí a exigência de corroboração com outros elementos, impedindo que condenações se baseassem exclusivamente ou decisivamente nestes elementos de prova. Esse baixo valor probatório decorre dos riscos de parcialidade da testemunha e das restrições impostas ao direito ao confronto.[117]

Ainda assim, pairavam críticas acerca da aplicação deste critério. Todavia, o fato é que, no momento, o direito ao confronto foi restringido de tal forma que esta limitação se configura intolerável, esvaziando seu conteúdo e prejudicando o cumprimento dos seus propósitos.[118]

116. Ibidem, §§80-89.

117. SOUZA, Diego Fajardo Maranha Leão de. *O anonimato no processo penal*: proteção a testemunhas e o direito à prova. Belo Horizonte: Arraes Editores, 2012, p. 136.

118. Ressalta-se que o foco do presente trabalho é o direito específico da defesa

Não se pode olvidar, neste ponto, que esta decisão do TEDH não respeita sequer a Recomendação nº R (1997) 13 do Comitê de Ministros do Conselho da Europa que determina que uma condenação não pode se basear exclusivamente ou decisivamente em testemunhos de fontes anônima.[119]

Algumas considerações críticas devem ser feitas neste ponto. Há que se diferenciar, inicialmente, os casos em que estão em análise apenas testemunhas anônimas e casos em que são testemunhas anônimas e ausentes do julgamento.

Na primeira hipótese, será negado à defesa o conhecimento dos dados qualificativos das testemunhas e demais informações que possam lhe identificar. Sem dúvidas, haverá uma restrição do direito defensivo, mas, de todo modo, a defesa terá oportunidade de inquirir as testemunhas presentes no julgamento (não em toda sua amplitude pela vedação de certas perguntas que possam identificar a testemunha, porém subsistindo uma parcela considerável de tal direito).

No segundo caso, a restrição será de maior grau ao direito ao confronto, porque, além da falta de acesso às informações das testemunhas, a defesa estará inviabilizada de examinar as testemunhas perante o julgador de mérito em razão da sua ausência no julgamento.

Para Stefano Maffei, é possível excepcionalmente adotar a proteção da testemunha pelo anonimato quando verificada a possibilidade da prática de atos que atentem contra a vida e segurança dela que também são considerados direitos fundamentais[120] com previsão expressa no artigo 8º, da CEDH. Trata-se, para Stefano Maffei, de

(direito ao confronto), mas não se desconhece que existem outros fatores tão importantes que servem também para restringir o uso de declarações de testemunhas anônimas sob o ponto de vista do julgador (juiz togado ou jurado), como o princípio da imediação que se reflete na necessidade da proximidade do juiz com os meios de prova, o que contribuirá para verificação da credibilidade e da informação passada pela testemunha e, por conseguinte, uma decisão mais acertada. E, sob esse enfoque, o perigo da admissibilidade de declarações anônimas repousa no risco de condenações injustas baseadas em falsas impressões (nesse ponto, cf. WILDE, Bas de. A fundamental review of the ECHR right to examine witnesses in criminal cases, op. cit., p. 181).

119. Recomendação nº R (1997) 13, III, 13: "When anonymity has been granted, the conviction shall not be based solely or to a decisive extent on the evidence os such persons". Nesse mesmo sentido, a Recomendação R (2005) 9.

120. MAFFEI, Stefano. *The right to confrontation in Europe*, op. cit., p. 58.

uma admissão condicionada, de modo que as declarações decorrentes de fontes anônimas deverão ser complementadas por outras provas autônomas e não-anônimas (corroboração);[121] à defesa deve participar da produção da prova[122] e deve-se divulgar algumas informações pessoais da testemunha anônima, a fim de permitir uma avaliação de sua credibilidade.[123]

Ainda, deverão ser adotadas algumas medidas no momento da produção da prova, quais sejam, (i) um juiz deve sempre participar ou supervisionar a colheita da prova; (ii) o juiz deve saber a real identidade da testemunha e verificar as razões da concessão do anonimato, bem como avaliar se existe alguma animosidade entre ela e o arguido e (iii) permitir, pelo menos ao defensor do acusado, que esteja perante a testemunha para monitorar o seu comportamento e colocar todas as questões que entenda necessárias para uma efetiva inquirição, salvo aquelas que possam identificar a testemunha.[124]

Para Oliveira e Silva, apesar da restrição, entende que a concessão do anonimato seria possível de forma excepcional limitado a determinados crimes mais graves e em razão de sérios riscos a bens jurídicos das pessoas envolvidas (testemunhas e familiares), bem como mediante um procedimento complementar que assegurasse à defesa uma possibilidade de participar da decisão de autorização do anonimato testemunhal[125] e, quanto à valoração, a necessidade de corroboração com outros elementos de prova.[126]

Sustentando posição contrária a admissão e valoração de declarações de testemunhas anônimas, Diogo Malan[127] sustenta uma

121. Ibidem, p. 59 e 103.

122. Ibidem, p. 60.

123. Ibidem.

124. Ibidem, p. 102.

125. Cf. SILVA, Sandra Oliveira e. *A protecção de testemunhas no processo penal*, op. cit., p. 284. A autora defende que com a realização desse procedimento será assegurada ao acusado a possibilidade de aferir a credibilidade da testemunha que, mesmo não sendo contemporaneamente à produção da prova, será em processo anterior autônomo com uma discussão oral pelas partes tanto da credibilidade como da necessidade da medida de proteção. Os comentários são feitos a partir da análise da lei portuguesa sobre a proteção de testemunhas (Lei nº 93/99).

126. Ibidem, p. 280-284 e 285-286.

127. MALAN, Diogo. *Direito ao confronto no processo penal*, op. cit., p. 149.

violação desproporcional ao direito ao confronto. Seus argumentos são que: (i) diante da impossibilidade de o acusado estar face a face com a testemunha, aquele fica impedido de observar o seu comportamento no momento das declarações; (ii) a ausência de publicidade do ato processual, que pode ocorrer em certas ocasiões, pode aumentar as chances de a testemunha anônima faltar com a verdade;[128] (iii) devido ao risco da criação de um preconceito com relação ao acusado, na medida em que a concessão do anonimato pode passar a ideia de que este é uma pessoa tão perigosa que foi necessária a imposição da medida, principalmente nos casos julgados por juízes leigos no Tribunal do Júri.[129]

É claro, entretanto, que nenhum direito é absoluto, havendo a possibilidade de restrição em determinados momentos, contanto que não seja esvaziado totalmente em seu conteúdo.

Reconhece-se que, quando se está perante o tema das testemunhas anônimas, há uma restrição ao direito ao confronto, o qual deve ser garantido, mas não se pode deixar de vislumbrar que há outros interesses fundamentais em conflito das testemunhas que tem o direito à vida, segurança etc.

O melhor entendimento sobre a possibilidade do anonimato é que determinadas condições sejam cumpridas para reconhecer a legitimidade da medida e a valoração das declarações dadas pelas testemunhas anônimas. Primeiramente, é preciso pontuar que se trata de uma medida excepcionalíssima e que somente deve ser usada caso outros meios de proteção sejam considerados insuficientes ou ineficazes. Com efeito, devem-se priorizar medidas protetivas que são menos restritivas aos direitos e garantias da defesa, tais como: (i) medidas segregadoras do imputado ou outras pessoas que possam praticar atos ilícitos contra as testemunhas (prisão ou medidas

128. A publicidade dos atos de produção probatória aumenta as chances de veracidade no depoimento das testemunhas – ao contrário do que aconteceria com sua colheita de forma secreta – que saberão que estão sob um escrutínio público e a falta com a verdade será punida na forma da lei. Cf. neste ponto BECCARIA, Cesare. *Tratado de los delitos y de las penas*. Tradução de Manuel Martínez Neira, Madrid: Universidad Carlos III de Madrid, 2015, p. 39.

129. MALAN, Diogo. *Direito ao confronto no processo penal*, op. cit., p. 150.

cautelares); (ii) inserção da testemunha em programas de proteção;[130] (iii) proteção policial, alteração de residência, transporte protegido, residência protegida, proteção pós-processo, como alteração de nome e identidade.[131]

Supondo que tais medidas não foram suficientes para a proteção da testemunha e sendo o caso de adotar o anonimato, sustenta-se no presente trabalho que a defesa possa inquirir as testemunhas no julgamento, bem como que sejam fornecidas informações sobre as testemunhas para aferir e testar a credibilidade, desde que não prejudiquem a medida de proteção.

Essa inquirição só será efetiva, todavia, se for possível observar o comportamento da testemunha. Ocorre que, como se sabe, o anonimato, muitas vezes, vem acompanhado de ocultação de imagem e distorção de voz. Assim, entende-se que somente uma ocultação de imagem que seja ainda possível a observação do comportamento da pessoa poderá ser admitida, especialmente a possibilidade de a defesa ver os movimentos e expressões faciais ou quaisquer sinais involuntários (suor, tremor etc). Isto porque o ato de depor não se reflete apenas no *falar*, mas na forma como se fala.[132] Pela limitação à avaliação da testemunha nos termos referidos, a distorção de voz não se enquadra como medida adequada e, portanto, não deve ser utilizada.

Medidas como colocar as testemunhas em salas separadas da do acusado ou a utilização de telas opacas em que não seja possível visualizar a testemunha não devem ser autorizadas, sob pena de violação ao direito ao confronto em grau intolerável. Por outro lado, e sendo necessário, medidas que apenas alterem o aspecto exterior da

130. MAFFEI, Stefano. *The right to confrontation in Europe*, op. cit., p. 56. Nesse sentido, também, MALAN, Diogo. *Direito ao confronto no processo penal*, op. cit., p. 151. A lei nº 93/99 prevê nos artigos 21 a 25 programa especial de segurança das testemunhas.

131. PATRÍCIO, Rui. Protecção de testemunhas em Processo Penal. In PALMA, Maria Fernanda (coord.). *Jornadas de Direito Processual Penal e Direitos Fundamentais*. Coimbra: Almedina, 2004, p. 304-305.

132. Ibidem, p. 294. Cf. também em um estudo mais detalhado, BLUMENTHAL, Jeremy A. A Wipe of the hands, a lick of the lips: the validity of demeanor evidence in assessing witness credibility. *Nebraska Law Review*, vol. 72, 1993, p. 1157-1204.

testemunha (peruca, maquilhagem) são mais aconselháveis, porquanto permitirá que a defesa avalie e teste a credibilidade do depoente pela observação das suas reações fisionômicas, linguísticas e corporais.

Importante, ademais, a existência de um procedimento para averiguar a necessidade excepcional da concessão do anonimato com a participação das partes e, em especial um representante da defesa[133] que, não sendo seu patrono obviamente, o ideal é que fosse um membro de uma instituição oficial do Estado, desvinculada do Ministério Público e do Judiciário, voltada especificamente para área defensiva, como é o caso de uma defensoria pública bem estruturada nos moldes existentes no Brasil.[134]

Por derradeiro, após cumpridas todas as condições acima, quanto à valoração das declarações, deve-se garantir que eventual condenação se baseie de forma preponderante em outros elementos de prova *não-anônimos*, efetivamente produzidos sob o paradigma do direito ao confronto.

Retornando ao caso julgado pelo TEDH, *Ellis, Simms e Martin c. Reino Unido*, alguns aspectos positivos podem ser traçados. Apesar de não ter sido permitido ao acusado estar presente no momento da produção da prova testemunhal anônima, sua defesa se fez presente e pode realizar a inquirição razoavelmente, sobretudo com acesso a algumas informações possíveis da testemunha para aferir sua credibilidade. O

133. Em acordo com posição adotada neste livro, cf. SOUZA, Diego Fajardo Maranha Leão de. *O anonimato no processo penal*: proteção a testemunhas e o direito à prova, op. cit., p. 135. Como será visto em capítulo próprio, Portugal possui lei com a previsão de um procedimento anterior e autônomo para concessão do anonimato (Lei 93/99).

134. Em outro contexto diverso da questão da testemunha anônima, mas sobre a importância de uma instituição oficial sem vínculo ao Ministério Público ou ao Judiciário para atuar em fases anteriores ao processo, como na investigação, com interesse exclusivamente defensivo ("proto- ou pré-defensor"), cf. SCHÜNEMANN, Bernd. Audiência de instrução e julgamento: modelo inquisitorial ou adversarial? – Sobre a estrutura fundamental do processo penal no 3º Milênio", op. cit., p. 645-648. Apesar de os fundamentos do autor serem direcionados ao tema de uma reforma na fase de investigação preliminar, garantindo um maior controle de correção dos atos praticados nesta fase, é possível transportá-los à necessidade de um procedimento prévio na concessão do anonimato com a participação de um representante defensivo de uma instituição como a defensoria pública, o que garantirá um maior controle na verificação dos pressupostos para o anonimato.

juiz alertou aos jurados sobre o menor valor de tais declarações para que fosse considerado na sua convicção ao julgar. Porém, andou mal a Corte ao permitir que a condenação se baseasse em elementos de prova decorrentes de fonte anônima de forma *decisiva*, o que configura uma violação intolerável ao direito ao confronto.

Vale pontuar que o mencionado caso envolvia testemunhas anônimas, mas que estavam presentes em julgamento e, portanto, disponíveis para inquirição. No entanto, o TEDH não estabeleceu parâmetros gerais, envolvendo outros casos sobre testemunhas anônimas. Assim, não se sabe se a Corte manterá o entendimento que é possível a condenação com base exclusivamente ou decisivamente em declarações de testemunhas anônimas, quando também não estejam presentes em julgamento, ou a defesa não tiver a oportunidade de inquirição.

Em casos anteriores, o TEDH considerava que a oportunidade defensiva de inquirir as testemunhas anônimas, em algum momento, era uma importante medida que diminuía as restrições impostas à defesa e, ainda quando considerava suficientes outras medidas compensatórias diferentes desta, não admitia que a condenação se baseasse de forma exclusiva ou decisiva nas declarações testemunhais anônimas.[135]

Cabe afirmar que, tratando-se de testemunhas anônimas e ausentes no julgamento, em que restará materialmente impossível a inquirição defensiva, não será possível a admissão e valoração das declarações de fonte anônima sob pena de afronta desproporcional ao direito ao confronto.

O referido caso também tratou de uma situação em que o juiz disponibilizou informações relevantes da testemunha anônima (que não prejudicou a medida de proteção). Ocorre que não se tem uma resposta como o TEDH enfrentará aqueles casos em que nenhuma

135. WILDE, Bas de. A fundamental review of the ECHR right to examine witnesses in criminal cases, op. cit., p. 179-180. O autor acredita que o TEDH quando se deparar com testemunhas não-examinadas não admitirá suas declarações caso forem decisivas ou exclusivas na condenação. Cf. WELCH, Tim; HAIDER, Huma; MEENAGH, Martin; M'BOGE, Yassin. Witness anonymity at the International Criminal Court: due process for defendants, witnesses or both? *The Denning Law Journal*, vol. 23, 2011, p. 38-42.

informação será fornecida e se, ainda assim, admitirá condenação de forma exclusiva ou decisiva em tais elementos de prova.[136]

O caso *Ellis, Simms e Martin v. Reino Unido*, adaptando para testemunhas anônimas o entendimento de *Al-Khawaja e Tahery v. Reino Unido*, é passível de críticas tanto como já foi feito para este último nos itens anteriores.

Com efeito, o direito ao confronto está sendo interpretado pelo TEDH como um mero aferidor gnoseológico, em que o importante é apurar simplesmente a credibilidade e, havendo outros meios de verificá-la, seria legítimo não garantir este direito à defesa. Assim, mesmo declarações decisivas (ou exclusivas) para a condenação estão sendo aceitas, desde que sua credibilidade possa ser averiguada por outros meios diversos do escrutínio defensivo através do exercício do direito ao confronto, deixando de lado seus propósitos que, como examinado, trata-se de um imperativo político e direito fundamental defensivo.

136. Note-se que o julgamento foi de um caso julgado no Reino Unido, em que há na prática o fornecimento de alguma informação sobre a testemunha anônima. Cf. WILDE, Bas de. A fundamental review of the ECHR right to examine witnesses in criminal case, op. cit., p. 178-179.

4

SOBRE O RECONHECIMENTO E APLICAÇÃO DO DIREITO AO CONFRONTO DENTRO DO ORDENAMENTO JURÍDICO PORTUGUÊS. UMA ANÁLISE DA TRANSMISSIBILIDADE DAS DECLARAÇÕES TESTEMUNHAIS

O assunto que será abordado neste capítulo refere-se à aplicação do direito ao confronto no ordenamento jurídico português e sua relação com a produção da prova e com o tratamento dado às declarações testemunhais anteriores ao julgamento.

4.1 Fundamento convencional e constitucional do direito ao confronto

A CEDH foi ratificada por Portugal, através da Lei 65/78, de 13 de outubro e, após o depósito do respectivo instrumento de ratificação, entrou em vigor em 09 de novembro de 1978 e, desde então, suas normas são aplicadas na ordem interna.

No artigo 6º, n.os 1 e 3, da CEDH, são elencadas diversas garantias as quais devem ser asseguradas ao arguido nos procedimentos criminais, entre elas, o direito ao confronto, cuja importação para o corpo da Convenção decorreu de uma nítida influência do processo penal adversarial norte-americano.

Ademais, o Pacto Internacional dos Direitos Civis e Políticos (doravante PIDCP) também ratificado por Portugal e, em vigor desde 15 de setembro de 1978, traz em seu bojo a consagração do direito ao confronto com validade, portanto, na ordem jurídica portuguesa.

Além destes *fundamentos convencionais,*[1] entende-se que o direito ao confronto, não somente está em pleno vigor no ordenamento português pela ratificação da CEDH e PIDCP, mas também tem *fundamento constitucional* através da norma contida no artigo 32, nº 1, da Constituição portuguesa[2] que prescreve que devem ser asseguradas "todas as garantias de defesa". Trata-se, seguramente, de uma "fonte autônoma de garantias de defesa".[3]

Rui Medeiros e Jorge Miranda, ao comentarem o artigo 32, nº 1, da CRP, afirmam que "todas as garantias" não são apenas aquelas reconhecidas formalmente na lei, mas, também consideradas num campo mais abrangente dos princípios constitucionais e legais, "todos os meios que em concreto se mostrem necessários" para a defesa.[4]

1. Sobre um estudo mais detalhado da interrelação entre a Constituição e tratados internacionais na proteção de direitos fundamentais, cf. VITORINO, António. Protecção constitucional e protecção internacional dos direitos do homem: concorrência ou complementaridade?, separata da *Revista da Faculdade de Direito da Universidade de Lisboa*, Lisboa: AAFDL, 1993, p. 111-179. Cf. CANOTILHO, José Joaquim Gomes. *Direito constitucional e teoria da Constituição.* 7ª ed. Coimbra: Almedina, 2003, p. 824-828. Para o autor, as normas da Convenção possuem uma posição primária dentro do ordenamento português e até mesmo sobre o direito constitucional, mas não tem uma dignidade constitucional, pois exige-se a observação dos princípios constitucionais materialmente irrevisíveis, possibilitando um controle acerca da compatibilidade com as normas constitucionais.

2. Art. 32, 1. "O processo criminal assegura todas as garantias de defesa, incluindo o recurso."

3. CANOTILHO, J. J. Gomes; MOREIRA, Vital. *Constituição da República portuguesa anotada*, op. cit., p. 516.

4. MEDEIROS; Rui. MIRANDA, Jorge. *Constituição portuguesa anotada*. Tomo I. Coimbra. Coimbra Editora, 2005, p. 354. Cf. também DIAS, Jorge de Figueiredo. Sobre os sujeitos processuais no novo Código de Processo Penal. In Jornadas de Direito Processual Penal. *O Novo Código de Processo Penal.* Centro de Estudos Judiciários. Coimbra: Almedina, 1991, p. 27-28, referindo ao *direito de defesa* do artigo 32, nº 1, da CRP como uma "categoria aberta à qual devem ser imputados todos os concretos direitos,

Trata-se da dimensão constitucional garantística do processo penal, em que os direitos de defesa impõem sejam estabelecidos os poderes processuais e os meios e condições necessárias para a efetivação de tais direitos.[5]

Este preceito vem garantir a ampla e efetiva defesa, concedendo todas as oportunidades para contrariar a acusação,[6] o que significa o dever do Estado de assegurar,[7] além de outros direitos e garantias, o "right of confrontation" à defesa, permitindo contrariar todas testemunhas e, consequentemente, participar na formação e produção da prova penal.

Outrossim, também se pode extrair como *fundamento constitucional* do direito ao confronto a norma do artigo 32, nº 5, da Constituição portuguesa[8] já que sua existência é inerente à própria estrutura acusatória do processo criminal. Neste ponto, Figueiredo Dias afirma que "estrutura acusatória, realizada na sua máxima medida, significa", entre outras normas consagradas no Código de 1987, a "proibição de princípio de valoração das provas que não tenham sido

de que o arguido dispõe, de co-determinar ou confromar a decisão final do processo", na qual o autor incluí a norma sobre a impossibilidade de valoração de provas que não tenham sido produzidas e examinadas em audiência. Veja, ainda, o artigo 16, nº 1, da CRP que dispõe: "Os direitos fundamentais consagrados na Constituição não excluem quaisquer outros constantes das leis e das regras aplicáveis de direito internacional".

5. PALMA, Maria Fernanda. Direito Penal e processual penal e estado constitucional: o papel da jurisprudência constitucional no desenvolvimento dos princípios no caso português e um primeiro confronto com a jurisprudência constitucional espanhola. In SEGADO, Francisco Fernández (ed.). *The Spanish Constitution in the european constitutional context*: la constitución espanõla en el contexto constitucional europeo. Madrid: Dykinson, S.L., 2003, p. 1745.

6. MEDEIROS; Rui. MIRANDA, Jorge. *Constituição portuguesa anotada*, op. cit., p. 354. Os autores entendem que tal preceito deve ser analisado sob à luz do artigo 6º, da CEDH que assegura um processo equitativo e do PIDCP, bem como do "due process of law" na esteira da jurisprudência norte-americana e que a consideração do arguido como um sujeito processual permite que lhe seja garantido todas as formas de questionar a acusação.

7. Deve-se exigir uma atitude positiva do Estado para tornar efetivo o direito ao confronto e proteger eficazmente outros direitos fundamentais, cf. GRUODYTÉ, Edita; KIRCHNER, Stefan. The contribution of european charter of human rights to the right to legal aid. In KERIKMÄE, Tanel (ed.). *Protecting human rights in the EU*: controversies and challenges of the charter of fundamental rights. Springer, 2014, p. 81.

8. Art. 32, 5. "O processo criminal tem estrutura acusatória (...)".

produzidas em julgamento e a estrutura da audiência segundo o modelo da contraditoriedade total e imediata (adversary system)",[9] pelo que nos é possível incluir o direito ao confronto também nesta estrutura.

Além do mais, pelos fundamentos políticos e históricos quando de sua consagração no sistema norte-americano, foi visto que o direito ao confronto tinha o propósito de manter e proteger a estrutura do processo adversarial no referido sistema, o qual é notoriamente referido como acusatório "puro".[10]

A relação do direito ao confronto com a estrutura acusatória é de interdependência. Ao mesmo tempo que auxilia a manutenção desta estrutura, é lícito afirmar que, quanto mais um sistema jurídico se aproxima daquele denominado acusatório, em maior grau o direito ao confronto é protegido.

Figueiredo Dias afirma que o "princípio da máxima acusatoriedade possível" refere-se à circunstância "de princípios e institutos próprios do processo penal anglo-americano virem encontrando acolhimento na doutrina e nas codificações europeias continentais mais recentes; desde uma realização mais cabal do princípio acusatório, na sua acepção tradicional (...) desde uma tendência para a realização processual possível da igualdade de armas à reconformação mais adversarial do modelo da audiência".[11]

Rui Medeiros e Jorge Miranda defendem que esta estrutura acusatória assegura a paridade de armas entre acusação e defesa[12] e, sem

9. DIAS, Jorge de Figueiredo. Sobre os sujeitos processuais no novo Código de Processo Penal, op. cit., p. 33.

10. Quando da discussão na Assembleia Constituinte sobre o artigo base do parecer que previu a estrutura acusatória do processo, os deputados José Luís Nunes e Fernando Amaral esclareceram que o texto proposto pela comissão era uma "rotura com uma série de aspectos do nosso passado próximo absolutamente condenáveis" (ALBUQUERQUE, Paulo Pinto de. *A reforma da justiça criminal em Portugal e na Europa*. Coimbra: Almedina, 2003, p. 688, nota 1495). FIGUEIREDO DIAS, ao comentar sobre a nova Constituição da República e a estrutura acusatória, definiu como um dos sentidos dessa nova realidade "o reconhecimento da participação constitutiva dos sujeitos processuais na declaração do direito do caso" (DIAS, Jorge de Figueiredo. A nova Constituição da República e o processo penal. *Revista da Ordem dos Advogados*, ano 36, 1976, p. 108).

11. Idem. Sobre a revisão de 2007 do Código de Processo Penal português. *Revista Portuguesa de Ciência Criminal,* ano 18, n°s 2 e 3, abr./ set., 2008, p. 368-369.

12. MEDEIROS; Rui. MIRANDA, Jorge. *Constituição portuguesa anotada*, op. cit., p. 359.

sombra de dúvidas, que esta paridade também se associa com o direito ao confronto. A paridade de armas ("total igualdade de armas"[13]) é a garantia que cada parte terá a igual distribuição de oportunidades para apresentação de argumentos[14] e meios para participar da produção da prova, de sorte que, ao possibilitar o confronto das testemunhas pela defesa, a paridade de armas estará assegurada pelo exercício do direito ao confronto.[15]

O artigo 32, nº 5, da CRP também consagra o princípio do contraditório e preconiza que a audiência de julgamento encontra-se subordinada a este princípio, de tal sorte que as provas devem ser produzidas e discutidas nesta audiência, excluindo a possibilidade de condenação com fundamento nos elementos produzidos anteriormente ao julgamento. Muito embora a proibição de valoração dos elementos anteriores, tradicionalmente, se justifique pela aplicação do princípio do contraditório, o que sustentam Rui Medeiros e Jorge Miranda,[16] sustenta-se no presente livro que isto ocorre também pela incidência do direito ao confronto (sobre a diferença entre contraditório e o direito ao confronto, vide capítulo 1.2 supra e 4.2 infra).

13. AMBOS, Kai. *Processo penal europeu:* preservação das garantias e direitos individuais: princípios processuais e análise da convenção europeia de direitos humanos, op. cit., p. 94. Para SUMMERS, Sarah J. *Fair trials:* the european criminal procedural tradition and the European Court of Human Rights, op. cit., p. 112, a igualdade de armas significa a necessidade de haver um balanceamento de oportunidades processuais entre as partes envolvidas (acusação e defesa).

14. VIEIRA, Renato Stanziola. *Paridade de armas no processo penal.* Brasília: Gazeta Jurídica, 2014, p. 236. Sobre o princípio da igualdade de armas, WASEK-WIADEREK, Malgorzata. *The principle of "equaly arms" in criminal procedure under art. 6 of the ECHR and its functions in criminal justice of selected european countrie.* Leuven: Leuven University Press, 2000.

15. Vale ressaltar que o Ministério Público já possa ter tido contato com as testemunhas, cujas declarações possam ter embasado a acusação (denúncia) e, ainda que não tenha tido, ao acusado e sua defesa deverá ser concedido a oportunidade de contrapor, confrontar as testemunhas oferecidas pelo órgão acusatório. A observância do direito de confrontar as testemunhas de acusação por parte do acusado faz parte do catálogo de casos elencados por STEFANIA NEGRI relacionados à aplicação do princípio da paridade de armas (cf. NEGRI, Stefania. The principle of "equality of arms" and the evolving law of international criminal procedure. *International Criminal Law Review*, nº 5, 2005, p. 518). Sobre o princípio da igualdade de armas, cf. também RODRIGUES, José Narciso da Cunha. Sobre o princípio da igualdade de armas. *Revista Portuguesa e Ciência Criminal,* ano 1, nº 1, jan./ mar., 1991, p. 77-103.

16. MEDEIROS; Rui. MIRANDA, Jorge. *Constituição portuguesa anotada*, op. cit., p. 360.

Por derradeiro, importante ressaltar que o direito ao confronto também pode ser visto por uma perspectiva substancial (material) como reflexo da tutela da dignidade da pessoa humana (art. 1º, da CRP)[17] e da liberdade individual, na medida em que o arguido não é mais visto como um objeto[18] da atividade probatória, mas como um dos sujeitos processuais com capacidade de participar na produção da prova e na constituição da decisão final.[19]

Porém, o fato deste direito concretizar direitos fundamentais, como a dignidade da pessoa humana, não significa dizer que seja seu fundamento imediato e direto.[20] Assim, o assento jurídico-constitucional do "rigth of confrontation" repousa, como visto acima, nas garantias processuais da defesa no âmbito criminal estampadas na CRP.

Sem dúvidas, pois, que o direito ao confronto, instituto este garantidor da própria estrutura acusatória do processo, pode e deve ser aplicado no processo criminal português, no que diz respeito à produção da prova oral. Assegurar-se-á, assim, o direito ao processo equitativo, expressamente positivado no artigo 20, da CRP.

Por fim, o direito ao confronto não é incompatível com o princípio da investigação adotado em Portugal.[21] A busca da verdade,

17. "Pelo menos, de modo directo e evidente, os direitos, liberdades e garantias pessoais (...) tem a sua fonte ética na dignidade da pessoa, de todas as pessoas. Mas quase todos os outros direitos, ainda quando projectados em instituições, remontam também à ideia de protecção e desenvolvimento das pessoas" (MIRANDA, Jorge. A dignidade da pessoa humana e a unidade valorativa do sistema de direitos fundamentais. In MIRANDA, Jorge; SILVA, Marcos Antonio Marques da (coords.). *Tratado Luso-Brasileito da Dignidade Humana.* 2ª ed. atual e ampl. São Paulo: Quartier Latin, 2009, p. 169.

18. "O Direito Penal tem o papel de juridicizar o próprio poder do Estado de direito democrático quanto à punição de sujeitos concebidos como pessoas, aos quais é reconhecida dignidade e garantido o direito a um desenvolvimento pleno" PALMA, Maria Fernanda. *Direito Constitucional Penal.* Coimbra: Almedina, 2006, p. 47).

19. DIAS, Jorge de Figueiredo. *Direito Processual Penal,* op. cit., p. 429.

20. Em outro contexto do direito ao silêncio, cf. DIAS, Jorge de Figueiredo; ANDRADE, Manuel da Costa. Poderes de supervisão, direito ao silêncio e provas proibidas (parecer). In DIAS, Jorge de Figueiredo; ANDRADE, Manuel da Costa; PINTO; Frederico de Lacerda da Costa. *Supervisão, direito ao silêncio e legalidade da prova.* Coimbra: Almedina, 2009, p. 41. Os autores apontam que "o próprio conceito de dignidade humana recobre de forma mediata toda a matéria penal e processual penal de um Estado de Direito.

21. PALMA, Maria Fernanda. A constitucionalidade do artigo 342º do Código de Processo Penal: o direito ao silêncio do arguido. *Separata da Revista do Ministério*

dentro dos parâmetros da equidade, legalidade e ética, respeitando os direitos e garantias defensivas (verdade processualmente válida), se concilia com o direito fundamental ao confronto. Assim, a busca da verdade (na concepção acima) não será obstáculo ao exercício deste direito, tendo em vista que aquela se satisfaz com o respeito a este; pelo contrário, o exercício do direito ao confronto também permitirá uma análise mais acertada das proposições sobre os fatos apresentadas pelas partes e permitirá uma maior correção/exatidão da decisão final (aspecto epistemológico do direito ao confronto).

Ressalte-se que, concretamente, eventual inquirição direta por parte do juiz das testemunhas, ou ainda que chame outras testemunhas de ofício, não prejudicará a defesa na sua inquirição e contra-inquirição, tampouco derrogará os demais corolários do direito ao confronto (direito de presença, imposição do compromisso de dizer a verdade, presença do acusado no julgamento etc).

4.2 Âmbito normativo de proteção do direito ao confronto no direito português. Direito ao confronto versus contraditório

Apesar de algumas considerações já terem sido feitas no início deste trabalho, faz-se pertinente retomar o assunto para uma análise mais acurada sobre a aplicabilidade do direito ao confronto no ordenamento jurídico português de forma autônoma.

Consoante já exposto no decorrer do presente livro, o contraditório não se confunde com o direito ao confronto. Além deste ser de titularidade exclusiva da defesa, ao passo que aquele pertence a ambas partes processuais,[22] o direito ao confronto tem aplicação aos

Público, nº 60, Lisboa, 1995, p. 104, em outro contexto de análise (sobre a presunção de inocência), afirma: "A doutrina tem concebido, na verdade, uma articulação entre o princípio do acusatório – o acusatório como estrutura – e o princípio da investigação". DIAS, Jorge de Figueiredo. *Direito Processual Penal*, op. cit., p. 192. O princípio da investigação não se opõe a estrutura acusatória do processo, não impedindo a atividade probatória do Ministério Público e arguido. Significa que o tribunal não está limitado "pelo material de fato produzido pelos outros sujeitos processuais, antes se estende autonomamente a todas as circunstâncias que devam reputar-se relevantes".

22. Ressalva-se a utilização do termo "parte" como identificação do órgão acusatório, mas sem desconhecer que o processo penal português não é considerado um processo "de partes" como o é o processo adversarial norte-americano. A intenção é apenas di-

atos processuais de produção de prova *oral*, enquanto o contraditório, a par de incidir nesta fase, também se aplica à produção de provas decorrentes de outras fontes (documental, pericial) e a outras fases processuais (alegações finais, recursos) ou a outros atos processuais que a lei determinar (art. 32, nº 5, da CRP).

Nesse sentido, digno de nota é o parecer 18/81, da Comissão Constitucional, de relatoria de Figueiredo Dias[23], que embasou a decisão de inconstitucionalidade do artigo 439, do CPP/1929,[24] do Conselho da Revolução (Resolução 146-A/81[25]).

A despeito de o provedor de justiça ter requerido a inconstitucionalidade por violação ao contraditório, o fundamento exposto no parecer foi por violação ao artigo 32, nº 1, da CRP, além de considerações quanto ao artigo 6, nº 3, d, da CEDH que impõe que o imputado/ arguido possa "interrogar ou fazer interrogar" as testemunhas de acusação.

Entendeu-se que o contraditório não é violado com a transmissibilidade de declarações anteriores ao julgamento, pois, ainda que se reconheça que o princípio do contraditório domine a fase de julgamento, a CRP outorgou ao legislador ordinário a possibilidade de regulação das formas em que deveria assumir em cada caso concreto,[26] sustentando em suas razões que o contraditório não se limita a regular os meios de prova *oral* apresentados pela parte contrária. Tanto é que, no tocante à prova documental ou pareceres de peritos, é possível sua

ferenciar o sujeito processual responsável pela acusação e o acusado. MENDES, Paulo de Sousa. *Lições de Direito Processual Penal*, op. cit., p. 119-120. MENDES, Paulo de Sousa. Estatuto do arguido e posição processual da vítima. *Revista Portuguesa de Ciência Criminal*, ano 17, nº 4, out./ dez., 2007, p. 602. MENDES, Paulo de Sousa. Os sujeitos processuais no novo Código de Processo Penal de Cabo Verde. In DIAS, Augusto Silva; FONSECA, Jorge Carlos (coords.). *Direito Processual Penal de Cabo Verde*: sumários do curso de pós-graduação sobre o novo Processo Penal de Cabo Verde. Coimbra: Almedina, 2009, p. 179. DIAS, Jorge de Figueiredo. Sobre os sujeitos processuais no novo Código de Processo Penal, op. cit., p. 31-34.

23. Disponível em http://www.tribunalconstitucional.pt/tc/content/files/biblioteca/cc/cc_volume_16.pdf. Acesso em 26 abr 2016.

24. A norma do referido artigo autorizava a transmissibilidade das declarações anteriores à fase de julgamento com a possibilidade de utilização e valoração pelo julgador.

25. Diário da República, I Série, nº 150, 03 jul. 1981.

26. Parecer 18/81, p. 96.

admissão e nem por isso considera-se violado o contraditório pela falta de inquirição cruzada daquele que os elaborou.[27]

O parecer afastou também qualquer eventual interpretação de que o imperativo constitucional do contraditório valeria apenas em relação à prova decorrente de fonte pessoal que, por suas características, são suscetíveis de inquirição cruzada, uma vez que o mandamento constitucional não se limita a este meio de prova, mas sim à audiência de julgamento como um todo, o que inclui a submissão a este princípio tanto de meios de prova pessoal, como não-pessoal.[28]

Assim, corroborando o que foi dito no capítulo 2.2, muito embora o contraditório tenha uma incidência mais ampla, o direito ao confronto (relativo aos atos de produção da prova oral especificamente) fornece uma proteção *mais intensa* do que aquele, diante de todos os corolários decorrentes deste último.[29]

Portanto, o direito ao confronto, na sua vertente do direito de interrogar (ou fazer interrogar) as testemunhas de acusação,[30] não decorre do contraditório, tampouco se confunde com ele.[31] Este último, além de não se restringir aos meios de prova pessoal, sua imposição é conceder às partes uma "ampla e efectiva possibilidade" de *discutir* o elemento de prova contra si dirigido antes de qualquer decisão do juiz, considerando-se satisfeito com a mera audição da parte sobre o elemento já produzido.[32]

Assim, a transmissibilidade de declarações anteriores (antigo art. 439 do CPP português) não violaria o contraditório, tendo doutrina, conforme citado pelo parecer,[33] que considera possível *contraditar*

27. Ibidem. O fundamento base da declaração de inconstitucionalidade foi a violação ao artigo 32, nº 1, da Constituição da República portuguesa, e não pela violação ao contraditório (art. 32, nº 5).

28. Parecer 18/81, p. 96.

29. MALAN, Diogo. *Direito ao confronto no processo penal*, op. cit., p. 104.

30. Sem esquecer dos outros corolários, visto nos itens anteriores, que asseguram o efetivo exercício deste direito.

31. Parecer 18/81, p. 96.

32. Ibidem, p. 97.

33. MOURISCA, José. *Código de Processo Penal Anotado*, Albergaria-a-Velha: Vouga, 1933, vol. III, p. 309; GONÇALVES, Maia. Código de Processo Penal anotado e comentado. 3º ed. Coimbra: Almedina, 1979, p. 528. Em sentido diverso e sobre o

uma declaração anterior de uma testemunha ausente no julgamento e que, de todo modo, dando-se a oportunidade à parte de ser *ouvida*, este princípio se consideraria cumprido.[34]

Nesse sentido, sem embargo de posição doutrinária que sustenta um âmbito e limite mais amplo do princípio do contraditório, exigindo um alto grau de contraditoriedade dos elementos de prova, há corrente doutrinária mais *restritiva* e que se satisfaz com o direito de audiência.[35]

Não é outra a observação feita por Figueiredo Dias que reconhece que o contraditório impõe que se conceda ao arguido "um efectivo e consistente direito de defesa", mas, no final das contas, "acaba por se bastar com uma geral possibilidade de oposição e contestação, ou de exposição pelo arguido das suas próprias razões".[36] E é em razão disso que o autor afirma que esta "elasticidade e facilidade", na qual se considera satisfeito o contraditório, que há um acolhimento unânime na doutrina jurídica em geral,[37] porém com a ressalva de que tal interpretação o coloca em risco de enfraquecer e "perder a própria consistência".[38]

sistema processual penal italiano, cf. ILLUMINATI, Giulio. El sistema acusatorio en Italia. In WINTER, Lorena Bachmaier (coord.). *Proceso penal y sistemas acusatorios*, Madrid: Marcial Pons, 2008, p. 150-152.

34. Na Itália, após a reforma constitucional de 1999, no qual fora incluído no artigo 111 da Constituição os princípios do devido processo ("giusto processo") e notadamente o princípio do contraditório na formação da prova (art. 111, nº 4), não é suficiente que as partes sejam apenas *ouvidas* sobre os resultados obtidos anteriormente ao julgamento, não resultando de forma idônea uma reconstrução dos fatos (cf. ILLUMINATI, Giulio. El sistema acusatorio en Italia, op. cit., p. 151.

35. MALAFAIA, Joaquim. O acusatório e o contraditório nas declarações prestadas nos actos de instrução e nas declarações para memória futura. *Revista Portuguesa de Ciência Criminal*, ano 14, out./ dez., 2004, p. 516 e ss.

36. DIAS, Jorge de Figueiredo. *Direito Processual Penal*, op. cit., p. 151.

37. MOURISCA, José. *Código de Processo Penal Anotado*, op. cit., p. 308-309 ("O réu não fica inibido de deduzir contra a testemunha faltosa qualquer circunstância que influa na sua fôrça probatória. Não fica inibido de a contraditar").

38. DIAS, Jorge de Figueiredo. *Direito Processual Penal*, op. cit., p. 151. Com o propósito de buscar uma maior proteção e *fixidez* do princípio do contraditório, o autor tece breves comentários sobre a tentativa de *autonomizar* esta concepção do contraditório (como "princípio ou direito de audiência") do direito de defesa do arguido e do contraditório que, apesar de se ligarem, tem conteúdos diversos (cf. ibidem, p. 153-163). Este princípio ou direito de audiência seria a "oportunidade conferida a todo

Outrossim, o parecer pontuou outro aspecto relevante da diferença entre o contraditório e o direito ao confronto. Com efeito, o parecer deixou claro que aceitar a violação do contraditório como fundamento da inconstitucionalidade do antigo artigo 439, do CPP português (permissão da transmissibilidade das declarações anteriores) tornaria o referido artigo por "inteiro e irremissivelmente" inconstitucional, não sendo a melhor opção, uma vez que, quanto às testemunhas de *defesa*, não haveria que se falar em inconstitucionalidade ao permitir a leitura de suas declarações anteriores, porquanto, neste caso, o artigo 32, nº 1, da CRP assegura apenas "todas as garantias de defesa"[39] (apesar desta solução ser considerada "processualmente inconveniente", como reconhece o parecer).[40]

Por outro lado, já o poderia considerar como tal ao aceitar a transmissibilidade de declarações de testemunhas de *acusação* quando for suprimida da defesa a possibilidade do efetivo exercício do seu direito.[41] Exatamente o sentido no qual o direito ao confronto é direcionado (apenas às testemunhas de acusação por ser um direito fundamental específico da defesa, na esteira dos tratados internacionais de direitos humanos).

Sendo assim, há que se reconhecer a importância de adotar um conteúdo autônomo do direito ao confronto que não ficaria restringido tal como, diante de algumas interpretações, o contraditório, por vezes, o é, ao considerar-se satisfeito com a simples audição do arguido.

o participante processual de influir, através da sua audição pelo tribunal, no decurso do processo" (Ibidem, p. 153 e p. 158-159). Sobre o princípio do contraditório como direito de influência, cf. CABRAL, Antonio do Passo. Il principio del contraddittorio come diritto d'influenza e dovere di dibattito, op. cit., p. 449-464. O autor defende que além de um direito à informação dos atos processuais e a possibilidade de reagir a tais atos (binômio informação-reação), o direito ao contraditório pode ser identificado também como um direito de influência.

39. Parecer 18/81, p. 99.

40. Ibidem, p. 98.

41. Ibidem, p. 98. "(...) Não haverá porventura, por exemplo, razão bastante para o considerar inconstitucional na parte em que permite a leitura de depoimentos de testemunhas de defesa (sem prejuízo de também essa solução poder ou dever considerar-se processualmente inconveniente). Mas há razão para tal o considerar, repete-se, quando, tratando-se de depoimentos de testemunhas de acusação, estas ainda pudessem vir a ser ouvidas e o tivessem sido anteriormente em condições que não permitiam ao arguido o exercício prático e efectivo do seu direito de defesa" (Ibidem, p. 98).

Abordar a produção da prova oral com a perspectiva do direito ao confronto, a par do contraditório, evitaria decisões, como ocorreu no acórdão do Tribunal Constitucional, Ac. nº 372/00,[42] em que restou consignado na fundamentação que o contraditório seria cumprido com a mera oportunidade *a posteriori* da defesa se pronunciar sobre os depoimentos produzidos anteriormente na sua ausência e, assim sendo, preservaria seu núcleo essencial.[43]

Vale consignar que, no voto vencido do acórdão referido, a orientação foi no sentido de que não seria o contraditório que estaria em causa, e sim o direito de defesa do arguido, constante no nº 1, do artigo 32, da CRP. Entendeu-se que "esse contraditório *a posteriori* é exercido relativamente a depoimentos cuja emissão e redução a escrito não pode, irremediavelmente, ser verificada pelo arguido e pelo seu defensor, o que restringe de forma inaceitável os seus direitos de defesa". Isso porque impede que a defesa contrarie efetivamente o conteúdo de tais depoimentos "ou a fidedignidade da sua reprodução escrita".[44] Tal entendimento se aproxima da abordagem feita neste

42. Disponível em www.tribunalconstitucional.pt. Acesso em 9 jun 2016.

43. Ac. do Tribunal Constitucional (TC) nº 372/00: "O núcleo essencial do princípio do contraditório, tal como vem sendo definido pela jurisprudência do Tribunal Constitucional, não será, *in casu,* afectado, na medida em que ao arguido e ao seu defensor seja garantido o direito de, num momento prévio à decisão instrutória, se pronunciar e contraditar os depoimentos em causa.

É o que acontece. Na situação que agora é objecto dos autos, tal direito (ao contraditório), encontra-se efectivamente garantido no seu núcleo essencial, sendo apenas - como, bem, nota o Ministério Público - diferido o momento do seu exercido.

Efectivamente, o respeito pelo contraditório é aqui garantido não apenas pelo facto de o arguido e o seu defensor puderem ter acesso integral aos depoimentos prestados, que são obrigatoriamente reduzidos a escrito, mas, fundamentalmente, pelo facto de, nos termos do artigo 302°, nº 2, do Código de Processo Penal, o defensor do arguido poder, no início do debate instrutório, contraditar o teor das declarações anteriormente prestadas pelas testemunhas ouvidas pela GNR, podendo inclusivamente requerer a produção de prova indiciária suplementar (incluindo mesmo, se necessário, uma nova inquirição daquelas testemunhas) que considere pertinente."

44. E continua no voto vencido: "Com efeito, fica definitivamente fora do seu alcance verificar a formulação das perguntas, acompanhar a forma como as testemunhas lhes respondem e conhecer da correspondência entre os depoimentos prestados e o relato escrito que lhes é, depois, apresentado. A possibilidade de, no debate instrutório, poder contrariar o conteúdo desses depoimentos ou a fidedignidade da sua reprodução escrita fica, senão impedida, pelo menos, seriamente afectada; no fundo, a inquirição de testemunhas, durante a instrução, nos termos permitidos pela norma impugnada, equivale à

livro com relação ao direito ao confronto que encontra base jurídico-constitucional no artigo 32, nº 1, da CRP.

Diante disso, concedendo autonomia ao direito ao confronto como uma efetiva possibilidade da defesa *questionar*, *confrontar*, *dialogar* com as testemunhas, o que, por via de consequência, retirará a eficácia de declarações anteriores nas quais não houve a concessão de tais oportunidades, a efetiva participação do arguido na produção da prova estará garantida e, consequentemente, de "co-determinar ou conformar a decisão final do processo".[45] E, assim, a "todas as garantias de defesa" a que se refere o artigo 32, nº 1, da CRP serão dadas o máximo de eficácia.

Importante salientar que um não exclui o outro, sendo que, na verdade, é lícito dizer que contraditório e direito ao confronto se complementam, uma vez que o contraditório assegurará à defesa a possibilidade de se manifestar sobre "(i) elementos de prova de outra natureza (pericial ou documental) produzidos; (ii) a prova oral já produzida, em sede de alegações finais; (iii) a valoração do resultado da prova efetuada pelo juiz, em sede recursal."[46]

Assim, resolver as problemáticas envolvendo declarações anteriores sob o prisma do direito ao confronto é uma garantia a mais conferida concernente à ampla defesa, nos termos do artigo 32, nº 1, da CRP e da estrutura acusatória (artigo 32, nº 5, primeira parte).

4.3 Direito ao confronto versus imediação e oralidade

A oralidade é relacionada com a forma como a prova será produzida, mormente aquela decorrente de fonte pessoal. Este princípio impõe a "forma oral de atingir a decisão", ou seja, que a decisão do juiz é "proferida com base em uma audiência de discussão oral da matéria a considerar",[47] sendo também um princípio que auxilia o

repetição do inquérito, assim sendo desrespeitadas as garantias de defesa do arguido." (Ac. do Tribunal Constitucional (TC) nº 372/00. Disponível em www.tribunalconstitucional.pt. Acesso em 9 jun 2016.

45. DIAS, Jorge de Figueiredo. Sobre os sujeitos processuais no novo Código de Processo Penal, op. cit., p. 28.

46. MALAN, Diogo. *Direito ao confronto no processo penal*, op. cit., p. 104.

47. DIAS, Jorge de Figueiredo. *Direito Processual Penal*, op. cit., p. 231-232.

direito ao confronto e o materializa, diante de todos os seus corolários já referidos, salientando que permitirá a defesa a participar, colaborar e influenciar na prova produzida.[48]

Ligado ao princípio da oralidade, o princípio da imediação foi um princípio adotado por grande parte dos ordenamentos dos países europeus a partir do momento que identificaram como adequado enxergar o processo penal sob a ótica da estrutura acusatória.[49] O referido princípio impõe a proximidade do juiz com as fontes de prova[50] e perante a *discussão* da prova entre acusação e defesa.[51] Também determina que se dê prioridade aos meios de prova diretos, imediatos (sentido objetivo).

No direito português, a imediação encontra-se acolhida no artigo 355, do CPP, resultado da consideração do arguido como um sujeito processual, decorrente da consagração de um sistema com estrutura acusatória. No citado artigo, sede normativa do princípio da imediação, impõe-se que as declarações anteriores decorrentes de fonte pessoal não podem ser valoradas na sentença condenatória.

Quanto à prova pré-constituída (documental ou resultado dos meios de obtenção de prova - autos de exames, buscas, apreensões

48. No sentido de que o princípio da oralidade supõe uma atividade processual na presença das partes, cf. ibidem, p. 229.

49. MARTINS, Joana Boaventura. *Da valoração das declarações de arguido prestadas em fase anterior ao julgamento*: contributo para uma mudança de paradigma, op. cit., p. 46-47.

50. Referindo-se a este sentido subjetivo, MENDES, Paulo de. *Lições de direito processual penal*, op. cit., p. 219. ROXIN, Claus; ARZT, Gunther; TIEDMANN, Klaus. *Introducción al Derecho Penal y al Derecho Penal Procesal*. Versión española, notas e comentarios profesores Luis Arroyo Zapatero y Juan-Luiz Gómez Colomer. Barcelona: Editorial Ariel, 1989, p. 148.

51. DIAS, Jorge de Figueiredo. *Direito Processual Penal*, op. cit., p. 234, aduz que o princípio da imediação impõe "uma plena *audiência* destes mesmos participantes, possibilitando-lhes da melhor forma que tomem posição perante o material de facto recolhido (...)". Note-se que a referência é à *discussão* ou "audiência" (utilizando este último termo, FIGUEIREDO DIAS) não necessariamente como imposição do princípio da imediação acerca de um contraditório na produção da prova (*para a* prova), mas mais associado a um contraditório *sobre a* prova, em que as partes poderão *discutir* uma prova já produzida perante o juiz para auxiliá-lo em sua percepção sobre a prova (cf. MESQUITA, Paulo Dá. *A prova do crime e o que se disse antes do julgamento*, op. cit., p. 297, nota 122).

e escutas telefônicas[52]), o princípio da imediação é cumprido com o exame em audiência.[53]

A imediação e o direito ao confronto são institutos diversos. A imediação é perspectivada do ponto de vista do juiz, e não do acusado (pelo menos não diretamente).[54] É ao juiz, na busca da verdade, que lhe será interessante estar diante das fontes de prova e de elementos diretos de prova e, assim sendo, contribuirá para confirmar ou não as proposições sobre os fatos contidas na imputação penal com exatidão ("accuracy")[55] e a possibilidade de uma decisão mais acertada. Trata-se, pois, também de uma questão epistemológica.[56]

Desse ponto de vista de uma relação bipolar entre o julgador e as provas, a imediação não assegura ao acusado seu direito de presença

52. MARTINS. *Da valoração das declarações de arguido prestadas em fase anterior ao julgamento*, op. cit., p. 43.

53. ALBUQUERQUE, Paulo Pinto de. *Comentário do Código de Processo Penal à luz da Constituição da República e da Convenção Europeia dos Direitos do Homem.* 4° ed. actual., Lisboa: Universidade Católica editora, 2011, p. 914, afirma que, no tocante a tais meios de prova, não incide o princípio da imediação, permitindo sua valoração sendo prescindível a sua leitura em audiência. O autor fundamenta tal entendimento no sentido de que a defesa tem acesso ao inquérito e pode contrariar a admissão e o valor probatório no momento que quiser, sendo que a leitura em audiência nada acrescentaria à defesa do arguido.

54. MESQUITA, Paulo Dá. *A prova do crime e o que se disse antes do julgamento*, op. cit., p. 297, nota 122, afirma que "a imediação não é afectada pela impossibilidade de as partes inquirirem as fontes de prova". Cf. também TEIXEIRA, Calos Adérito (Depoimento indirecto e arguido. *Revista do CEJ*, n° 2, 2005, p. 127-191) que, ainda que se refira a outra problemática - do depoimento indireto do artigo 129, do CPP -, ao discorrer sobre um *equilíbrio de interesses* do citado artigo, refere-se ao *interesse* do tribunal a imediação - "para dispor de imediação na produção de prova e poder decidir de forma mais esclarecida".

55. DIAS, Jorge de Figueiredo. *Direito Processual Penal*, op. cit., p. 232. O Autor define o princípio da imediação como "a relação de proximidade comunicante entre o tribunal e os participantes no processo, de modo tal que aquele possa obter uma percepção própria do material que haverá de ter como base da sua decisão". Cf. também ANDRÉS IBÁÑEZ, Perfecto. Sobre el valor de la inmediación: una aproximación crítica. *Jueces para la Democracia*, Madrid, n° 46, 2003, p. 60. Em um sentido crítico, cf. MIRANDA VÁZQUEZ, Carlos de. La inmediación judicial como presupuesto fundamental de la valoración en conciencia de la prueba personal (trece argumentos en contra de esta tesis. *Jueces para la Democracia*, n° 82, p. 16-23, 2015.

56. Cf. DIAS, Jorge de Figueiredo. *Direito Processual Penal*, op. cit., p. 234, quando sustenta que o princípio da imediação permite avaliar mais corretamente a credibilidade das declarações prestadas pelas testemunhas. Cf. MESQUITA, Paulo Dá. *A prova do crime e o que se disse antes do julgamento*, op. cit., p. 297, nota 122 que adota um "conceito mais restrito centrado na raiz epistemológica bipolar".

em audiência para confrontar as testemunhas,[57] sendo autônomo da dimensão participativa do acusado na produção da prova.[58] Tanto que a imediação não é afetada em seu conteúdo se restar impossível às partes a inquirição das fontes de prova.[59]

Por outro lado, o direito ao confronto é analisado por uma perspectiva do arguido, e não do juiz. Ademais, apesar de ter um caráter relevante para constatação da credibilidade de um elemento de prova, não se esgota nesse parâmetro epistemológico.[60] É um direito fundamental defensivo, sendo um imperativo constitucional que garante ao acusado, entre outros direitos, a não utilização de declarações anteriores produzidas em segredo e de forma inquisitiva.[61]

A par disso, o referido direito garante a participação defensiva na produção da prova e lhe permite influir na decisão que terá efeitos sobre si (Figueiredo Dias), não apenas se manifestando perante o juiz sobre uma prova já produzida, e sim participando, efetivamente e de forma contemporânea, na sua produção.

Ademais, o direito ao confronto, como visto não é apenas o direito à inquirição ou contra-inquirição das testemunhas, mas é o direito defensivo de estar presente em audiência, conhecer a identidade das testemunhas, produção da prova testemunhal na presença

57. Há que se fazer uma ressalva, porém, quanto ao direito de presença do arguido na audiência para ser *ouvido diretamente pelo juiz* (e não para *confrontar* as testemunhas), este sim assegurado pelo princípio da imediação. Cf. DIAS, Jorge de Figueiredo. *Direito Processual Penal*, op. cit., p. 233. O autor afirma que, através desse princípio, permitirá um contato "vivo e imediato" com o arguido e a "impressão deixada pela sua personalidade".

58. MESQUITA, Paulo Dá. *A prova do crime e o que se disse antes do julgamento*, op. cit., p. 297, faz uma assertiva semelhante, mas comparando a imediação com o contraditório, e não com o direito ao confronto, como feito no corpo do texto. Sustenta o autor que a imediação tem autonomia com relação à dimensão dialética da participação das partes na produção da prova, centrada no contraditório.

59. Ibidem, p. 297, nota 122.

60. Como visto no capítulo 3 sobre o desenvolvimento do direito ao confronto no sistema anglo-americano, principalmente, o objetivo final do referido direito não é garantir a credibilidade da prova, mas assegurar a maneira correta de testar a credibilidade que é através do "cross-examination". Cf. caso *Crawford v. Washington*, 124 S. Ct. 1354 (2004), p. 1370.

61. Trata-se, aqui, de sua dimensão *processual* que impede que os órgãos da persecução fabriquem declarações sem conhecimento e participação do acusado em substituição ao depoimento oral na audiência de julgamento. Cf. subcapítulo 2.2.3.3 supra.

do julgador de mérito, imposição do compromisso de dizer a verdade às testemunhas, publicidade da audiência.[62]

Diante destas considerações, pode-se afirmar que a abordagem apenas pelo princípio da imediação (ou contraditório e oralidade) na produção da prova e regulado pelo artigo 355, do CPP, não é suficiente para assegurar ao arguido todas as possibilidades de defesa (artigo 32, nº 1, da CRP), sendo prudente que a abordagem na produção da prova oral seja feita também pelas exigências decorrentes do direito ao confronto.

Como observado, a imediação está mais relacionada a uma questão epistemológica e ligada mais diretamente à perspectiva do juiz (ainda que indiretamente favoreça ao arguido[63]). A ausência de inquirição pelas partes das fontes de prova (e a falta de inquirição por parte da defesa das testemunhas de acusação que é o que importa aqui) não afeta o princípio da imediação que pode se satisfazer com a mera audição das partes sobre os elementos de prova já produzidos, o que se aproxima conforme Mesquita, de um contraditório sobre a prova,[64] o qual se afasta do direito ao confronto, cuja proximidade é maior com o contraditório *para a* prova.

O Parecer da Comissão Constitucional 18/81, de relatoria de Figueiredo Dias, destacou os princípios da imediação e da oralidade em sua fundamentação para opinar pela inconstitucionalidade do artigo 439, do CPP, mas não considerando que estes sejam princípios jurídico-constitucionais do processo penal em si, mas nos "seus reflexos sobre outros princípios constitucionalmente impostos", e admitir declarações anteriores de testemunhas de acusação sem o escrutínio defensivo, viola as "garantias de defesa do arguido".[65]

62. MAFFEI, Stefano. *The right to confrontation in Europe*, op. cit., p. 37-43.

63. ALBUQUERQUE, Paulo Pinto de. *Comentário do Código de Processo Penal à luz da Constituição da República e da Convenção Europeia dos Direitos do Homem*, op. cit., p. 914 afirma que a imediação não é apenas uma garantia da defesa, mas da sentença e que protege tanto o arguido como o assistente. Por outro lado, entende-se que o direito ao confronto é uma garantia de titularidade apenas da defesa.

64. MESQUITA, Paulo Dá. *A prova do crime e o que se disse antes do julgamento*, op. cit., p. 297, nota 122.

65. Parecer 18/81, p. 97-98. Disponível em http://www.tribunalconstitucional.pt/tc/content/files/biblioteca/cc/cc_volume_16.pdf. Acesso em 26 abr 2016.

O parecer concluiu, portanto, que os princípios da imediação e oralidade devem ser colocados em foco para análise da intransmissibilidade de declarações anteriores, não como princípios em si, mas nos seus reflexos com outras garantias de defesa. E é exatamente nesse ponto que impende classificar o direito ao confronto como um princípio constitucional extraído, a par das convenções internacionais, do artigo 32, 1, da CRP e que se associa à imediação e oralidade, tal como visto no referido parecer.[66] De fato, estes princípios materializam e concretizam o direito ao confronto, apesar de, como já visto, apresentarem-se com estrutura, objeto e conteúdo ontologicamente diversos.

Nada obstante, ainda que a abordagem sob o paradigma do direito ao confronto, seja mais adequada ao arguido na proteção de suas garantias de defesa acerca da questão da (in)transmissibilidade de declarações anteriores, a verdade é que se trata de mais uma garantia e que deve permear também a interpretação e aplicação das normas dos artigos 355 e 356, do CPP português. Ou seja, trata-se de uma garantia além daquelas tradicionalmente reconhecidas pela doutrina decorrentes da imediação, oralidade e contraditório.

Isto porque, apesar das diferenças, é possível afirmar que um não anula o outro, mas completam-se e associam-se. Possível aduzir que são semelhantes no ponto de que ambos estão relacionados à produção da prova oral em julgamento. Assim, a imediação, indiretamente, auxilia a defesa pelo fato de as fontes de prova estarem na audiência de julgamento (relação bipolar do julgador com as provas) e conforma um dos corolários do direito ao confronto que é a inquirição por parte da defesa perante o julgador de mérito da causa.

66. "Logo se dirá, porém, e com razão, não serem os princípios da oralidade e da imediação, em si mesmas consideradas, princípios jurídico-constitucionais do processo penal. Mas se o não são em si mesmos podem sê-lo - e são-no efectivamente - nos seus reflexos sobre outros princípios constitucionalmente impostos. É o que aqui sucede. Com efeito, quando em Tribunal se lê o depoimento de uma testemunha de acusação que ainda poderia ter sido ouvida oralmente, e quando, para mais, o depoimento tenha sido obtido em condições que não permitiram à defesa estar presente ou, inclusivamente, interrogá-la - quando isto suceda, tem de concluir-se que o regime do artigo 439º encurta, inadmissivelmente e sem justificação bastante, as garantias de defesa do arguido" (ibidem, p. 97-98). Grifado.

4.4 Abordagem da temática da produção de prova à luz do direito ao confronto

O Código de Processo Penal Penal português (CPP português) foi objeto de diversas modificações ao longo dos anos[67], sendo a mais recente e relacionada ao tema da presente pesquisa no ano de 2013. Frise-se que, apesar das diversas revisões, o código manteve seus princípios estruturantes desde que foi aprovado em 1987.[68]

Cabe destacar que o CPP português de 1987 surgiu como uma forma de adequar suas normas aos ideais democráticos, notadamente depois do Movimento de 25 de abril de 1974, e às normas introduzidas no ordenamento jurídico interno com a ratificação da CEDH e com entrada em vigor da constituição da República Portuguesa de 1976 que, conforme Figueiredo Dias, este último evento tornou a criação de um novo Código de Processo Penal de altamente conveniente em uma "obrigação inescapável".[69]

A Constituição Portuguesa foi bem detalhista em suas disposições, não se limitando a indicar as normas processuais de forma geral, mas efetivamente incluindo regramentos de forma minuciosa, ao ponto de a doutrina considerar como uma "Constituição Processual Penal".[70]

67. Sobre a reforma de 2007 e alguns comentários, SILVA, Germano Marques da. Um olhar sobre o projecto e o acordo político para a revisão do Código de Processo Penal. In *Julgar*, nº 1 (jan.- abr.), Lisboa, 2007, p. 137-153; Idem. Notas soltas sobre as alterações de 2007 ao Código de Processo Penal português. In *Processo penal do Brasil e de Portugal*, Coimbra, 2009, p. 71-93.

68. COSTA, José de Faria. Os códigos e a mesmidade: o Código de Processo Penal de 1987. In MONTE, Márcio Ferreira; CALHEIROS, Maria Clara; MONTEIRO, Fernando Conde; LOUREIRO, Flávia Noversa (Coords.). *Que futuro para o direito processual penal?* Simpósio em homenagem a Jorge de Figueiredo Dias, por ocasião dos 20 anos do Código de Processo Penal português. Coimbra: Coimbra editora, 2009, p. 441. Durante todo este período de existência do Código de Processo Penal, diversas foram as normas submetidas ao controle de constitucionalidade pelo Tribunal Constitucional. Para uma visão geral das principais questões objeto de controle, cf. ANTUNES, Maria João. Direito penal, direito processual penal e direito da execução das sanções privativas da liberdade e jurisprudência constitucional. *Julgar*, nº 21, set./dez., Coimbra, 2013, p. 103-117.

69. DIAS, Jorge de Figueiredo. Por onde vai o processo penal português: por estradas ou por veredas? In: HOMEM, António Pedro Barbas (coord.). *As conferências do Centro de Estudos Judiciários*, Coimbra: Almedina, 2014, p. 54.

70. Ibidem, p. 55. Sobre diversos aspectos da relação entre o processo penal e a

Com efeito, o Código de Processo Penal de 1987[71], primeiro Código de Processo Penal da democracia portuguesa, veio com a exigência de trazer em seu bojo um modelo tipicamente acusatório,[72] com a predominância de uma audiência de julgamento oral, pública e contraditória.[73]

Este código concretizou o parâmetro já trazido pela Constituição de 1976 sobre a previsão de um processo penal com estrutura acusatória,[74] mas não só. A Constituição, ao consagrar "uma concepção rigorosamente democrática do processo penal, pedra-basilar daquele asseguramento do primado do Estado de Direito democrático",[75] assegurou ao arguido todas as garantias de defesa, da contraditoriedade da audiência, da proibição de provas ilegítimas.[76]

Constituição, ANTUNES, Maria João. Direito processual penal - "Direito Constitucional aplicado". In MONTE, Mário Ferreira *et al. Que futuro para o direito processual penal*? Simpósio em homenagem a Jorge de Figueiredo Dias por ocasião dos 20 anos do Código de Processo Penal português. Coimbra: Coimbra editora, 2009, p. 745-754.

71. Aprovado a sua versão inicial através do DL nº 78/87, de 17 de fevereiro.

72. Estrutura acusatória, mas integrada com o princípio da investigação, com clara influência germânica, tal como já sustentava FIGUEIREDO DIAS em 1974 sobre as perspectivas futuras do direito processual penal português (DIAS, Jorge de Figueiredo. *Direito Processual Penal,* op. cit., p. 266-267).

73. Conforme CUNHA, José Damião da. O regime processual de leitura de declarações na audiência de julgamento (arts. 356º e 357º do CPP). *Revista Portuguesa de Ciência Criminal.* Coimbra: Coimbra editora, Ano 7, jul-set., 1997, p. 405), "num processo de estrutura acusatória a audiência de julgamento e, em especial a produção da prova, assume o lugar central no processo penal. A produção da prova, que deva servir para fundar a convicção do julgador, tem de ser realizada na audiência e segundo os princípios naturais de um processo de estrutura acusatória: os princípios da imediação, da oralidade e da contraditoriedade na produção dessa prova."

74. Artigo 32, nº 5, da Constituição da República Portuguesa. "O processo criminal tem estrutura acusatória, estando a audiência de julgamento e os actos instrutórios que a lei determinar subordinados ao princípio do contraditório." Cf. também MEDEIROS; Rui. MIRANDA, Jorge. *Constituição portuguesa anotada*, op. cit., p. 359: "A consagração da estrutura acusatória do processo criminal pela Constituição representou uma significativa inovação e um importantíssimo programa de reforma do processo penal que foi plasmada no Código de Processo Penal de 1987 e tem vindo a ser aprofundada nas sucessivas alterações da lei processual".

75. DIAS, Jorge de Figueiredo. A nova Constituição da República e o processo penal, op. cit., p. 101.

76. Ibidem. Com efeito, a estrutura acusatória não se limita no seu aspecto material de diferenciação "entre o órgão que instrui o processo e dá a acusação e o órgão que a vai julgar", mas vai além significa também o "reconhecimento da participação constitutiva dos sujeitos processuais na declaração do direito do caso". (ibidem, p. 105).

Para Germano Marques, com o Código de 1987, o contraditório assumiu grande importância na produção da prova que irá fundamentar a sentença judicial e, com a reforma trazida em 1987, o objetivo foi substituir a estrutura anterior do processo penal que combinava os sistemas inquisitório e acusatório.[77] De fato, quanto a este último ponto, Figueiredo Dias, informa que vigorava um sistema formalmente acusatório e materialmente inquisitório, o que a doutrina dominava de "acusatório formal".[78]

Na esteira dessa reforma e, conjugada com as posteriores revisões ao CPP português, em que o legislador precisava conciliar um processo penal mais eficaz e célere com os direitos e garantias fundamentais do arguido,[79] inclui-se, neste último caso, dentre outros direitos, a preocupação do legislador com os direitos defensivos concernentes à produção da prova oral.

Tal preocupação veio apenas ratificar expressa disposição legal já existente no ordenamento jurídico português mediante a incorporação da CEDH e PIDCP e suas normas acerca do direito ao confronto, conforme estudado anteriormente.

O Código de Processo Penal impõe a intransmissibilidade das declarações processuais anteriores, de forma que não valem para formação da convicção do tribunal provas que não foram produzidas em audiência (artigo 355, do CPP português).

Com efeito, Germano Marques da Silva já explicava que o material probatório deve ser "preparado, produzido ou examinado perante o

77. SILVA, Germano Marques. *Curso de processo penal III*, 3. ed., Lisboa: editorial Verbo, 2009, p. 217-218.

78. DIAS, Jorge de Figueiredo. Por onde vai o processo penal português: por estradas ou por veredas? op. cit., p. 53-54.

79. Para Figueiredo Dias (Ibidem, p. 51-52) a regulamentação do processo penal é de toda "*conflitual*". Isto porque emerge um "conflito entre o dever do Estado de criação de um processo penal eficiente, capaz de em tempo côngruo alcançar decisões justas dos casos da vida, e o não menos indeclinável direito dos cidadãos a um processo penal que salvaguarde as suas liberdades essenciais. Cf. PEREIRA, Rui. Entre o "garantismo" e o "securitarismo": A revisão de 2007 do Código de Processo Penal. In MONTE, Márcio Ferreira; CALHEIROS, Maria Clara; MONTEIRO, Fernando Conde; LOUREIRO, Flávia Noversa (Coords.). *Que futuro para o direito processual penal?* Simpósio em homenagem a Jorge de Figueiredo Dias, por ocasião dos 20 anos do Código de Processo Penal português. Coimbra: Coimbra editora, 2009, p. 247-268.

tribunal que há-de decidir a causa", não devendo se limitar a discussão apenas com os elementos de prova produzidos em fases anteriores[80].

Essa solução legislativa veio romper com o panorama normativo do Código anterior sobre a possível transmissibilidade de declarações anteriores (sem se olvidar que a inconstitucionalidade desta permissão já havia sido declarada pelo Conselho da Revolução, como mencionado), evitando-se, assim, o retorno a práticas e procedimentos inquisitórios de formação da prova testemunhal em segredo e sem a participação do indivíduo.[81] Solução semelhante à jurisprudência da Suprema Corte norte-americana no caso *Crawford* que, como visto no respectivo capítulo, fundamentou a mudança de entendimento da Corte, a partir do aludido caso, como forma de evitar o retorno a práticas inquisitivas.

Numa perspectiva dialético-argumentativa, sem prejuízo do contraditório que pode ser exercido por ambas as partes, tutelou-se o direito da defesa de confrontar as testemunhas de acusação, limitando o poder de atuação dos órgãos estatais na recolha de elementos de prova de fonte pessoal que deve assegurar o máximo possível o direito ao confronto, nomeadamente a "contra-inquirição *adequada* enquanto expressão do direito individual de defesa".[82]

Daí correta a afirmação de que também o direito ao confronto se relaciona com o direito à prova, na perspectiva da defesa (*direito*

80. SILVA, Germano Marques da. *Direito processual penal português*: do procedimento (marcha do processo). Lisboa: Universidade Católica Editora, 2015, p. 224. No acórdão do STJ, Portugal, 3ª seção, processo n.º 47/03.5IDAVR.P1-D.S1, Relator Santos Cabral, de 10-12-2015, assim se referiu à proibição de prova: "(...) V - A prova é proibida não só para salvaguardar o respeito por direitos individuais (direitos, liberdades e garantias individuais), mas também para que todo o procedimento probatório se desenrole em harmonia com as exigências do Estado de Direito".

81. MESQUITA, Paulo Dá. *A prova do crime e o que se disse antes do julgamento*, op. cit., p. 654, nota 364 e p. 655.

82. Ibidem, p. 656. O autor reconhece a dimensão subjetiva e fundamental do direito ao confronto do arguido. "Dimensão liberal do processo que conforma o carácter contraditório do julgamento, enquanto condição necessária da condenação coerciva de um indivíduo, associada à ênfase na dimensão subjectiva do direito do arguido ao contraditório. Direito à confrontação das fontes pessoais de prova que sustentam a acusação, direito subjectivo constitucional com um núcleo derivado da ponderação primária entre os interesses colidentes do Estado no exercício da pretensão punitiva e do acusado" (ibidem).

de defender-se provando), visto que se deve conferir meios à defesa para colocar em causa um depoimento e, assim, garantir a sua participação na formação e produção da prova, tal como consagrado na CEDH e PIDCP.[83]

4.5 Atual estado da questão. Análise do artigo 355 do CPP

A regra da intransmissibilidade refere-se à prova decorrente de fonte *pessoal*[84] que deve ser repetida na fase de julgamento por se tratar de uma prova constituenda. Por outro lado, no tocante à prova *não-pessoal,*[85] mantém-se a transmissibilidade destes elementos de prova produzidos ou obtidos nas fases preliminares ao julgamento, mas que, de toda forma, precisam ser examinados em audiência e submetidos ao contraditório das partes.[86]

83. SILVA, Germano Marques da. *Direito processual penal português*: do procedimento (marcha do processo), op. cit., p. 234. O autor ainda afirma: "Nesta perspectiva, o direito de defender-se, provando, não se limita ao direito de apresentar provas, mas também ao direito de organizar e gerir a prova, nomeadamente a participar activamente na sua produção, através do interrogatório e contra-interrogatório." (ibidem, p. 235). GOMES FILHO, Antonio Magalhães. *Direito à prova no processo penal*, op. cit., p. 68-69. AMODIO, Ennio. Giusto processo, procès équitable e fair trial: la riscoperia del giusnaturalismo processuale in Europa. *Rivista Italiana di Diritto e Procedura Penale,* ano XLVI, fasc. 1-2 (Gennaio-Giugno), 2003, p. 96.

84. Refere-se a presente pesquisa às testemunhas em sentido amplo, e não ao arguido. Sobre as declarações do arguido e seu aproveitamento probatório, cf. MENDES, Paulo de Sousa. O processo penal entre a eficácia e as garantias: em especial a questão do aproveitamento probatório das declarações processuais do arguido anteriores ao julgamento. *Revista da Faculdade de Direito da Universidade de Lisboa*, vol. LV, n°s 1 e 2, separata, p. 404-422, 2014; SILVA, Germano Marques da. Notas avulsas sobre as propostas de reforma das leis penais: propostas de lei n° 75/XII, 76/XII e 77/XII. *Revista da Ordem dos Advogados*, ano 72 (abr.-set.), Lisboa, 2012, p. 530-536.

85. Ressalva-se a utilização do termo "não-pessoal" porque há meios de prova dependentes de fontes pessoais, mas que não são considerados "declarações processuais" ou testemunhais para fins do artigo 355, do CPP. É o caso da prova por reconhecimento e a reconstituição do fato que são "provas processuais não declarativas, mas performativas (...) em que o uso da palavra no respectivo quadro comunicacional não pode servir pretensões narrativas sobre factos passados" (MESQUITA, Paulo Dá. *A prova do crime e o que se disse antes do julgamento*, op. cit.,, p. 515 e p. 517). Nestes dois casos, há uma flexibilidade de transmissibilidade dos elementos probatórios para a fase de julgamento.

86. PINTO, Frederico de Lacerda da Costa. Razão e finalidade na revisão de 2013 do código de processo penal. *Themis: Revista da Faculdade de Direito da UNL*, ano XIII, n. 24/25, Coimbra: Almedina, 2013, p. 190. SILVA, Germano Marques da.

Note-se, entretanto, que o que se veda é a transmissão dos autos relativamente à prova testemunhal (declarações processuais) *para fins de formação da convicção do juiz*, mas os autos, com toda informação processual restante da fase anterior, são transmitidos à seguinte fase processual e permitida sua valoração.[87] Com efeito, a proibição incide sobre as declarações processuais das testemunhas, assistente, arguido[88] e partes civis.

É importante frisar, portanto, que não há no ordenamento jurídico português uma proibição de conhecimento destes elementos de prova produzidos anteriormente ao julgamento, já que o julgador tem acesso completo aos autos, inclusive com todos os elementos das fases preliminares,[89] diversamente do que ocorre por exemplo, atualmente, na Itália em que os autos do inquérito são excluídos do procedimento e o julgador não tem qualquer acesso ao conteúdo produzido em fases anteriores.[90]

No Brasil, recentemente, criou-se a regra de que os autos que compõem as matérias de competência do juiz das garantias (aquele que atuará na fase de investigação realizando um controle da legalidade e das garantias dos direitos fundamentais) não serão apensados aos autos principais que serão enviados ao juiz da instrução e julgamento, com exceção das provas irrepetíveis, medidas de obtenção de provas ou de antecipação de provas (art. 3º-C, §3º, CPP, alterado pela Lei 13.964/19). No entanto, tais artigos estão com a eficácia suspensa em razão de uma liminar dada pelo Ministro Luiz Fux, Ministro do Supremo Tribunal Federal, em 22 de janeiro de 2020.[91]

Direito processual penal português: do procedimento (marcha do processo), op. cit., p. 238-239.

87. MESQUITA, Paulo Dá. *A prova do crime e o que se disse antes do julgamento*, op. cit., p. 597.

88. Com relação ao arguido, ressalva-se que não se ingressará na análise das questões referentes a este sujeito processual, focando nas demais declarações diante do tema proposto para esta pesquisa.

89. PINTO, Frederico da Lacerda da Costa. Razão e finalidade na revisão de 2013 do código de processo penal, op. cit., p. 190.

90. Artigo 431 e 433 do "Codice di Procedura Penale".

91. STF, ADI 6.298, 6.299, 6.300 e 6.305. No momento, aguarda-se uma apreciação do caso pelo Plenário do STF.

Diante da ausência desta regra em Portugal, é necessário mitigar os riscos que tais elementos de prova podem ter, consciente ou inconscientemente, na mente do julgador, vez que são elementos que, em regra, a defesa não participou de sua formação.

Nessa senda, Frederico Costa Pinto realça o papel tão importante das exigências do contraditório, imediação e dever de fundamentação acerca de sua convicção sobre a prova produzida (artigos 355, 327 e 374, nº 2, do CPP português) para o ordenamento português.[92] E aqui, ressalta-se também, o papel importante do direito ao confronto, cujos princípios da imediação, oralidade, contraditório são congruentes, para assegurar à defesa o seu direito de participação na formação da prova e a garantia de que a sentença não se baseará em elementos produzidos de forma sigilosa ou sem a efetiva participação do arguido.

Acórdão recente do Tribunal da Relação de Évora, de 05-05-2015,[93] no qual discutiu-se, dentre uma das questões, a admissão e valoração de uma prova documental, que se consubstanciava em "uma espécie de declaração documentada", como substituto do depoimento em audiência de julgamento. Interessante observar que no corpo do acórdão foi feita menção ao direito específico defensivo de "interrogar e fazer interrogar" as testemunhas de acusação, entendendo que tal direito é salvaguarda de um contraditório *para a* prova, e não apenas *sobre a* prova.[94] Posição esta que se assemelha à sustentada neste livro, em que o direito ao confronto, nada obstante não se confundir com o contraditório, se relaciona com o contraditório para a prova (cf. capítulo 2.2).

Os fundamentos da proibição de valoração de declarações an-

92. PINTO, Frederico da Lacerda da Costa. Razão e finalidade na revisão de 2013 do código de processo penal, op. cit., p. 190.

93. Ac. TRE de 05-05-2015. Disponível em www.dgsi.pt.

94. Ac. TRE de 05-05-2015: "1. A "substituição" da prova testemunhal, em julgamento, por prova documental, que consubstancia assim uma espécie de declaração documentada, contraria princípios como os da imediação e da oralidade e restringe intoleravelmente o contraditório. 2. A possibilidade dos sujeitos processuais se poderem pronunciar sobre uma declaração documentada não satisfaz o contraditório, pois este exige, não apenas a possibilidade dos sujeitos processuais se pronunciarem sobre um documento junto ao processo, mas a possibilidade de poderem instar e contra-instar uma testemunha sobre a matéria probanda. Trata-se da salvaguarda da observância de "um contraditório pela prova" e não apenas de "um contraditório sobre a prova".

teriores são estruturados tanto pelo princípio da imediação, como pelo contraditório para a prova[95] e o modelo de *inclusão* do material probatório existente no CPP de 1929 foi substituído por um modelo de *exclusão* probatória, como uma forma de preservar a estrutura acusatória do processo e evitar o retorno a práticas inquisitivas de formação da prova testemunhal anteriores ao julgamento.[96] Para Germano Marques da Silva, o CPP de 1987 acolheu uma política de reforço do contraditório.[97]

Dá Mesquita ressalta que a regra sobre a intransmissibilidade das declarações se trata fundamentalmente de uma política processual e não por razões ligadas a aspectos epistemológicos, tratando-se de uma transformação do processo penal à luz de uma "acusatoriedade material" e da ideia de que a transmissibilidade viola a paridade de armas em detrimento da defesa.[98]

Nesse caminho, entende-se que, devido à estrutura do modelo de produção da prova oral consagrado no CPP português, torna-se possível a proteção, de uma forma geral, do *paradigma do direito ao confronto*, que deve servir como um dos pilares estruturais na produção da prova, haja vista tratar-se de um direito fundamental consagrado nos tratados internacionais, aos quais Portugal está vinculado, bem como constante do artigo 32, nº 1, da CRP (assegurar "todas as garantias de defesa") e da própria estrutura acusatória.

Uma perspectiva semelhante à sustentada neste livro é o en-

95. Acórdão do Tribunal da Relação de Évora, Ac. de 05-05-2015: "(...) O princípio do contraditório (art. 327º do CPP) tem tutela constitucional expressa para o julgamento (art. 32º, nº5 CRP). Os meios de prova apresentados no decurso da audiência são submetidos ao contraditório e a contraditoriedade abrange tanto a produção como a valoração de todas as provas. Acusação e defesa podem oferecer as suas provas, controlar as provas contra si oferecidas e discutir o valor e o resultado de todas elas. As provas que hão-de ser objecto de apreciação têm, assim, de ser discutidas no contraditório da audiência de julgamento e só estas valem para a decisão (art. 355º do CPP)". Cf. também MESQUITA, Paulo Dá. *A prova do crime e o que se disse antes do julgamento*, op. cit., p. 597, nota 264).

96. MESQUITA, Paulo Dá. *A prova do crime e o que se disse antes do julgamento*, op. cit., p. 597, nota 264.

97. SILVA, Germano Marques da. Produção e valoração da prova em processo penal. *Revista do CEJ*, nº 4, 2006, p. 42.

98. MESQUITA, Paulo Dá. *A prova do crime e o que se disse antes do julgamento*, op. cit., 2011, p. 608.

tendimento de Marques da Silva, citado acima, já que o direito ao confronto, conforme já explanado, se aproxima do contraditório para a prova. Nesse mesmo sentido, Dá Mesquita que constata que o princípio da imediação, após o advento de novas tecnologias audiovisuais, adquiriu uma *plasticidade*, permitindo ao juiz a observação através de vídeos, de modo que o autor entende o *caráter determinante do vector contraditório* na produção da prova oral[99], estrutura esta que permite assegurar o direito ao confronto.

De toda forma, apesar de tais políticas adotadas no CPP, através das exceções existentes, tentou-se um equilíbrio entre os princípios da investigação, imediação e contraditório, o que, no entender de Dá Mesquita, se confirma pela regra de transmissão dos demais conteúdos informativos dos autos processuais.[100]

Pois bem. A norma constante do artigo 355, do CPP reflete verdadeira proibição de prova,[101] não se podendo olvidar que o que se proíbe são declarações que visam a prova direta ou indireta do fato narrado, ou seja, declarações cujo objetivo é sua utilização na persecução criminal ("enquanto comunicação derivada de um tipo de interacção comunicativa estabelecida entre um agente ao serviço do Estado, para a função de repressão criminal e um determinado declarante"[102]).

Daí a exclusão do regime de proibição probatória de declarações sem esta natureza testemunhal, i.e., "actos processuais que, funcionalmente, não visam a recolha de depoimento", como é o caso de

99. Ibidem, p. 598, nota 264.

100. Ibidem, p. 597, nota 264.

101. MENDES, Paulo de Sousa. As proibições de prova no processo penal. In PALMA, Maria Fernanda (coord.). *Jornadas de Direito Processual Penal e Direitos Fundamentais*. Coimbra: Almedina, 2004, p. 136: "O regime legal dos meios de prova típicos visa garantir a máxima *credibilidade* dos mesmos para a demonstração dos factos probandos. Nesse campo, são proibidos – por exemplo – o chamado testemunho de ouvir dizer (art. 129, nº 1, CPP), a reprodução de vozes ou rumores públicos (art. 130, nº 1, CPP), o depoimento de uma testemunha não esclarecida sobre a sua faculdade de recusa do depoimento (art. 134, nº 2, do CPP) ou a leitura em audiência de autos e declarações fora dos casos expressamente permitidos (art. 356 CPP)", este último objeto da presente pesquisa.

102. MESQUITA, Paulo Dá. *A prova do crime e o que se disse antes do julgamento*, op. cit., p. 609.

buscas, provas por reconhecimento ou reconstituição do fato.[103] Trata-se de uma classificação funcional semelhante àquela já analisada com relação às declarações com natureza "testimonial" na abordagem do direito ao confronto no sistema norte-americano.[104]

4.6 Exceções ao direito ao confronto e ao regime da intransmissibilidade das declarações anteriores. Artigo 356, do CPP

Passa-se às exceções consagradas no CPP português com relação à admissão das declarações anteriores após a reforma promovida pela lei de 2013.[105]

Fora os casos em que é permitida a leitura de declarações com uma antecipação do *contraditório* (como é o caso das declarações para memória futura dos artigos 271 e 294, do CPP português e aqueles atos realizados como previsto nos artigos 318 a 320, do citado Código), as exceções se resumem à permissão de leitura quando necessária para clarear a memória de quem depor na audiência e não se recorda dos fatos (artigo 356, nº 3, a), ou quando houver contradições entre as declarações anteriores e as prestadas em audiência (artigo 356, nº 3, b). Saliente-se que, nestes casos, as declarações anteriores limitam-se àquelas prestadas perante a autoridade judiciária (Ministério Público[106] ou juiz).

103. Exemplos dados por MESQUITA e que os considera como provas processuais não declarativas, mas performativas. Não se tratam de declarações e por isso estão excluídos do regime de proibição do artigo 355, do CPP. Ibidem, p. 515 e p. 609.

104. FRIEDMAN, Richard. Confrontation: the search for basic principles, op. cit., p. 1011-1043; Idem. The confrontation clause re-rooted and transformed, op. cit., p. 439-468.

105. Lei nº 20/2013, de 21.02.

106. Houve um alargamento no artigo 356, após a revisão de 2013, permitindo a leitura de declarações, nas situações especificadas perante o Ministério Público, o que antes era permitido apenas perante o juiz. Esta autorização foi objeto de críticas por DAMIÃO DA CUNHA, antes mesmo da dita reforma, sob o fundamento de que, permitindo que o faça perante o MP, haverá uma quebra da paridade face ao acusado, além de afirmar que tal solução significaria "admitir que o Ministério Público pusesse em causa um testemunho perante ele prestado, o que, para além de ser incoerente, implicaria que o próprio Ministério Público se tornasse uma testemunha" (CUNHA, José Damião da. O regime processual de leitura de declarações na audiência de julgamento (arts, 356º e 357º do CPP), op. cit., p. 418).

Há ainda aqueles casos em que a testemunha está ausente por falecimento, anomalia psíquica superveniente ou impossibilidade duradoura e, de acordo com o artigo 356, nº 4, do CPP português, é permitida a leitura das declarações dadas perante a autoridade judiciária (Ministério Público e juiz).

Antes de analisar as exceções, é preciso frisar que a interpretação do artigo 355, do CPP português deve ser feita também sob a perspectiva do paradigma do direito ao confronto e corolários. Nesta norma são consagrados os princípios da imediação e oralidade e contraditoriedade que estão associados e materializam também o direito ao confronto. No entanto, como dito, o legislador traz algumas exceções, devendo ser averiguado se estas respeitam o "right of confrontation".

Quanto à exceção na qual houve a antecipação do contraditório, as declarações anteriores são admitidas. Aqui não tanto prevalece o princípio da imediação, em razão de o juiz não ter estabelecido o contato direto com as fontes de prova, tendo acesso apenas aos autos com as declarações, entendendo o legislador como condição para admissibilidade a realização do contraditório antecipado.

Assim, é lícito afirmar que o artigo 355, do CPP prioriza o valor da contraditariedade e também do direito defensivo ao confronto em grau maior do que a imediação. Daí o entendimento de que a proteção através do direito ao confronto é mais intensa do que pela imediação, sem prejuízo da relação de complementariedade entre eles que, no final das contas, asseguram ao arguido "todas as garantias de defesa" (art. 32, nº 1, da CRP).

Concernente à primeira *exceção* sobre a possibilidade de utilização das declarações anteriores para avivar a memória ou para esclarecimentos de contradições, a questão que surge aqui e necessita ser respondida decorre do fato de que ao juiz será permitido valorar as declarações produzidas anteriormente sem o exercício por parte do imputado do direito ao confronto e seus corolários. Ainda que num segundo momento se exerça plenamente seu direito, o fato é quanto a parte do conteúdo destas declarações (as anteriores) o juiz poderá valorá-las. Então, a pergunta é: isso será possível? Há violação?

Como visto, será permitido ao julgador se valer para sua convicção e em eventual condenação de um elemento de prova produzido em fase anterior ao julgamento, ou seja, em uma fase onde imputado e defesa não tiveram a possibilidade de participar, de confrontar, de questionar a testemunha. Assim, resta evidente uma restrição ao direito fundamental de confrontar as testemunhas de acusação, pois, ainda que o possa fazer na audiência de julgamento (nesta exceção a testemunha estará presente), o fato é que o julgador utilizará as declarações anteriores, momento no qual o imputado não se fazia presente.

Todavia, entende-se que esta limitação não deixa de ser razoável, uma vez que o arguido terá a possibilidade, em audiência e diante da testemunha, (e aqui com todos os corolários do direito ao confronto: juízo oral, público, na presença do julgador da causa, imposição do compromisso de dizer a verdade à testemunha, conhecer a identidade desta e inquirir no momento de produção da prova) de realizar a inquirição cruzada, testá-la[107], de fazer perguntas e com tais condutas mudar, eventualmente, o posicionamento da testemunha; ou, ainda, lhe possibilitará de realçar as contradições existentes e de pôr em prova a sua credibilidade, o que diminuirá o valor do depoimento[108] e, portanto, participará efetivamente da formação do elemento de prova e, por conseguinte, da formação da decisão ou convicção judicial.

Sendo assim, o direito ao confronto não será atingido, já que a defesa terá oportunidade de confrontar, inquirindo a testemunha de acusação e contribuirá para a formação da prova, podendo-se concluir que, apesar de ter havido uma restrição, a essência do direito foi mantida.[109]

107. Neste mesmo sentido, MESQUITA, Paulo Dá. *A prova do crime e o que se disse antes do julgamento*, op. cit., p. 605.

108. Quanto ao último ponto sobre testar a credibilidade, MARTINS, Joana Boaventura (*Da valoração das declarações de arguido prestadas em fase anterior ao julgamento:* contributo para uma mudança de paradigma, op. cit., p. 45, nota 74) diz que, ao admitir as declarações anteriores no caso do comparecimento de testemunha, ao juiz também será permitido interrogar a testemunha, ficando em melhores condições "para apurar a segurança no depoimento, a credibilidade e a veracidade daquilo que se diz, do que quando não contacta com o declarante".

109. Nesse sentido, Frederico da Lacerda da Costa Pinto (Razão e finalidade na revisão de 2013 do código de processo penal, op. cit., p. 191) afirma que aqui existe "uma limitação tolerável ao contraditório: este não existiu quanto à constituição da prova, mas verifica-se pelo menos quanto ao significado da prova, em diálogo directo com a testemunha que prestou as declarações.".

Nos Estados Unidos, desde que a defesa tenha a possibilidade de confrontar, realizando a inquirição cruzada em face da testemunha que comparece no julgamento, não há uma restrição para que estas declarações anteriores possam ser admitidas e valoradas pelo julgador.[110] É a problemática conhecida no sistema anglo-americano quanto à admissão da "prior inconsistent statements".

No TEDH, também a presença da testemunha em julgamento é um dos fatores que permite a admissão e valoração das declarações anteriores.

Em Portugal, parece que a opção foi adotar um modelo mais restritivo quanto à admissão das declarações anteriores quando a testemunha efetivamente comparece em julgamento, visto que autoriza sua introdução no julgamento apenas quando objetiva o avivamento da memória ou diante de contradições e discrepâncias entre os depoimentos.[111] Neste ponto, para uma parte da doutrina, as declarações poderão ser valoradas normalmente pelo juiz na formação da sua convicção.

Por outro lado, há na doutrina portuguesa quem interpreta de forma mais restritiva o dispositivo legal quanto ao efeito das declarações anteriores. Com efeito, Damião da Cunha sustenta que a admissibilidade das declarações anteriores serve apenas para "comprovar a veracidade" do depoimento prestado na AIJ e não a veracidade das declarações anteriores. Para o autor, a possibilidade da leitura não permite a sua utilização direta para *formação da convicção* do julgador, mas funciona como uma "prova crítica" do conteúdo das declarações dadas em audiência.[112]

110. MAFFEI, Stefano. *The right to confrontation in Europe*, op. cit., p. 23, nota 81. Caso *Crawford v. Washington*, 124 S.Ct. 1354 (2004).

111. Vale relembrar que, com a reforma de 2007, foi suprimida a expressão "que não possam ser esclarecidas de outro modo", o que facilitou, em tese, a admissão das declarações anteriores em comparação com regime anterior. Cf. MESQUITA, Paulo Dá. *A prova do crime e o que se disse antes do julgamento*, op. cit., p. 599, nota 268. O autor também critica tal restrição em comparação com o regime adotado na exceção do artigo 356, nº 4, do CPP português, uma vez que, nos casos do artigo 356, nº 3, a testemunha comparecerá e o arguido poderá realizar a inquirição cruzada, mas a lei impõe limites que não são colocados nos casos de não comparecimento da testemunha em julgamento nos quais o prejuízo defensivo é consideravelmente maior (Ibidem, p. 602-605 e notas 272 e 273).

112. CUNHA, José Damião da. O regime processual de leitura de declarações na

Atinente à *exceção* contida no artigo 356, nº 4, do CPP português, a testemunha não estará presente na audiência e, a princípio, as declarações anteriores poderão ser valoradas pelo julgador. A pergunta é se está correta a norma portuguesa em admitir tais declarações e se há violação de algum direito ou princípio fundamental.

Frederico Costa Pinto sustenta que esta autorização constitui "uma derrogação forte ao contraditório", não sendo levado em consideração nem nos momentos anteriores da produção da respectiva prova, tampouco no momento do julgamento. Para o autor, apesar de as partes poderem levantar dúvidas sobre tais declarações, o fato é que não poderão "dialogar com elas nem determinar o seu rumo através de perguntas".[113] E, sendo assim, além da conclusão do autor de que há uma limitação ao conteúdo e função do contraditório,[114] é possível concluir além: que houve uma limitação também nas mesmas proporções ao próprio direito ao confronto.

A importância aqui de abordar esta problemática sob o paradigma do direito ao confronto é que se for avaliar apenas pelo princípio do contraditório, este é entendido por parte da doutrina como satisfeito quando submetida a prova à mera apreciação *a posteriori* dos elementos de prova pelas partes (contraditório sobre a prova[115]). E,

audiência de julgamento (arts, 356º e 357º do CPP), op. cit., p. 417-418. Continua o autor que "as anteriores declarações não são objeto de prova e, neste sentido, não são provas verdadeiramente produzidas na audiência de julgamento". Em sentido semelhante, SILVA, Germano Marques. Produção e valoração da prova em processo penal, op. cit., p. 42) para quem as declarações anteriores servem apenas para "apurar a credibilidade" das fontes de prova. Na Itália, cf. ILLUMINATI, Giulio. El sistema acusatorio en Italia, op. cit., p. 149, 153-154, no sentido de que o juiz pode se valer das declarações anteriores para valorar a credibilidade do depoimento. Em sentido contrário, ALBUQUERQUE, Paulo Pinto de. *Comentário do Código de Processo Penal à luz da Constituição da República e da Convenção Europeia dos Direitos do Homem*, op. cit., p. 914.

113. PINTO, Frederico da Lacerda da Costa. Razão e finalidade na revisão de 2013 do código de processo penal, op. cit., p. 191-192.

114. Ibidem, p. 192. O autor entende que as declarações anteriores só podem ser utilizadas para uma "crítica da prova" e não como "fonte autônoma de nova prova", já que, se fosse permitido o segundo caso, haveria uma violação do contraditório quanto à constituição de prova decorrente de fonte pessoal (ibidem, p. 193). Este entendimento é seguido também por DAMIÃO DA CUNHA. O regime processual de leitura de declarações na audiência de julgamento (arts, 356º e 357º do CPP), op. cit., p. 403 e ss e p. 418.

115. Trata-se aqui daquela distinção de contraditório diferido ou postergado ("con-

neste caso, poderia alguém defender que o contraditório, ainda que *fraco*, foi cumprido e não haveria qualquer violação.

Por outro lado, submetendo ao paradigma do confronto, a abordagem torna-se diferente. De fato, ao indivíduo não se estará permitindo que exerça minimamente o direito fundamental ao confronto, nem mesmo em momento anterior estar-lhe-ia permitindo inquirir as testemunhas. O artigo 32, nº 1, da CRP estaria sendo violando por não permitir a ampla defesa ou assegurar todas as garantias de defesa. Entende-se, assim, que não seria possível essa derrogação do direito ao confronto em tal grau. A solução apontada neste livro se aproxima da colocada por Frederico Costa Pinto, haja vista que a noção do direito ao confronto se aproxima daquela noção de contraditório *forte* que, ao que parece, é a que é defendida pelo autor.

Ademais, muito embora Dá Mesquita afirme que o problema da utilização de declarações anteriores "deve ser reequacionado em função das exigências de contraditório", ressalta os casos principalmente em que a defesa fica impedida de proceder ao exame cruzado da fonte pessoal de prova (antecipada ou diferida),[116] o que se aproxima bastante da posição defendida nesta obra sobre a abordagem através do paradigma do direito ao confronto, uma vez que, apesar de utilizar o termo contraditório, o autor acaba por delimitar a problemática pela ausência de inquirição defensiva.

Há ainda um outro fato relevante que merece alguma consideração. A exceção permite que as declarações tenham sido prestadas ao Ministério Público ou ao juiz. No primeiro caso, o prejuízo defensivo torna-se mais grave, havendo uma quebra de paridade, porque declarações serão introduzidas no julgamento tendo sido prestadas apenas perante o Ministério Público, sendo que a defesa não poderá confrontar a pessoa que prestou tais declarações, nem as circunstâncias em que foram dadas. Diferente seria o caso de as declarações ante-

tradditorio sull'elemento di prova) e do contraditório para o elemento de prova ("contradditorio per l'elemento di prova em que, neste último, há a participação do arguido na produção de prova - um contraditório forte. Cf. UBERTIS, Giulio. Corte europea dei diritti dell'uomo e "processo equo", op. cit., p. 40. Idem. *Argomenti di procedura penale*, op. cit., p. 136.

116. MESQUITA, Paulo Dá. *A prova do crime e o que se disse antes do julgamento*, op. cit., p. 673.

riores perante o juiz, porquanto, nesta hipótese, defesa e Ministério Público possuiriam as mesmas oportunidades frente aos elementos de prova anteriores.[117]

De toda forma, não há uma solução convergente. Stefano Maffei diz que, especificamente sendo o caso de uma testemunha falecida, este ônus não poderia recair sobre o Ministério Público se este não contribuiu para a ausência da testemunha. Para o autor italiano, neste caso, a restrição ao direito ao confronto é tolerável e admite-se as declarações anteriores, porém com algumas condições, quais sejam: (i) o menor valor probatório de tais declarações e (ii) a concessão de oportunidade ao arguido de enfrentar o conteúdo de tais declarações.[118]

Com uma solução semelhante, Damião da Cunha pondera que só seria possível a admissão se por alguma razão não tenha sido processualmente possível socorrer-se do método de aquisição de prova com o contraditório antecipado. Caso contrário, em se constatando que esta possibilidade existiu anteriormente, as declarações não poderão ser admitidas.[119]

Em sentido diverso, Diogo Malan entende não ser possível admitir e valorar as declarações anteriores de uma testemunha falecida, uma vez que a prova oral deve ser produzida na presença do arguido e com sua participação. O argumento do autor é que não há qualquer exceção nos tratados internacionais que asseguram o direito ao confronto e, diante das razões e fundamentos históricos do referido direito, o objetivo é justamente obstar condenações com base em elementos colhidos na ausência do arguido.[120]

117. CUNHA, José Damião da. O regime processual de leitura de declarações na audiência de julgamento (arts, 356° e 357° do CPP), op. cit., p. 413 e nota 8. Para MESQUITA, Paulo Dá. *A prova do crime e o que se disse antes do julgamento*, op. cit., p. 604, nota 272, os problemas gerados quando as declarações são prestadas perante o Ministério Público permanecem mesmo quando prestadas ao juiz, notadamente quando Ministério Público e defesa não estiverem presentes.

118. MAFFEI, Stefano. *The right to confrontation in Europe*, op. cit., p. 49 e 54.

119. CUNHA, José Damião da. O regime processual de leitura de declarações na audiência de julgamento (arts, 356° e 357° do CPP), op. cit., p. 413.

120. MALAN, Diogo. *Direito ao confronto no processo penal*, op. cit., p. 162. A única exceção seria por uma conduta ilícita do acusado contra a testemunha que a impedisse de depor, sendo que nesse caso o acusado não poderia requerer o exercício deste direito, sob pena de se beneficiar de sua própria conduta de má fé (Ibidem, p. 163).

Na esteira desse pensamento, Summers defende que para se assegurar o "fair trial" é essencial que todas as testemunhas de acusação sejam confrontadas pela defesa, ou ao menos que lhe dê a possibilidade para isso, independentemente se o depoimento é decisivo ou único para a condenação.[121]

Comparando as duas exceções, Dá Mesquita suscita uma crítica sobre a maior restrição de declarações quando a testemunha está presente do que quando não comparece ao julgamento (que, diante de algumas circunstâncias, a admissão e utilização pelo julgador é admitida *in totum*). Isso porque a lesão aos princípios determinantes da formação da prova testemunhal é mais grave na segunda hipótese, seja pela ausência de *confronto* por parte da defesa, que fica alijada de "interrogar ou fazer interrogar", seja pela ausência de imediação, em que o tribunal "não estabelece um contacto sensorial com a fonte de prova, nem lhe pode colocar questões".[122]

Por sua vez, no primeiro caso, o autor entende que, se a testemunha está presente em julgamento, não haveria razão para limitar a admissão dos depoimentos apenas aos casos de avivamento da memória ou diante de discrepâncias ou contradições, tendo em vista que a defesa poderia realizar a inquirição cruzada, ainda que diferida, relativa à anterior declaração.

Especificamente quanto à impossibilidade duradoura, na exceção do artigo 356, nº 4, do CPP, esta não deve incluir a testemunha que se recusa a depor em razão de temor por represálias,[123] contudo há na doutrina quem sustente esta possibilidade, através de uma interpretação analógica da norma do referido artigo.[124]

Por derradeiro, uma questão interessante para se analisar, sob a luz do direito ao confronto, é o tratamento dado ao assistente no

121. SUMMERS, Sarah. *Fair Trials*: the european criminal procedural tradition and the european court of human rights, op. cit., p. 140-143.

122. MESQUITA, Paulo Dá. *A prova do crime e o que se disse antes do julgamento*, op. cit., p. 604.

123. ALBUQUERQUE, Paulo Pinto de. *Comentário do Código de Processo Penal à luz da Constituição da República e da Convenção Europeia dos Direitos do Homem*, op. cit., p. 919.

124. SILVA, Sandra Oliveira e. *A protecção de testemunhas no processo penal*, op. cit., p. 292.

processo penal português frente aquele dado ao arguido. Faz-se referência aqui a uma situação específica: o arguido sendo interrogado antes do assistente (e também das testemunhas), como determina o artigo 341 do CPP português.[125] No tocante ao assistente, parece, assim, haver uma inversão de valores se considerar o processo penal primordialmente como uma garantia do acusado.

O acusado, ao ser interrogado em primeiro lugar, faz com que este dê sua versão dos fatos - caso assim decida o fazer -, sem conhecer o que será produzido em seu desfavor no julgamento, inviabilizando-o de exercer eficazmente seus direitos defensivos.

Em sentido oposto, se interrogado ao final, o acusado terá presenciado toda a produção da prova (testemunhas de acusação, assistente e partes civis, testemunhas de defesa, etc.) para posteriormente prestar suas declarações com base naquilo que foi produzido e dar uma versão dos fatos que melhor atenda a seus interesses defensivos. Trata-se de cumprir o contraditório e também o direito ao confronto de forma mais efetiva possível.

Desta forma, é conferido ao acusado a possibilidade de *contrariar* quaisquer declarações desfavoráveis produzidas, não apenas no momento das alegações finais defensivas, mas no momento em que exerce sua autodefesa em seu interrogatório, apresentando a versão que melhor lhe aprouver de acordo com a prova produzida e sua estratégia processual.

Quanto ao direito ao confronto, nada adianta que lhe sejam assegurados todos os componentes do paradigma do direito ao confronto, se foi interrogado sem antes mesmo de saber o teor das declarações do assistente e testemunhas que apenas a seguir serão inquiridas, tendo em vista que, dependendo do que declarar o acusado, o exame cruzado[126] não será uma ferramenta tão efetiva, já que perguntas poderão deixar de ser feitas ao assistente ou testemunhas, se o acusado

125. Esse ponto também é importante quanto às testemunhas, principalmente as de acusação, porque o arguido sendo interrogado antes destas, já restringe seus direitos de defesa, uma vez que fica inviabilizado de dar uma melhor versão dos fatos, àquela que melhor atenda seus interesses defensivos.

126. Ou a inquirição judicial no caso do assistente, conforme artigo 346, nº 1, do CPP português.

já tiver declarado o mesmo anteriormente. Em outras palavras, é o caso, por exemplo, de o acusado declarar algo que não declararia se falasse ao final em razão de não ter sido produzida uma prova contundente que pudesse corroborar sua alegação.

Com efeito, sendo o primeiro a falar, o acusado pode declarar algo que lhe seja desfavorável, o que não aconteceria caso se realizasse toda a produção probatória e, analisando o teor do depoimento do assistente (ou testemunhas), o acusado, orientado pela sua defesa (ou não) entendesse que seria melhor não relatar algum fato. Tudo isso visando sua estratégia defensiva processual.

Portanto, há uma restrição ao direito ao confronto.

Outrossim, é importante rememorar que o interrogatório não é apenas um meio de obtenção de prova, sendo, em sua essência, um verdadeiro meio de defesa, em especial diante do direito ao silêncio que não traz qualquer prejuízo à culpa. Assim, somente deve ser realizado ao final da produção de prova em audiência de julgamento quando toda prova tiver sido produzida, permitindo ao acusado se defender, "confrontando" as demais provas com sua própria versão dos fatos.[127]

Apesar de a lei processual portuguesa permitir que o acusado preste ao final suas últimas declarações (artigo 361, nº 1), fato é que já declarou no início da audiência e não poderá modificar substancialmente sua versão com base naquilo que foi produzido em julgamento, sob pena de perder a credibilidade de sua autodefesa.

Tal fato afeta inclusive a liberdade de declaração do acusado, uma vez que esta liberdade seria mais efetiva ao se permitir que este apresente sua versão sobre os fatos da melhor maneira possível a atender seus interesses defensivos, sendo o momento mais adequado ao final da produção de prova em audiência de julgamento.

Diante do exposto, não se pode olvidar que a Constituição portuguesa assenta-se num modelo de estrutura acusatória do processo

127. Em sentido semelhante, mas referindo-se ao primeiro interrogatório do arguido, nos termos do artigo 272, nº 1, do CPP português, cf. MENDES, Paulo de Sousa. *Lições de direito processual penal*, 5.ª reimpr., Coimbra: Almedina, 2019 (1.ª ed., 2013), p. 128.

penal, que concretiza a ideia da "participação constitutiva" das partes na declaração do direito do caso *sub judice*.[128] Assim, na perspectiva defensiva, o exercício do direito ao confronto que, além de decorrer desta estrutura acusatória, é corolário da norma do artigo 32, nº 1, da CRP, deve conformar toda a produção da prova oral e, assim, há que ser concedida ao arguido a possibilidade de poder contribuir com a direção/formação da prova e, consequentemente, com o conteúdo da sentença que, indubitavelmente, surtirá efeitos sobre si.

4.7 Restrições com relação à prova decorrente de testemunha anônima

Em Portugal, o regime legal sobre testemunha anônima foi estabelecido pela lei nº 93/99 que, entre outras medidas de proteção das testemunhas, prescreve a possibilidade do anonimato, sendo uma medida que obsta o conhecimento da identidade da testemunha, incluindo além do nome e sobrenome, endereço e demais dados relevantes.

Acrescente-se, ainda, que a concessão do anonimato, normalmente, vem acompanhado de recursos que ocultam a imagem e/ou distorcem a voz (artigo 4, da lei 93/99), porque o conhecimento dos *traços fisionômicos* da testemunha também pode permitir que esta seja identificada.[129]

Tal legislação seguiu basicamente a orientação da Recomendação nº R(97)13, do Comitê de Ministros do Conselho da Europa relacionada ao tema de proteção de testemunhas e os direitos de defesa. Em suas disposições, foi afirmado o caráter excepcional da concessão do anonimato, bem como a necessidade de participação defensiva na decisão sobre tal concessão e no controle da credibilidade das declarações produzidas.

Seguindo os parâmetros da Resolução, a lei nº 93/99 estabeleceu alguns pressupostos para a concessão de ocultação de identidade, ressaltando ser uma medida excepcional, já que, sem sombra de dúvidas,

128. DIAS, Jorge Figueiredo. Os princípios estruturantes do processo penal e a revisão de 1998 do Código de Processo Penal. *Revista Portuguesa de Ciência Criminal*, ano 8, nº 2, 1998, p. 203.

129. SILVA, Sandra Oliveira e. *A protecção de testemunhas no processo penal*, op. cit., p. 280, nota 548.

há restrição de direitos da defesa nestas situações, sendo notória a dificuldade de harmonizar os direitos fundamentais da defesa com o direito à integridade física e da vida da testemunha.[130]

Os requisitos circulam, em suma, entre a necessidade daquele elemento de prova na busca da verdade, ou seja, um alto grau de valor probatório de tais elementos (*contributo probatório de relevo*); um catálogo restrito de crimes considerados de alta periculosidade social (tráfico de pessoas, de associação criminosa, de terrorismo, de terrorismo internacional ou de organizações terroristas; "crimes contra a vida, contra a integridade física, contra a liberdade das pessoas, contra a liberdade ou autodeterminação sexual, de corrupção, de burla qualificada, de administração danosa que cause prejuízo superior a 10 000 unidades de conta, ou cometidos por quem fizer parte de associação criminosa no âmbito da finalidade ou actividade desta"[131]) e o perigo a que a testemunha ou seus familiares estão expostos de risco da vida ou a sua integridade física ou patrimonial (artigo 16, da lei nº 93/99).

Interessante também que há a previsão legal de um procedimento prévio para a concessão do próprio anonimato com a participação das partes (Ministério Público e um defensor nomeado pela Ordem dos Advogados), a fim de seja feita uma avaliação da oportunidade da medida (artigo 18, da lei nº 93/99).[132]

Quanto ao valor das declarações prestadas pelas testemunhas anônimas, a lei determina que a sentença condenatória não poderá estar fundamentada de forma *exclusiva* ou *decisiva* em depoimentos dessa natureza, disposição esta com clara influência da jurisprudência do TEDH, muito embora como analisado anteriormente houve

130. ABREU, Carlos Pinto de. Os programas de protecção de testemunhas nos EUA e em Portugal. In PALMA, Maria Fernanda; DIAS, Augusto Silva; MENDES, Paulo de Sousa (coords.). *2º Congresso de Investigação Criminal*. Coimbra: Almedina, 2010, p. 366.

131. O catálogo de crimes em que será possível conceder o anonimato foi ampliado a partir da lei nº 29/2008.

132. SILVA. Sandra Oliveira e. *A protecção de testemunhas no processo penal*, op. cit., p. 155. Sobre as dificuldades impostas ao advogado nesse procedimento diante da falta de acesso ao arguido e a sua defesa, cf. SILVA, Germano Marques da. Nota sumária sobre a lei de protecção de testemunhas em processo penal. *Boletim da Ordem dos Advogados*, nº 28, set./ out., 2003, p. 12-13.

uma alteração jurisprudencial a partir do caso *Al-Khawaja e Tahery v. Reino Unido,* relativizando a regra da "sole or decisive rule" e que foi posteriormente aplicada ao caso *Ellis, Simms and Martin v. Reino Unido*.[133]

Pois bem. O problema que surge com a possibilidade de utilização de testemunhas anônimas é que vai de encontro com um dos corolários do direito ao confronto que é o direito defensivo de conhecer a identidade das testemunhas, para que, assim, possa exercer efetivamente o direito ao confronto na produção da prova oral. Trata-se de uma hipótese que restringe em grau elevado este direito fundamental.[134]

Na vertente do direito ao confronto de inquirir ou contra-inquirir as testemunhas de acusação - talvez aquele que mais se associe com o "right of confrontation" - o conhecimento das "características da testemunha, a sua estrutura psíquica e moral, a sua capacidade de observação e memorização, a sua sugestionabilidade e sinceridade",[135] bem como a idade, vínculos familiares, relacionamento com o arguido, amizades[136] são de suma importância para que a defesa possa contestar, testar a testemunha e, assim, colocar em xeque sua credibilidade, assegurando uma efetiva participação na produção da prova e na decisão final.[137]

133. TEDH, *Ellis, Simms and Martin v. Reino Unido*, de 10 abr 2012.

134. MALAN, Diogo. *Direito ao confronto no processo penal*, op. cit., p. 80. Cf. GÖSSEL, Karl-Heinz. As proibições de prova no direito processual penal da República Federal da Alemanha. *Revista Portuguesa de Ciência Criminal*, ano 2, fasc. 3, jul./set., 1992, p. 439.

135. SILVA. Sandra Oliveira e. *A protecção de testemunhas no processo penal*, op. cit., p. 279.

136. Ibidem, p. 277.

137. "Como pode, na verdade, realizar-se uma contradita a alguém cuja identidade se desconhece? E, mesmo que se não queira chegar tão longe, a tal incidente formal, como se pode, cabal e completamente, colocar em causa, se for o caso disso, a sua credibilidade? Como se averigua e testa a sua razão de ciência? E como pode, com eficácia, proceder-se à sua acareação com outro depoente?" (PATRÍCIO, Rui. Protecção de testemunhas em Processo Penal, op. cit., p. 293. Cf. ABREU, Carlos Pinto de. A lei de protecção das testemunhas: o triste fim do contraditório e o princípio da desconfiança no advogado. *Boletim da Ordem dos Advogados*, nº 28, set./ out., 2003, p. 14-16 ("E cara a cara porquê. Para aferir da veracidade ou credibilidade dos relatos, se são, ou não, testemunhas sólidas, desinteressadas, fidedignas, consistentes ou coerentes; para que os julgamentos não sejam, ou possam ser, simples confirmações de verdades construídas, oficiais ou judicialmente correctas, meros simulacros de justiça ou, até, sórdidas farsas montadas"- p. 15).

Tanto não restam dúvidas sobre o baixo valor probatório de tais declarações que a lei portuguesa e a jurisprudência do TEDH exigem a necessidade de corroboração com outros elementos de prova quando proíbe que a sentença condenatória se fundamente de forma exclusiva ou preponderante em tais elementos. Com efeito, conforme Oliveira e Silva, esse diminuto valor probatório é expressão não só de um ponto de vista epistemológico de qualidade da prova, mas também por um "prisma estritamente político de tutela dos direitos de defesa do arguido",[138] com a qual há que se concordar já que o direito fundamental ao confronto não estará sendo exercido em sua totalidade.

Como se sabe nenhum direito é absoluto e, portanto, passível em certas ocasiões de restrição. Assim, ainda que se trate de um direito fundamental, o direito ao confronto pode ser restringido, desde que não seja esvaziado totalmente em seu conteúdo. Então, no caso do anonimato testemunhal, é possível esta restrição e em ou que medida isso seria possível?

No caso de testemunhas anônimas, é certo que o direito defensivo de conhecer a identidade das testemunhas de acusação está sendo limitado, porém a questão é saber se essa compressão é razoável. Para tanto, imprescindível se faz a análise se os mecanismos adotados para concessão do anonimato estarão considerando os prejuízos defensivos e em que medida a defesa será compensada, a fim de possibilitar em certo grau o exercício, dentre outros, do direito ao confronto.

Essa preocupação com os direitos do arguido foi objeto do Guia legislativo para a implementação do protocolo adicional à Convenção das Nações Unidas contra a criminalidade organizada transnacional. Ao comentar o artigo 6, nº 1, do Protocolo, que trata do anonimato das testemunhas, assim se dispõe: "Estas medidas levantam questões parecidas com as que foram debatidas no âmbito da obrigação - permitir que as testemunhas deponham em segurança - estabelecida no artigo 24º, nº 2, alínea b), da Convenção. Os redactores deveriam ter presente que há que conciliar a recusa em prestar informação à

138. SILVA, Sandra Oliveira e. *A protecção de testemunhas no processo penal*, op. cit., p. 280. Apesar de a autora reconhecer essa restrição ao direito do arguido, não é contra esta medida de proteção da testemunha, através da realização de uma concordância prática entre os interesses fundamentais envolvidos: proteção das testemunhas e *ius puniendi* do Estado e os direitos do arguido (ibidem, p. 281 e ss.)

defesa com quaisquer direitos constitucionais ou outros, incluindo o direito de confrontar as testemunhas ou a acusação, bem como o direito de divulgar quaisquer informações que possam ilibar o arguido ou auxiliar a defesa".[139]

Para Stefano Maffei, é possível excepcionalmente adotar a proteção da testemunha pelo anonimato quando verificada a possibilidade da prática de atos que atentem contra a vida e segurança da testemunha que também são considerados direitos fundamentais[140] (previstos inclusive no artigo 8, da CEDH).

O citado autor entende tratar-se de uma admissão condicionada, sendo que as declarações anônimas deverão ser complementadas por outras provas autônomas e não-anônimas (corroboração);[141] a defesa deve participar da produção da prova[142] e devem-se divulgar algumas informações pessoais da testemunha anônima, a fim de permitir uma avaliação de sua credibilidade.[143] Ademais, algumas medidas no momento da produção da prova deverão ser utilizadas, tais como (i) um juiz deve sempre participar ou supervisionar a colheita da prova; (ii) o juiz deve saber a real identidade da testemunha e verificar as razões da concessão do anonimato, bem como avaliar se existe alguma animosidade entre ela e o arguido e (iii) permitir, pelo menos ao defensor do acusado, que esteja perante a testemunha para monitorar o comportamento desta e colocar todas as questões que entenda necessárias para uma efetiva inquirição, salvo aquelas que possam identificar a testemunha.[144]

Neste mesmo sentido de admitir a utilização de declarações decorrentes de testemunhas anônimas, Oliveira e Silva entende que,

139. NAÇÕES UNIDAS. Centro para a Prevenção Internacional do Crime *Guia legislativo para a implementação do protocolo adicional à convenção das Nações Unidas contra a criminalidade organizada transnacional relativo à prevenção, à repressão e à punição do tráfico de pessoas, em especial de mulheres e crianças*. Resolução da Assembleia Geral 55/25, Anexo III, adoptada a 15 de novembro de 2000. Disponível em http://www.gddc.pt/cooperacao/materia-penal/textos-mpenal/onu/GuiaProtMulheres.pdf. Acesso em 20 jun 2016, p. 35.

140. MAFFEI, Stefano. *The right to confrontation in Europe*, op. cit., p. 58.

141. Ibidem, p. 59 e 103.

142. Ibidem, p. 60.

143. Ibidem.

144. Ibidem, p. 102.

apesar da restrição, esta seria possível de forma excepcional e que o procedimento adotado pela lei portuguesa é razoável, porque, além de prever um catálogo de crimes nos quais será possível o anonimato e diante de sérios riscos a bens jurídicos das testemunhas ou familiares, a lei condiciona a decisão sobre a não-revelação da identidade a um processo complementar com a participação do juiz, Ministério Público e um advogado nomeado pela Ordem dos Advogados e também confere um valor menor às declarações, exigindo a corroboração quando de sua valoração judicial.[145]

E, embora a credibilidade não possa ser aferida de forma contemporânea pelo arguido, esta realiza-se neste processo anterior autônomo. Desta forma, a autora pondera que o comando normativo do artigo 1º, nº 5, da lei 93/99 sobre realizar-se um "contraditório que garanta o justo equilíbrio entre as necessidades de combate ao crime e o direito de defesa" está sendo efetivado pelas cautelas legais, mormente pela possibilidade de discussão oral quanto à necessidade da medida de proteção e à credibilidade das declarações testemunhais que serão produzidas.[146]

Por outro lado, Diogo Malan[147] sustenta que a admissão de testemunhos anônimos viola o direito ao confronto em grau tão elevado e desproporcional que não seria possível a sua utilização no processo. Seus fundamentos são que: (i) diante da impossibilidade de o acusado estar face a face com a testemunha, aquele fica impedido de observar o seu comportamento no momento das declarações; (ii) a ausência de publicidade do ato processual, que pode ocorrer em certas ocasiões, pode aumentar as chances de a testemunha anônima faltar com a verdade;[148] (iii) devido ao risco da criação de um preconceito com relação ao arguido, na medida em que a concessão do anonimato pode

145. SILVA, Sandra Oliveira e. *A protecção de testemunhas no processo penal*, op. cit., p. 280-284 e 285-286.

146. Ibidem, p. 284.

147. MALAN, Diogo. *Direito ao confronto no processo penal*, op. cit., p. 149.

148. A publicidade dos atos de produção probatória aumenta as chances de veracidade no depoimento das testemunhas – ao contrário do que aconteceria com sua colheita de forma secreta – que saberão que estão sob um escrutínio público e a falta com a verdade será punida na forma da lei. Cf. neste ponto BECCARIA, Cesare. *Tratado de los delitos y de las penas*, op. cit. p. 39.

passar a ideia de que o arguido é uma pessoa tão perigosa que foi necessária a imposição da medida, principalmente nos casos julgados por juízes leigos no Tribunal do Júri.[149]

De fato, a restrição é considerável ao direito ao confronto, mas não se pode deixar de reconhecer que, no presente caso, há interesses fundamentais em conflito tanto das testemunhas que tem o direito à vida, segurança etc,[150] como do arguido a quem tem que ser assegurada uma ampla defesa (artigo 32, nº 1, da CRP).

O que se deve ter em mente é que quaisquer medidas de proteção às testemunhas não podem prejudicar nem ser incompatíveis com os direitos defensivos. "Proteger sim, mas não à custa da justiça e com violação dos princípios da concentração, da imediação e, sobretudo, do contraditório"[151] e, ainda, do direito ao confronto.

Primeiro, é preciso pontuar que se trata de uma medida excepcionalíssima e que somente deve ser usada caso outros meios de proteção sejam considerados insuficientes ou ineficazes. Com efeito, devem-se priorizar as medidas protetivas que são menos restritivas aos direitos e garantias da defesa, tais como: (i) medidas segregadoras do arguido ou outras pessoas que possam praticar atos ilícitos contra as testemunhas (prisão ou medidas cautelares); (ii) inserção da testemunha em programas de proteção;[152] (iii) proteção policial, alteração de residência, transporte protegido, residência protegida, proteção pós-processo, como alteração de nome e identidade.[153]

149. MALAN, Diogo. *Direito ao confronto no processo penal*, op. cit., p. 150.

150. PATRÍCIO, Rui. Protecção de testemunhas em Processo Penal, op. cit., p. 285 e 297-298. O autor faz uma crítica se a intenção principal (*ratio essendi*) da lei 93/99 foi a proteção das testemunhas efetivamente ou se seu fim último foi voltado para as necessidades da repressão penal e a proteção dos bens da testemunha é mero instrumento.

151. Cf. ABREU, Carlos Pinto de. Os programas de protecção de testemunhas nos EUA e em Portugal, op. cit., p. 367. Nesse sentido também, LEITE, Inês Ferreira. "Arrependido": a colaboração processual do co-arguido na investigação criminal. In PALMA, Maria Fernanda; DIAS, Augusto Silva; MENDES, Paulo de Sousa (coords.). *2º Congresso de Investigação Criminal*. Coimbra: Almedina, 2010, p. 403.

152. MAFFEI, Stefano. *The right to confrontation in Europe*, op. cit., p. 56. Nesse sentido, também, MALAN, Diogo. *Direito ao confronto no processo penal*, op. cit., p. 151. A lei nº 93/99 prevê nos artigos 21 a 25 programa especial de segurança das testemunhas.

153. PATRÍCIO, Rui. Protecção de testemunhas em Processo Penal, op. cit., p. 304-305.

Pode-se incluir nesse rol a possibilidade ainda de o depoimento ser por videoconferência sem ocultação da imagem e da identidade da testemunha. Ainda que haja certa restrição ao direito ao confronto, sua essência é mantida.

Sendo o caso, portanto, de adotar medidas mais restritivas (concessão do anonimato) diante da verificação da insuficiência de proteção através das citadas acima, passa-se à análise do que se entende mais apropriado a assegurar o direito ao confronto. Não restam dúvidas de que o desconhecimento dos dados qualificadores das testemunhas e demais informações pessoais tem uma influência negativa e limitadora para o exercício do direito ao confronto, mas, indubitavelmente, que as medidas que, em regra, acompanham o anonimato, tais como ocultação da imagem e distorção da voz geram, somadas àquela, uma maior restrição aos direitos defensivos.

Assim, o prejuízo defensivo existente deve ser compensado na melhor medida possível e, assim, a forma de ocultação da imagem de uma testemunha anônima deverá permitir, ao menos, que a defesa possa observar seu comportamento, notadamente posição e gestos das mãos, movimentos e expressões faciais ou outros sinais involuntários como sudorese, tremor, congestão facial.[154] Isto porque o ato de depor não se finda meramente no *falar*, mas na forma como se fala, sendo tão importante "um ligeiro embargo de voz, um baixar de olhos, um rubor na face".[155]

Nesse ínterim, a alteração apenas do aspecto exterior da testemunha com a utilização de máscaras, peruca, maquilhagem etc é uma forma de permitir a defesa avaliar e testar a credibilidade das testemunhas pela observação das suas reações fisionômicas, linguísticas e corporais e, desta forma, vedar-se-ia o uso de artefatos que impeçam a visualização física (cabines, telas opacas etc), pois aqui a restrição seria tamanha que o direito ao confronto seria comprimido a níveis inaceitáveis.[156]

154. SILVA, Sandra Oliveira e. *A protecção de testemunhas no processo penal*, op. cit., p. 272-273.

155. PATRÍCIO, Rui. Protecção de testemunhas em Processo Penal, op. cit., p. 294.

156. "Aliás, para aferir da veracidade ou credibilidade dos relatos de testemunhas

Outrossim, importante a existência de um procedimento para averiguar a necessidade excepcional da concessão do anonimato com a participação das partes e, em especial, um representante para defesa do arguido que, não sendo seu patrono obviamente, o ideal é que fosse um membro de uma instituição oficial do Estado, desvinculada do Ministério Público e do Judiciário, voltada especificamente para área defensiva, como é o caso de uma defensoria pública bem estruturada nos moldes existentes no Brasil.[157]

Por fim, um critério de valoração estabelecido como a corroboração também é necessário para garantir que eventual sentença condenatória se baseie de forma preponderante em outros elementos de prova *não-anônimos*, efetivamente produzidos sob o paradigma do direito ao confronto.

Diante disso, é sabido que a lei nº 93/99 não define as formas que se dará essa ocultação, o que fica ao critério discricionário do juiz.[158] Neste caso, um esforço interpretativo judicial deverá ser levado em consideração para assegurar os direitos e garantias do arguido, entre eles, o direito ao confronto, permitindo apenas a opção que implicaria uma menor restrição a este direito.[159] A lei também não estabelece um quadro normativo em que se definem medidas prioritárias e subsidiárias de proteção, assegurando que aquelas só sejam aplicadas no caso de insuficiência destas.[160]

Nada obstante, a conclusão é que as normas da lei portuguesa garantem uma proteção aceitável ao direito ao confronto (ou, em outras palavras, uma restrição tolerável), haja vista (i) prever um procedimento específico de apuração da necessidade do anonimato;

sólidas, desinteressadas, fidedignas, consistentes ou coerentes é essencial poder visualizar, ouvir e sentir o testemunho" (ABREU, Carlos Pinto de. Os programas de protecção de testemunhas nos EUA e em Portugal, op. cit., p. 368.

157. Vide nota 338.

158. SILVA, Sandra Oliveira e. *A protecção de testemunhas no processo penal*, op. cit., p. 157.

159. Nesse sentido, Ibidem, p. 286, que afirma que o tribunal deve privilegiar meios de ocultação da imagem através de máscaras e disfarces às barreiras físicas (biombos e cabines).

160. Crítica esta que não passou despercebida de parte da doutrina, PATRÍCIO, Rui. Protecção de testemunhas em Processo Penal, op. cit., p. 305

(ii) utiliza a regra do "sole or decisive rule" ao vedar a utilização exclusiva ou preponderante em elementos de prova de testemunha anônima[161] e (iii) delimita os casos excepcionais em que tal medida será utilizada.

161. Nesse mesmo sentido, entendendo acertada a decisão do legislador português ao estabelecer uma "proibição de valoração como prova exclusiva ou principal", cf. LEITE, Inês Ferreira. "Arrependido": a colaboração processual do co-arguido na investigação criminal, op. cit., p. 403.

5

DO DIREITO AO CONFRONTO E SUA OBSERVÂNCIA PELO ORDENAMENTO JURÍDICO BRASILEIRO

5.1 Análise do direito ao confronto e a Corte Interamericana de Direitos Humanos (CIDH)

Na Convenção Americana dos Direitos Humanos (doravante CADH), tal como ocorrido com a CEDH, o direito fundamental ao confronto foi positivado no corpo deste tratado internacional por influência do "right of confrontation" advindo do sistema do "common law".

A importância do estudo deste direito liga-se fundamentalmente à problemática sobre as declarações de testemunhas anteriores ao processo (ou ao julgamento) e sua admissão/valoração pelo juiz na formação da sua convicção, mas também a outros aspectos relacionados às restrições ao referido direito, tais como casos envolvendo testemunhas ausentes ou anônimas.

A CADH, em seu artigo 8º, n. 2, f, prevê o direito do acusado de "inquirir as testemunhas presentes no tribunal (...)". Tal dispositivo, assim como seu similar na CEDH[1], tem como objetivo assegurar o "fair trial" e o devido processo legal.[2]

O direito de confrontar as testemunhas é uma das garantias de um devido processo e imposto pela CADH como uma *garantia mínima* ao acusado. A respectiva disposição normativa serve para garantir a "total igualdade de armas",[3] dando-se a cada parte a igual distribuição de oportunidades para apresentação de argumentos[4] e meios para participar da produção da prova. A observância do direito de confrontar as testemunhas de acusação por parte da defesa faz parte do catálogo de casos elencados por Stefania Negri acerca da aplicação do princípio da paridade de armas.[5]

Além dessa concepção instrumental, o direito ao confronto possui um aspecto substancial quando dirigido à formação da prova e da decisão penal.[6]

Assim, não se pode olvidar que o direito ao confronto (através de

1. Artigo 6, § 3°, d. O acusado tem, como mínimo, os seguintes direitos:(...) interrogar ou fazer interrogar as testemunhas de acusação (...)". Tal norma também consta no Pacto Internacional dos Direitos Civis e Políticos no artigo 14, n. 3, e: "Toda pessoa acusada de um delito terá direito, em plena igualmente, a, pelo menos, as seguintes garantias: (...) de interrogar ou fazer interrogar as testemunhas de acusação (...)";

2. ROMERO, Eneas. *O Supremo Tribunal Federal enquanto tribunal penal?* O caso "Mensalão, o devido processo, o direito ao "fair trial" e o direito de ser ouvido. *Revista eletrônica Zeitschrift für Internationale Strafrechtsdogmatik* - www.zis-online.com, ZIS n° 7/8, 2015, p. 395. GIACOMOLI, Nereu José. *O devido processo penal*: abordagem conforme a Constituição Federal e o Pacto de São José da Costa Rica, 2° ed. Ver. e ampl., São Paulo: editora Atlas, 2015, p. 88, que indica que a Constituição brasileira refere-se ao termo "processo devido" ou "devido processo", o qual fornece um modelo constitucional de processo penal.

3. AMBOS, Kai (*Processo penal europeu:* preservação das garantias e direitos individuais: princípios processuais e análise da convenção europeia de direitos humanos, op. cit.), ao comentar artigo da CEDH de redação similar a da CADH, p. 94.

4. VIEIRA, Renato Stanziola. Paridade de armas no processo penal. Brasília, op. cit., p. 236. Sobre o princípio da igualdade de armas, cf. também WASEK-WIADEREK, Malgorzata. *The principle of "equaly arms" in criminal procedure under art. 6 of the ECHR and its functions in criminal justice of selected european countrie*, op. cit.

5. NEGRI, Stefania. The principle of "equality of arms" and the evolving law of international criminal procedure, op. cit., p. 518.

6. Sobre estas duas concepções do contraditório, cf. SAMPAIO, Denis. A regra do contraditório no Novo Código de Processo Civil e sua possível "influência" no Direito Processual Penal, op. cit., p. 23.

todos os seus corolários - *paradigma do confronto*[7]), além de permitir a paridade de armas no processo penal, é uma garantia defensiva de que a produção da prova oral não será realizada em segredo, de forma inquisitiva, para, posteriormente, ser utilizada no processo, substituindo o depoimento presencial e oral da testemunha. Também permitirá a participação da defesa na produção da prova e na própria decisão final do julgador,[8] contribuindo para a manutenção de um sistema acusatório em que o imputado não é mero objeto de prova, mas sim sujeito do processo.

Muito embora este direito possua um conteúdo normativo, na sua grande parte, compreendido por um imperativo político de assegurar todas as garantias do acusado, há também uma faceta voltada para a questão epistemológica.

Com efeito, com o exercício deste direito fundamental, principalmente pelo seu corolário de inquirição das testemunhas no momento da produção da prova, é lícito afirmar que este direito possui um valor heurístico, pois se configura num meio eficiente de reconstrução dos fatos e uma garantia epistemológica na pesquisa da verdade.[9]

Isto porque à defesa será concedida a chance de demonstrar a falta de credibilidade da testemunha, possíveis contradições e mentiras,[10] isto é, testará a testemunha para que o julgador possa avaliar qual grau de confiabilidade desta.[11]

Não foram encontrados muitos casos abordando a admissibilidade de declarações anteriores ao processo ou ao julgamento na Corte Interamericana de Direitos Humanos (doravante CIDH) sob a perspectiva do direito ao confronto previsto no artigo 8, nº 2, f, da CADH. Como se sabe, nos sistemas processuais continentais, culturalmente, há uma maior tolerância quanto à produção de prova sem a presença do imputado, ao considerar satisfeito o contraditório com

7. Vide capítulo 1.

8. DIAS, Jorge de Figueiredo. *Direito processual penal*, op. cit., p. 159.

9. BADARÓ, Gustavo, A utilização da hearsay witness na Corte Penal Internacional. Estudo sobre sua admissibilidade e valoração, op. cit., p. 180.

10. MAFFEI, Stefano. *The right to confrontation in Europe*, op. cit., p. 41.

11. MARCUS, Paul; WILSON, Melanie; ZIMMERMANN, Jack. *Criminal procedure in practice*. 14th edition, American Bar Association, 2014, p. 265-266.

a mera audição das partes *sobre o* elemento de prova produzido em algum momento do procedimento.[12]

Todavia, foi encontrado um caso que pode ser considerado um primeiro passo em direção à proteção mais eficiente do direito à confrontação e à mudança de cultura na produção da prova oral nos países signatários da CADH. O caso é *Castillo Petruzzi e outros c. Peru.*[13]

O caso envolveu o julgamento de vários cidadãos chilenos que foram condenados à prisão perpétua pelo delito de traição à pátria. Tratava-se de um conflito entre as forças armadas peruanas e grupos armados não estatais. Em outubro de 1993, foram detidos vários chilenos e julgados pela justiça militar. O acórdão abordou diversas violações a CADH como presunção de inocência, duplo grau de jurisdição, imparcialidade e independência do tribunal e publicidade e direito de confrontar as testemunhas.

A Corte deu como fato provado que, com relação aos acusados Alejandro Astorga Valdez e Castillo Petruzzi, os advogados não se entrevistaram previamente com os acusados antes do interrogatório, não foi permitido contra-interrogar as testemunhas que prestaram declarações em sede policial, o acusado permaneceu amordaçado e encapuzado durante a instrução. Referente aos acusados Maria Concepcion Saez e Lautaro Enrique Mellado Saavedra, a Corte reconheceu que os advogados também não puderam contra-interrogar as testemunhas cujos depoimentos foram dados em fase policial.

No acórdão, foi reconhecida a violação ao artigo 8, nº 2, f, uma vez que os acusados não tiveram o direito de confrontar as testemunhas de acusação. Os agentes de polícia e exército que participaram das diligências de investigação não foram trazidos para depor perante os

12. MALAN, Diogo. *Direito ao confronto no processo penal*, op. cit., p. 124. O autor pondera também que, pela cultura de considerar que os meios de prova (ex. testemunhas) não pertencem às partes, sendo "comunitários e neutros" e geridos pelo juiz, a tolerância é maior para admitir os respectivos elementos de prova quando produzidos na ausência das partes. Sobre a gestão da prova e a consideração de que as testemunhas pertencem às partes, cf. DAMASKA, Mirjan. Of hearsay and its analogues, op. cit., p. 431 e 433.

13. Caso Castillo Petruzzi e Outros c. Peru, julgamento de 30 de maio de 1999. Disponível em http://www.corteidh.or.cr/docs/casos/articulos/seriec_52_ing.pdf. Acesso em 20 dez 2015.

acusados e advogados, o que os inviabilizou de *contradizer*, *confrontar*, *questionar* as declarações prestadas anteriormente ao julgamento (fase policial) sem a presença do imputado.

A CIDH acatou alguns argumentos apresentados pela Comissão em favor dos acusados. Entre eles, (i) que há que diferenciar atos de investigação e atos de prova, sendo que a condenação só pode se basear nestes últimos;[14] (ii) que o procedimento pela justiça militar que julgou os acusados permite que a sentença se baseie não em provas produzidas em juízos, mas por declarações anteriores dadas em sede policial sem a presença da defesa e do acusado;[15] (iii) que a sentença condenatória do caso concreto se fundamentou apenas em depoimentos do inquérito policial[16] e (iv) que os acusados não puderam realizar um controle da prova e dos atos investigatórios (ex: declarações em sede policial).[17]

Vale frisar, ainda, que, com relação ao acusado Astorga Valdez, a CIDH reconheceu mais uma violação ao direito ao confronto, haja vista sua condenação ser baseada em prova testemunhal nova, incluída na "terceira instância", e que a defesa não teve a possibilidade de confrontar.[18]

Analisado brevemente o caso da CIDH, a ênfase será a transmissibilidade de declarações testemunhais entre as fases dos procedimentos e a possibilidade de sua utilização pelo julgador na sentença condenatória com foco no direito processual brasileiro.

5.2 Comentários sobre a aplicação do direito ao confronto no ordenamento brasileiro

5.2.1 Breves comentários sobre o tratamento dado aos tratados de direitos humanos no Brasil

Os direitos e garantias fundamentais estão elencados pela Constituição da República do Brasil (doravante CRFB), não se limitando

14. §136, e, do caso Castillo Petruzzi e Outros c. Peru.
15. §136, d, do caso Castillo Petruzzi e Outros c. Peru.
16. Ibidem.
17. §136, c, do caso Castillo Petruzzi e Outros c. Peru.
18. § 140, do caso Castillo Pretruzzi e Outros c. Peru.

àqueles expressos. Podem, ainda, ter como fonte: os decorrentes do regime e dos princípios por ela adotados e decorrentes de tratados e convenções internacionais adotados pelo Brasil (artigo 5º, § 2º, da CRFB).

Há uma divergência sobre a qualidade das normas que ingressam no Brasil por meio dos tratados internacionais de direitos humanos, salientando que, quanto aos tratados internacionais comuns, o *status* é de lei ordinária após o procedimento estabelecido na CRFB.[19] Tal controvérsia não se findou com a inclusão da Emenda Constitucional 45, de 2004, momento em que foi acrescido o parágrafo 3º no artigo 5º, dispondo sobre o procedimento de internalização dos tratados de direitos humanos para fins de concessão a tais normas de status constitucional.[20]

Diante disso, surgiram controvérsias sobre a natureza dos tratados de direitos humanos incorporados anteriormente a esta emenda. Parte da doutrina entendeu que tais tratados já incorporados, muito embora não sejam formalmente constitucionais, são materialmente constitucionais.[21]

Basicamente, existiam quatro correntes: (i) uma primeira posição sustentava a supraconstitucionalidade dos tratados de direitos humanos;[22] (ii) outra que as normas de tais tratados teriam o status

19. STF, HC Nº 77.631-5/SC (Relator Ministro Celso de Mello), de 19.08.1998; STF, RE (recurso extraordinário) nº 349.703-1/RS (relator Ministro Celso de Mello), de 12.03.2008.

20. Art. 5º. "§ 3º Os tratados e convenções internacionais sobre direitos humanos que forem aprovados, em cada Casa do Congresso Nacional, em dois turnos, por três quintos dos votos dos respectivos membros, serão equivalentes às emendas constitucionais."

21. PIOVESAN, Flávia. Tratados internacionais de proteção dos direitos humanos e a Constituição Federal de 1988. *Boletim do Instituto Brasileiro de Ciências Criminais*, São Paulo, nº 153, 2005, p. 09 (p. 08-09). Em sentido contrário, o Supremo Tribunal Federal entende que tais tratados têm status supralegal. Ver STF, RE 466343, Voto do Ministro Gilmar Mendes, Tribunal Pleno, julgamento em 3.12.2008, *DJe* de 5.6.2009 e HC 95967, Relatora Ministra Ellen Gracie, Segunda Turma, julgamento em 11.11.2008, *DJe* de 28.11.2008.

22. MELLO, Celso Duvivier de Albuquerque. O §2º do artigo 5º da Constituição Federal. In TORRES, Ricardo Lobo (org.). *Teoria dos direitos fundamentais*. Rio de Janeiro: Renovar, 1999, p. 25-26.

de lei ordinária[23]; (iii) a terceira corrente pregava que possuem status normativo supralegal[24] e a (iv) última que entende que tem um valor constitucional.[25]

Atualmente, prevalece na jurisprudência do Supremo Tribunal Federal (doravante STF) a tese da supralegalidade dos tratados de direitos humanos, apesar de alguns Ministros entenderem pela hierarquia constitucional.

Para os objetivos do presente trabalho, adota-se, por entender mais acertada, a posição de que as normas de tratados de direitos humanos têm uma dignidade constitucional. Isso porque o §2°, do artigo 5° amplia o elenco dos direitos fundamentais não especificados no texto constitucional com a inclusão daqueles constantes em tratados que o Brasil seja parte.

Assim, por uma interpretação sistemática e teleológica da CRFB, na qual o valor da dignidade da pessoa humana foi alçado à condição de princípio fundamental (artigo 1°, inciso III) e tido como parâmetro de orientação do sistema constitucional a partir de 1988 e de todo ordenamento jurídico, é possível afirmar que a opção do constituinte foi dar um tratamento diferenciado a estas normas.[26] Não se pode olvidar, nesta esteira marcadamente protetiva, a prevalência dos direitos humanos (artigo 4°, inciso II) como também um princípio fundamental da República.[27]

23. Decisão antiga do STF, mas que foi seguida inclusive posteriormente à Constituição. STF RE 80.004/SE, Relator Ministro Xavier de Albuquerque, DJ 29.12.1977.

24. STF RE 466.343-1/SP, Relator Ministro Cezar Peluso, de 03.12.2008; STF HC n° 87.585, Relator Ministro Marco Aurélio, de 03.12.2008; STF RE 349.703/RS, relator Ministro Ilmar Galvão, de 05.06. 2009.

25. PIOVESAN, Flávia. Direitos humanos e o direito constitucional internacional. 11ª ed. São Paulo: Saraiva, 2010, p. 51-96; STEINER, Sylvia Helena de Figueiredo. *A Convenção Americana sobre Direitos Humanos e sua integração ao processo penal brasileiro*. São Paulo: Editora Revista dos Tribunais, 2000, p. 86.

26. PIOVESAN, Flávia. *Tratados internacionais de proteção dos direitos humanos*: jurisprudência do STF. Disponível em http://www.dhnet.org.br/direitos/militantes/flaviapiovesan/piovesan_tratados_sip_stf.pdf. Acesso em 18 jun 2016.

27. Sobre a prevalência dos direitos humanos, o artigo 29, c, da CADH dispõe que: "Nenhuma disposição desta Convenção pode ser interpretada no sentido de: (...) c. excluir outros direitos e garantias que são inerentes ao ser humano ou que decorrem da forma democrática representativa de governo." MEDINA, Cecilia. *The American Convention on*

Trata-se das chamadas normas de direito materialmente fundamentais, pois, muito embora não constem do texto expresso da Constituição, possuem um sentido material de direito fundamental. Ao comentar o artigo da Constituição portuguesa semelhante ao §2°, do artigo 5°, Miranda e Medeiros defendem que se trata de uma cláusula aberta, "uma noção material de direitos fundamentais, derivada da própria ideia de dignidade da pessoa humana, cuja realização está para além de qualquer catálogo fixo".[28]

Assim, no texto constitucional brasileiro, os direitos e garantias tem três vertentes, quais sejam: (i) direitos e garantias expressos na Constituição; (ii) direitos e garantias implícitos, entendidos como aqueles decorrentes do regime e dos princípios adotados pela própria Constituição e (iii) direitos e garantias inscritos nos tratados internacionais de direitos humanos em que o Brasil seja parte.[29]

Em razão disso, alguns autores passaram a afirmar que, diante da norma do §2°, do artigo 5°, passou-se a ter uma dupla fonte normativa no que tange ao sistema constitucional de direitos e garantias. Uma decorrente do direito interno (direitos expressos e implícitos na carta constitucional) e aquela do direito internacional (tratados de direitos humanos dos quais o Brasil é signatário).[30]

A inclusão do 3° no artigo 5°, só veio demonstrar o tratamento diferenciado que o legislador concede às referidas normas, tratando-se de uma opção para *formalizá-las*,[31] isto é, de passar a constar expressamente na Constituição, de sorte que passariam a ser materialmente e formalmente constitucionais.

Human Rights: crucial rights and their theory and practice. Translated by Peter Krupa. Cambrigde, Antwerp, Portland: Intersentia, 2014, p. 178.

28. MIRANDA, Jorge; MEDEIROS, Rui. *Constituição portuguesa anotada*, op. cit., p. 138. Sobre a dimensão material, cf. também CANOTILHO, José Joaquim Gomes. *Direito constitucional e teoria da constituição*, op. cit., p. 404. "A orientação tendencial de princípio é a de considerar como direitos extraconstitucionais materialmente fundamentais os direitos equiparáveis pelo seu objecto e importância aos diversos tipos de direitos formalmente fundamentais".

29. MAZZUOLI, Valerio de Oliveira. *O controle jurisdicional da convencionalidade das leis*. 4° ed. rev. atual. ampl., São Paulo: Editora Revista dos Tribunais, 2016, p. 83.

30. Ibidem, p. 84.

31. Ibidem, p. 105.

Seguindo tal posicionamento, afirma-se que o direito ao confronto tem natureza constitucional, pertencente ao *bloco de constitucionalidade* por autorização do § 2°, artigo 5°.

A importância dada aos direitos fundamentais atualmente com proteção internacional pelos tratados de direitos humanos é o reconhecimento que se deve dar aos indivíduos, e não aos Estados, buscando um "mínimo ético universal"[32], tratamento este que deve ser dado ao direito ao confronto que possui previsões em diversos tratados e em alguns ordenamentos específicos como um direito fundamental.

5.2.2 Fundamento convencional e constitucional do direito ao confronto

As normas da CADH foram incorporadas pelo Brasil em seu ordenamento jurídico através do Decreto nº 678/92 e, desde então, estão em vigor na ordem jurídico interna. Em se tratando de um tratado de direitos humanos, a visão mais adequada é que suas normas ingressam na ordem jurídica interna com status constitucional (artigo 5°, §2, da CRFB).

No artigo 8° da CADH foram positivadas várias garantias defensivas relacionadas à persecução penal, entre elas, o direito ao confronto, que foi incorporado a partir de forte influência do processo penal adversarial.

Além da CADH, o Brasil também ratificou o Pacto Internacional sobre os Direitos Civis e Políticos (doravante PIDCP) em vigor desde 24 de abril de 1992 e promulgado pelo Decreto nº 592/92 que contém em suas disposições o direito objeto deste estudo.

Assim, através de tais tratados, o direito ao confronto está incorporado ao direito brasileiro, especificamente com aplicação aos processos criminais[33], em virtude deste pilar jurídico-convencional.

32. MIRANDA, Jorge. *Manual de Direito Constitucional*. Vol. II. Tomo IV. 1ª ed. Coimbra: Coimbra editora, 2014, p. 16.

33. Note-se que, aos direitos decorrentes de tratados internacionais, aplica-se a previsão do §1° do artigo 5°, tendo aplicabilidade imediata e também a regra do artigo 60, §4°, IV que veda a abolição de direitos e garantias fundamentais (BRANT, Leonardo Nemer Caldeira; FRANCO, Karina Marzano. Artigo 5°, parágrafos 1° ao

Nada obstante o fundamento *convencional*, o direito ao confronto encontra assento a partir de um *fundamento jurídico-constitucional* pela norma contida no artigo 5º, §2º, da CRFB que dispõe que "os direitos e garantias expressos nesta Constituição não excluem outros decorrentes do regime e dos princípios por ela adotados, ou dos tratados internacionais em que a República Federativa do Brasil seja parte".

Neste ponto, é garantida sua aplicabilidade, tanto por estar previsto nos tratados internacionais em que o Brasil é parte (CADH e PIDCP), como em função da primeira parte do dispositivo acima referido ("não excluem outros decorrentes do regime e dos princípios por ela adotados"). A CRFB adota o princípio acusatório que, apesar de não constar expressamente em seu texto (como o faz a Constituição de Portugal), é pacífico o entendimento que, pelos princípios e normas ali consagrados, tal princípio é acolhido pela Carta Constitucional.[34]

O princípio acusatório é o princípio-orientador do qual decorrem outras normas e princípios fundamentais que, em conjunto, formam o sistema acusatório[35] e confere a estrutura acusatória do processo penal no Brasil.

3º. In BONAVIDES, Paulo; MIRANDA; Jorge; AGRA, Walber de Moura (coords.). *Comentários à Constituição Federal de 1988.* Rio de Janeiro: Editora Forense, 2009, p. 332-333), constituindo-se, portanto, o direito ao confronto como cláusula pétrea.

34. PRADO, Geraldo. *Sistema acusatório:* a conformidade constitucional das leis processuais penais. 4ª ed. Rio de Janeiro: Lumen Juris, 2006, p. 195 ("Assim, se aceitarmos que a norma constitucional que assegura ao Ministério Público a privatividade do exercício da ação penal pública, na forma da lei, a que garante a todos os acusados o devido processo legal, com ampla defesa e contraditório, além de lhes deferir, até o trânsito em julgado da sentença condenatória, a presunção de inocência, e a que, aderindo a tudo, assegura o julgamento por juiz competente e imparcial, são elementares do princípio acusatório, chegaremos à conclusão de que, embora não diga expressamente, a Constituição da República o adotou"). Nesse sentido, entre outros, importa mencionar o artigo 129, I, da Constituição da República/1988. Cf. também CARVALHO, L.G. Grandinetti Castanho de.; BRANDÃO, Nuno. Sistemas processuais penais do Brasil e de Portugal: estudo comparado. In CARVALHO, L.G. Grandinetti Castanho de. (org.). *Processo penal do Brasil e de Portugal:* estudo comparado: as reformas portuguesa e brasileira. Coimbra: Almedina, 2009, p. 63.

35. PRADO, Geraldo. *Sistema acusatório*: a conformidade constitucional das leis processuais penais, op. cit., p. 104. A crítica tecida pelo autor é que, porém, na prática tal sistema ainda não vige de forma efetiva no Brasil, tendo o sistema processual penal brasileiro meramente uma "aparência acusatória", devido a utilização de diversos mecanismos que se opõem ao acusatório no cotidiano brasileiro (p. 195).

Aliás, em recente reforma do Código de Processo Penal brasileiro promovida pela Lei 13.964/19, o artigo 3º-A passou a prever expressamente que o processo penal terá estrutura acusatória.[36] No entanto, o referido artigo está com a eficácia suspensa em razão de uma liminar dada pelo Ministro Luiz Fux, Ministro do Supremo Tribunal Federal, em 22 de janeiro de 2020.[37]

Conforme exposto anteriormente, o direito ao confronto se desenvolveu e se firmou no processo penal norte-americano, o qual possui um sistema acusatório forte, sendo um dos seus propósitos assegurar a própria estrutura acusatória do processo. Com efeito, pela análise dos fundamentos políticos e históricos, sua inclusão na "Bill of Rights" foi uma opção dos "Framers" para proteger e garantir a estrutura adversarial do processo e limitar o uso abusivo do poder estatal.[38]

Assim, o Brasil, ao adotar um sistema acusatório e sendo o direito ao confronto decorrente desta própria estrutura, dúvidas não há sobre sua vigência no ordenamento jurídico brasileiro.

Ademais, o direito ao confronto encontra respaldo no inciso LV, do artigo 5º[39] que assegura a ampla defesa, "com os meios e recursos a ela inerentes". Seu exercício é também uma forma de garantir efetivamente a ampla defesa. Em outras palavras, deve-se conceder à defesa todas as oportunidades para contrariar a acusação,[40] o que significa que o Estado deve assegurar, entre outros direitos e garantias, o "right of confrontation".

36. "Art. 3º-A. O processo penal terá estrutura acusatória, vedadas a iniciativa do juiz na fase de investigação e a substituição da atuação probatória do órgão de acusação."

37. STF, ADI 6.298, 6.299, 6.300 e 6.305. No momento, aguarda-se uma apreciação do caso pelo Plenário do STF.

38. Cf. capítulo 3.1 supra. Um dos motivos que serviram de impulso à constitucionalização do direito ao confronto nos Estados Unidos foi para conter os abusos na utilização de mecanismos inquisitoriais, como ocorreram nas Treze Colônias, onde, em alguns tribunais (*admitalty courts*), não eram aplicadas normas clássicas do processo adversarial e não eram garantidos aos colonos os mesmos direitos dos cidadãos ingleses.

39. Art. 5º. "LV - aos litigantes, em processo judicial ou administrativo, e aos acusados em geral são assegurados o contraditório e ampla defesa, com os meios e recursos a ela inerentes".

40. MEDEIROS, Rui; MIRANDA, Jorge. *Constituição portuguesa anotada*. Tomo I. 2ª ed. rev. actual. e ampl. Coimbra: Coimbra Editora, 2010, p.710.

Sendo o acusado no sistema atual um sujeito processual, e não somente um objeto do processo, devem-lhe ser asseguradas todas as formas de questionar a acusação. Só assim com tal participação na produção da prova oral através do direito ao confronto é que lhe será permitido "co-determinar ou conformar a decisão final do processo"[41].

Diogo Malan, ao levar em consideração sua natureza de direito fundamental, aduz que este impõe ao Estado o dever de assegurar ao indivíduo todos os componentes do direito ao confronto, o qual é denominado neste livro de *paradigma do direito ao confronto*.[42]

Portanto, tanto pelas normas convencionais, como pelas normas constitucionais, o direito ao confronto pode e deve ser aplicado ao processo criminal brasileiro, orientando toda a produção da prova oral e impedindo, como será comentado, que elementos produzidos anteriormente ao processo e sem observar o paradigma do direito ao confronto possam ser utilizados pelo julgador na sentença condenatória.

5.3 Sobre a produção da prova oral no Brasil

O Código de Processo Penal brasileiro (doravante CPP brasileiro) entrou em vigor no ano de 1941, décadas antes da promulgação da Constituição da República do Brasil em 1988, diploma que trouxe diversos direitos e garantias fundamentais, rompendo com o quadro político-jurídico anterior da ditadura militar. Trata-se de um Código que teve nítida influência do Código de Rocco italiano possuindo normas que se afastam do atual regime democrático e da estrutura acusatória do processo.

41. DIAS, Jorge de Figueiredo. Direito processual penal, op. cit., p. 159. Cf. também Idem. A nova Constituição da República e o processo penal, op. cit., p. 108.

42. Assim, deve ser assegurado (i) à produção da prova testemunhal em audiência pública; (ii) a presenciar a produção da prova testemunhal ("right to be present"); (iii) à produção da prova testemunhal na presença do julgador do mérito da causa; (iv) à determinação às testemunhas do compromisso de dizer a verdade; (v) a desvendar a verdadeira identidade das testemunhas; (vi) à inquirição das fontes de prova testemunhal desfavoráveis, no momento de sua produção e (vii) a comunicação livre, reservada e ininterrupta com o defensor, durante a produção da prova testemunhal, tendo como consequência do cumprimento de todos estes componentes a proibição de utilização de declarações anteriores ao processo produzidas no inquérito ou em procedimentos não--judiciais.

A fim de se adequar à novel realidade, diversas foram as reformas legislativas realizadas no referido Código (atualmente encontra-se em trâmite no Congresso Nacional o projeto de lei 8045/2010 para a reforma integral do Código de Processo Penal), sendo importante para o presente trabalho aquelas ocorridas no ano de 2008. Com efeito, as leis 11.689/2008, 11.690/2008 e 11.719/2008 visaram a alterar procedimentos penais e questões acerca da produção probatória e que, muito embora, tenha sido um importante passo para conformação constitucional do CPP brasileiro, ainda não se pode dizer que tenha sido o suficiente.

Com relação ao aspecto probatório, o artigo 204[43] determina que o meio adequado para produção da prova testemunhal é na audiência de forma oral e, após a reforma, o procedimento para colheita da prova testemunhal foi alterado para permitir que as perguntas sejam feitas diretamente pelas partes (artigo 212, alterado pela lei 11.690/2008)[44].

Ainda, o artigo 403[45] passou a determinar a unicidade da audiência de instrução e julgamento, em que, imediatamente após a oitiva das testemunhas e interrogatório do acusado, a parte acusatória e a defesa apresentam suas alegações finais oralmente e, em seguida, o juiz profere a sentença.

Aliás, no Brasil, todo o procedimento previsto para a colheita da prova testemunhal respeita os parâmetros e corolários do direito ao confronto visto ao longo desta pesquisa: (i) oralidade (art. 204); (ii) presença do acusado (art. 217); (iii) presença do julgador do mérito da causa (art. 212); (iv) imposição do dever de dizer a verdade às testemunhas (art. 203); (v) conhecimento da identidade das testemunhas

43. Art. 204. O depoimento será prestado oralmente, não sendo permitido à testemunha trazê-lo por escrito.

Parágrafo único. Não será vedada à testemunha, entretanto, breve consulta a apontamentos.

44. "Art. 212. As perguntas serão formuladas pelas partes diretamente à testemunha, não admitindo o juiz aquelas que puderem induzir a resposta, não tiverem relação com a causa ou importarem na repetição de outra já respondida."

45. Art. 403. Não havendo requerimento de diligências, ou sendo indeferido, serão oferecidas alegações finais orais por 20 (vinte) minutos, respectivamente, pela acusação e pela defesa, prorrogáveis por mais 10 (dez), proferindo o juiz, a seguir, sentença. (Redação dada pela Lei n° 11.719, de 2008).

pelo acusado (art. 203 e 205); (vi) inquirição direta das testemunhas pelo defensor no momento da produção da prova (art. 212)[46].

Nada obstante, o próprio CPP brasileiro não proíbe a admissão e valoração de elementos anteriores ao processo, sobretudo, aqueles decorrentes de prova testemunhal os quais, como referido, devem obedecer ao paradigma do direito ao confronto. Com efeito, o artigo 155 possibilita a condenação com base em elementos colhidos no inquérito (inclusive de forma *preponderante*), o que gera uma grave violação ao direito fundamental ao confronto que é esvaziado em sua essência.[47]

O projeto de lei 37, de 2007 (nº 4205, de 2001 na origem) foi encaminhado pelo executivo ao Congresso Nacional com a previsão de que a prova fosse produzida toda em contraditório judicial, porém, na Câmara dos Deputados, foi emendado para constar o termo "exclusivamente" no artigo 155.

Interessante é o parecer 1.089/2007 da CCJ (Comissão de Constituição, Justiça e Cidadania do Senado Federal) que ressaltou a importância da reforma em busca de concretizar um processo com estrutura acusatória, rompendo com a tradição brasileira de índole inquisitiva. Assim, a alteração do artigo 155 que prescreveu que a prova seja produzida em contraditório judicial foi aplaudida pela CCJ, mas sugeriu que o termo "exclusivamente" fosse retirado do texto, considerando que já há a ressalva acerca das provas cautelares, não repetíveis ou antecipadas.[48]

O artigo 155 determina que, em regra, toda a prova seja produzida em contraditório judicial. No entanto, não descarta a possibilidade de o juiz poder fundamentar sua decisão em elementos colhidos na fase anterior ao processo, desde que não seja de forma exclusiva.

46. MALAN, Diogo. *Direito ao confronto no processo penal*, op. cit., p. 90.

47. Art. 155. O juiz formará sua convicção pela livre apreciação da prova produzida em contraditório judicial, não podendo fundamentar sua decisão exclusivamente nos elementos informativos colhidos na investigação, ressalvadas as provas cautelares, não repetíveis e antecipadas.

48. http://www.senado.leg.br/atividade/rotinas/materia/getPDF.asp?t=38437&tp=1. A redação final do Senado foi para excluir "exclusivamente", mas a emenda foi rejeitada pela Câmara dos Deputados e o projeto foi sancionado pela presidência.

(Entende-se, porém, que houve uma mudança de panorama com a promulgação da Lei 13.964/19, como será visto mais adiante).

Ainda que a regra seja a produção da prova de forma dialética com a participação defensiva, é certo que, para determinadas provas, isto não será possível. É o caso, por exemplo, de provas documentais que existem anteriormente ao processo (recibos, contratos) e que, ao menos, deve ser garantido às partes exercer o contraditório diferido.

Por outro lado, quanto às provas decorrentes de *fonte pessoal*, sua produção deve contar com a participação efetiva da defesa. Como já ressaltado, o direito ao confronto incide exatamente sobre estas provas pessoais e, juntamente com o contraditório e outros princípios a ele relacionados, como imediação e oralidade, permite ao acusado participar da produção da prova, influindo no julgamento, na convicção do julgador e na decisão final do caso.

Assim, no que concerne à possibilidade de admissão e valoração de declarações testemunhais anteriores ao processo, cabe averiguar as classificações entre provas constituendas e pré-constituídas quanto ao momento de sua produção.

As constituendas são aquelas que são formadas no curso do processo, enquanto que as pré-constituídas são pré-existentes ao processo.[49] As primeiras, que são aquelas decorrentes de fonte de prova pessoal devem, em regra, ser produzidas com a participação defensiva (que confrontará as testemunhas) e durante o processo. Por outro lado, quanto às pré-constituídas que tem, como exemplo as provas documentais (contratos, recibos), deve, ao menos, ser garantido à defesa o contraditório diferido para que possam ser valoradas pelo julgador.[50]

49. BADARÓ, Gustavo. *Prova emprestada no processo penal e a utilização de elementos colhidos em Comissões Parlamentares de Inquérito*. Disponível em http://badaroadvogados.com.br/prova-emprestada-no-processo-penal-e-a-utilizacao-de-elementos-colhidos-em-comissoes-parlamentares-de-inquerito.html. Acesso em 17 março 2017.

50. Ibidem. Cf. também GOMES FILHO, Antonio Magalhães. *Direito à prova no processo penal*, op. cit., p. 148 ("Assim, se se tratar de provas preconstituídas, suficiente será a possibilidade de manifestação sobre a legalidade ou idoneidade do material probatório introduzido, mas, no caso de provas que se formam no próprio procedimento, as partes devem ter oportunidade de acesso a todos os atos de sua elaboração, formulando questões às testemunhas ou peritos, obtendo e contestando informações e ainda podendo oferecer contraprova.").

Assim, a colheita de declarações em fases anteriores apenas fundamenta a admissibilidade da acusação e o juízo acerca de medidas cautelares pessoais, patrimoniais ou probatórias,[51] razão pela qual se considera que os elementos produzidos nesta fase, por serem *repetíveis*, deverão ser reproduzidos na fase processual para serem valorados no julgamento.[52]

A questão que surge é que, pela leitura do artigo 155, a despeito de ser vedado que a condenação se baseie "exclusivamente" em elementos da fase de inquérito, a norma admite que a condenação possa se fundamentar de forma *preponderante* em tais elementos que, frise-se, o imputado não teve oportunidade de confrontar, questionar ou testar as testemunhas.

A verdade, pois, é que há uma *fraude de etiquetas*[53] para legitimar uma condenação baseada em elementos produzidos de forma unilateral no inquérito.[54] Isso porque tais elementos são trazidos na sua integralidade

51. Neste sentido, foi a exposição de motivos do projeto de lei PL 4205/2001 que posteriormente ensejou a lei 11.690/08 (que alterou artigos do CPP brasileiro): "Pelos abalizados argumentos trazidos pela douta Comissão para justificar sua proposta, permito-me transcrevê-los, na íntegra: A Constituição de 1988, ao garantir "aos litigantes, em processo judicial ou administrativo, e aos acusados em geral o contraditório e a ampla defesa" (art. 5°, inciso LV), assegura às partes a participação efetiva nas atividades processuais, especialmente aquelas em que se forma o material probatório que servirá de base para a decisão. Por esse motivo, o anteprojeto propõe nova redação ao art. 155 do Código de Processo Penal, deixando bem claro que não podem ser reconhecidos como provas - e portanto capazes de servir à formação do convencimento judicial-, os elementos colhidos sem aquelas garantias, como ocorre em relação aos dados informativos trazidos pela investigação, que devem servir exclusivamente à formação da opinio delicti do Ministério Público e à concessão de medidas cautelares pelo juiz". LOPES JR., Aury; GLOEKNER, Ricardo Jacobsen. *Investigação preliminar no processo penal.* 6º ed. rev., atual. e ampl. São Paulo. Saraiva, 2014, p. 322.

52. MENDES, Paulo de Sousa. *Lições de direito processual penal*, op. cit., p. 48. AMBOS, Kai. *Processo penal europeu:* preservação das garantias e direitos individuais: princípios processuais e análise da convenção europeia de direitos humanos, op. cit. Cf. também SUMMERS, Sarah. *Fair trials*: the european criminal procedural tradition and the european court of human rights, op. cit., p. 50.

53. Expressão de LOPES JR., Aury. *Fundamentos do Processo Penal*: introdução crítica. São Paulo: Saraiva, 2015, p. 154.

54. Sobre a grande influência que as declarações dadas na fase de investigação tem na formação da sentença, cf. SCHÜNEMANN, Bernd. La policía alemana como auxiliar del Ministério fiscal: estructura, organización y atividades, op. cit., p. 451-483. Cf. HUBER, Barbara. Criminal Procedure in Germany. In VOGLER, Richard; HUBER, Barbara (eds.). *Criminal procedure in europe.* Frieburg: Max-Planck-Institut

para dentro do processo e este acaba por ser uma repetição ou "encenação da primeira fase"[55] no sentido de que parece que a maior preocupação é tentar comprovar a todo custo a veracidade do conteúdo destes elementos do que dar a devida importância à produção da prova com a participação defensiva e ao direito de confrontar as testemunhas.

Daí a importância entre a distinção entre atos de prova e atos de investigação. Os elementos produzidos no inquérito são meros atos de investigação de "validade limitada",[56] já que desprovidos da incidência do contraditório e do direito ao confronto. Conquanto se reconheça que determinadas provas (exames periciais ou provas técnicas) ou outras provas pré-constituídas (recibos, contratos etc) são definitivas e irrepetíveis na fase judicial[57] e, por isso, se satisfazem com o contraditório posterior, notadamente, com respeito à produção da prova oral, cujo direito ao confronto incide, esta deve ser repetida em juízo para ser considerada uma prova em sentido técnico e possibilitar a valoração judicial.

Desta forma, o correto é que nenhuma declaração anterior testemunhal dada no bojo do inquérito possa ser utilizada na formação da convicção do julgador[58] (a não ser em prol da defesa).

Impende registrar que, com a promulgação da Lei 13.964/19, que reformou parte do CPP brasileiro, entende-se que houve uma mudança de panorama e o artigo 155 merece uma releitura. É certo que referida lei não alterou o artigo 155 do CPP, mas trouxe algumas normas significativas cuja interpretação sistemática é medida que se impõe.

für ausländisches und internationales Strafrecht, 2008, p. 356-361, que indica algumas propostas para reforma do processo penal alemão na fase anterior ao julgamento.

55. LOPES JR., Aury. *Fundamentos do Processo Penal*: introdução crítica, op. cit., p. 154. Expressões comuns utilizadas pelo julgador são, por. ex., "a prova do inquérito é corroborada pela judicializada", "cotejando a prova policial com a judicializada". Fica claro, portanto, a importância dada aos elementos inquisitoriais do que a própria prova produzida em audiência e que deveria ter um valor superior ou autônomo em relação àqueles.

56. AMBOS, Kai; LIMA, Marcellus Polastri. *O processo acusatório e a vedação probatória: perante as realidades alemã e brasileira*. Porto Alegre: Livraria do Advogado, 2009, p. 52.

57. Ibidem, p. 51.

58. No mesmo sentido, BASTOS, Marcelo Lessa. *Processo Penal e gestão da prova*: os novos arts. 155 e 156 do código reformado (Lei 11.690/2008). Disponível em https://jus.com.br/artigos/11593/processo-penal-e-gestao-da-prova. Acesso em 17 maio 2017.

Pois bem. O artigo 3º-A prevê expressamente que o processo penal terá estrutura acusatória e o artigo 3º-C, §3º determina que os autos do inquérito não serão apensados aos autos principais enviados ao juiz da instrução e julgamento, com exceção das provas irrepetíveis, medidas de obtenção de provas ou de antecipação de provas. Desta forma, pode-se afirmar que o juiz que julgará o mérito não poderá se valer em sua fundamentação de elementos informativos colhidos na investigação, visto que este não terá contato com os autos do inquérito policial, de maneira que deverá fundamentar sua decisão em provas produzidas sob o contraditório.

Assim, houve uma revogação tácita do artigo 155 na parte em que se permitia que o juiz fundamentasse sua decisão em elementos informativos colhidos na investigação, somente sendo autorizado, atualmente, que a fundamentação tenha por base provas produzidas em juízo, com exceção das provas irrepetíveis, meios de obtenção de provas ou provas antecipadas. Tal reforma, portanto, fortaleceu o direito ao confronto, contraditório, imediação, oralidade e a paridade de armas.

Ocorre que os artigos 3º-A a 3º-F do CPP brasileiro estão com a eficácia suspensa por decisão liminar do Ministro Luiz Fux, Ministro do Supremo Tribunal Federal[59], aguardando-se a apreciação pelo Plenário da Corte.

Antes desta alteração legal, já era lícito defender que, lendo o artigo 155 sob à luz da norma convencional, este era inconstitucional ou, ao menos, não teria validade ante a ausência de conformidade com a Convenção,[60] vez que viola o direito ao confronto expresso no artigo 8, n. 2, f.

Ainda, poderiam se utilizar de outros fundamentos, tais como, (i) em face do princípio da primazia da norma mais favorável ao ser

59. STF, ADI 6.298, 6.299, 6.300 e 6.305, Relator Ministro Luiz Fux, decisão em 22 jan 2020.

60. Para aqueles que entendem a CADH como tendo caráter supralegal – abaixo da Constituição, mas acima das leis ordinárias. Jorge de Miranda menciona o controle de convencionalidade, a par do controle de constitucionalidade e da legalidade (MIRANDA, Jorge. *Curso de direito internacional público*, 5º ed. rev. e atual. Cascais: Princípia, 2012, p. 181).

humano - princípio *pro persona*, no caso de conflito entre a norma internacional e a norma interna (artigo 155, do CPP brasileiro), deve prevalecer a mais favorável, conforme artigo 29, da CADH cominado com artigo 4º, inciso II, da CRFB/88 ("prevalência dos direitos humanos"), pelo qual deve o Brasil se reger nas relações internacionais; (ii) diante do princípio da boa-fé, cabe ao Brasil assegurar plena observância aos direitos internacionais trazidos no corpo dos tratados ratificados.[61]

Incumbe registrar que a própria CIDH já decidiu sobre o controle de convencionalidade entre as normas internas de um país e a CADH. No caso *Almonacid c. Chile*, reafirmou-se que os países signatários devem adequar seu direito interno às disposições da CADH para garantir os direitos nela consagrados[62] e que deve ser feito um controle de convencionalidade entre tais normas, levando em conta não somente o tratado, mas a interpretação que a CIDH faz deste tratado.[63]

Não obstante, o STF tem aceitado o uso pelo julgador de elementos colhidos na fase de inquérito, desde que a sentença condenatória não se baseie de forma exclusiva nestes elementos.[64] Certo é que a abertura que esta norma concede para valoração de elementos anteriores ao processo é bastante ampla, o que enseja a violação do direito ao confronto, além dos princípios da imediação, contraditório e oralidade. O que resta é acompanhar como será o entendimento do STF após a recente reforma realizada pela Lei 13.964/19, conforme as considerações feitas acima acerca da releitura do artigo 155 do CPP.

61. Interessante que estes dois últimos fundamentos fizeram parte do corpo da petição apresentada por instituições vinculadas aos direitos humanos perante à Comissão Interamericana de Direitos Humanos em discussão envolvendo a contrariedade dos artigos 594 e 595 do CPP brasileiro com o artigo 8º, n. 2, h, da CADH. Vide em notícia veiculada no *Jornal Juízes para a Democracia*, ano 5, n. 21, jul.-set., São Paulo: AJD, 2000, p. 9.

62. CIDH, *Almonacid Arellano y otros c. Chile*, de 26 set 2006, §§ 117-118.

63. Ibidem, §124. CIDH, *Boyce y otros c. Barbados*, 20 nov 2007, §78. Cf. também CIDH, *Andrade Salmón c. Bolivia*, de 1 dez 2016, § 93.

64. STF, AP 470/MG "Mensalão", Plenário, relator Ministro Joaquim Barbosa, fls. 54.050-54.052; STF, HC 114.592 - MT, 2ª Turma, relator Ministro Ricardo Lewandowski, de 26 mar 2013. Cf. ainda STF, HC 125.035 - MG, 1.ª Turma., relator Ministro Dias Toffoli, de 10 fev 2015: "(...) 2. O art. 155 do Código de Processo Penal não impede que o juiz, para a formação de seu convencimento, utilize elementos de informação colhidos na fase extrajudicial, desde que se ajustem e se harmonizem à prova colhida sob o crivo do contraditório judicial. Precedentes (...)".

No caso conhecido como *Mensalão*,[65] antes da reforma comentada acima, os Ministros do STF enfrentaram esta questão. No voto do Ministro Luiz Fux,[66] este entendeu que

> (...) há que se ter em mente que o mesmo art. 155 do CPP apenas proíbe que o juiz fundamente 'sua decisão exclusivamente nos elementos informativos colhidos na investigação', não impedindo a utilização de elementos pré-processuais quando acompanhados e corroborados por provas produzidas em juízo. Esta também a pacífica jurisprudência deste Pretório Excelso (...)

Como se observa, o artigo 155 tem sido utilizado como fundamento pela mais alta Corte do país para que se admitisse que elementos anteriores ao processo possam embasar uma decisão condenatória quando corroborados por outros elementos produzidos em juízo.

Tal entendimento é passível de críticas, haja vista que, adotando esta posição, o acusado poderá ser condenado por uma sentença que se estruturou *preponderantemente* em elementos produzidos de forma unilateral pelos órgãos de persecução penal e que não contou com a presença defensiva. Inegável, pois, a violação ao direito ao confronto e, consequentemente, o prejuízo à defesa e a um processo justo.

Interessante registrar a opinião de Schünemann acerca de uma necessária reforma na fase de investigação preliminar e algumas soluções para garantir uma influência maior da defesa na produção da prova. Dentre os princípios destacados pelo autor, impende citar a (i) criação de uma nova instituição sem vínculo ao Ministério Público e nem à justiça criminal que atue em todas as investigações no interesse apenas defensivo ("proto- ou pré-defensor"), (ii) a gravação em vídeo de todas inquirições das testemunhas, a fim de avaliar a fidedignidade dos depoimentos e (iii) garantir ao defensor um direito de inquirição própria privada das testemunhas.[67]

Outro ponto relevante que merecia discussão, antes da reforma do CPP pela Lei 13.964/19 – e que continua pertinente por conta

65. STF, Ap 470/MG, plenário, relator Ministro Joaquim Barbosa.

66. Ibidem, fl. 53.123.

67. SCHÜNEMANN, Bernd. Audiência de instrução e julgamento: modelo inquisitorial ou adversarial? – Sobre a estrutura fundamental do processo penal no 3º Milênio, op. cit., p. 645-648.

da suspensão de eficácia de vários artigos da referida lei[68] - era sobre a utilização dos elementos anteriores ao processo quando a prova é renovada em juízo. Seria possível a utilização pelo julgador de declarações de testemunhas anteriores ao processo quando estas comparecem em juízo para dar seu depoimento? A que título ocorre essa utilização: apenas para aferir a credibilidade ou também para fundamentar a decisão condenatória?

A indagação feita acima foi objeto de parte do voto do Relator do caso Mensalão, Ministro Joaquim Barbosa[69]:

> (...) Depoimentos prestados na fase da investigação, em inquérito policial ou por Comissão Parlamentar, devem ser renovados em Juízo, possibilitando às partes o exame direto e o cruzado. Vencida essa condição, ou seja, oportunizado o exame direto e cruzado pelas partes em Juízo, as declarações pretéritas, prestadas na fase da investigação, podem ser consideradas para a valoração das provas, especialmente para eventuais questionamentos acerca da credibilidade de seu conteúdo em caso de alterações de versão (...).

Sempre foi comum na prática forense contrapor as declarações dadas pelas testemunhas na fase de inquérito com aquelas em juízo. Tanto pelas partes, em suas alegações, para enfraquecer o valor probatório de um depoimento, como pelo julgador, ao valorar o conjunto probatório. No Brasil, o entendimento jurisprudencial, referendado pelo STF, é a possibilidade de utilização/valoração de tais elementos pelo julgador não apenas para aferir a credibilidade, mas também para permitir a formação de sua convicção, conforme interpretação literal da norma do artigo 155.

Entretanto, como dito, com a recente reforma do CPP, a proibição de envio dos autos da investigação para apensamento aos autos principais que serão remetidos ao juiz da instrução e julgamento e a revogação tácita de parte da norma do artigo 155, a tendência é que este entendimento do STF seja alterado. Resta, porém, antes saber

68. Inclusive a suspensão da norma do artigo 3º-C, §3º, do CPP que prevê que os autos do inquérito ou da investigação não serão apensados aos autos principais enviados ao juiz da instrução e julgamento.

69. STF, Ap 470/MG, plenário, relator Ministro Joaquim Barbosa, fl. 52.696.

como será o julgamento pelo Plenário da Corte das ADIs (Ações Direta de Inconstitucionalidade) 6.298, 6.299, 6.300 e 6.305 sobre o artigo 3º-C, §3º, do CPP.

A título de informação, em Portugal, as exceções à produção da prova sob o prisma da contraditoriedade em juízo oral e público são mais detalhadas do que no Brasil, conforme analisado detidamente no respectivo capítulo (v. capítulo 4 supra, notadamente no item 4.6). O artigo 356, n. 3, alíneas a e b permite a utilização das declarações anteriores (vale lembrar: só aquelas prestadas perante o Ministério Público e juiz, não admitindo as obtidas perante a polícia) na fase de julgamento quando for para avivar a memória da testemunha ou para o esclarecimento de contradições entre os depoimentos.

O tema é controvertido na doutrina portuguesa, havendo posição doutrinária de que, presente a hipótese fática da norma de exceção, o juiz poderá valorar as declarações anteriores, eis que a testemunha estará presente na audiência e poderá esclarecer qualquer fato dito anteriormente.[70]

Por outro lado, há doutrina portuguesa com interpretação mais restritiva que sustenta que estas declarações anteriores terão como propósito apenas comprovar a veracidade do depoimento dado em juízo e não a veracidade das declarações anteriores, de modo que está vedada a utilização de tais elementos para formação da convicção do juiz, funcionando apenas como um aferidor de credibilidade das declarações judiciais.[71] Dito de outro modo, os elementos anteriores ao processo referentes às provas pessoais, para esta corrente, só serão utilizados para enfraquecer ou fortalecer a prova produzida em audiência, o que permitirá ao julgador dar maior ou menor valor probatório à prova.

70. ALBUQUERQUE, Paulo Pinto de. *Comentário do Código de Processo Penal à luz da Constituição da República e da Convenção Europeia dos Direitos do Homem*, op. cit., p. 914. Cf. os comentários de MESQUITA, Paulo Dá. *A prova do crime e o que se disse antes do julgamento*, op. cit., p. 599, nota 268 e p. 602-605 e notas 272 e 273.

71. CUNHA, José Damião da. O regime processual de leitura de declarações na audiência de julgamento (arts, 356º e 357º do CPP), op. cit., p. 417-418. Em sentido semelhante, SILVA, Germano Marques. Produção e valoração da prova em processo penal, op. cit., p. 42.

Nada obstante, neste ponto, o fato é que a testemunha estará presente na audiência e a restrição ao direito ao confronto não será tão grande quanto no caso em que a testemunha sequer comparece e suas declarações inquisitoriais, por exemplo, são utilizadas sem qualquer controle por parte da defesa na formação da prova.

Nos Estados Unidos, não há restrição para que as declarações anteriores contraditórias de testemunhas ("prior inconsistent statements") possam ser valoradas para formação da convicção judicial, desde que a defesa tenha a possibilidade de confrontar a testemunha presente no julgamento.[72]

Como já adiantado no capítulo 4, não deixa de ser razoável sustentar que esta limitação não esvazia por completo o direito ao confronto, podendo considerar que, malgrado haver uma restrição, esta não é intolerável. Isso porque a defesa terá a possibilidade, em audiência e diante da testemunha[73] de realizar a inquirição cruzada, questioná-la, sendo-lhe permitido participar da produção da prova penal. De toda forma, o ideal mesmo é que a valoração ocorra somente sobre provas produzidas em juízo com a participação da defesa, não devendo o juiz sequer ter acesso ao conteúdo dos autos do inquérito ou da investigação para fins de formação de sua convicção.

Em referência à produção da *prova oral*, a interpretação mais adequada ao artigo 155 é que se deve permitir à defesa a possibilidade de confrontar as testemunhas e, somente após este procedimento, será possível a valoração da prova pelo julgador. Tal compreensão torna-se necessária pelo comando normativo do artigo 8, nº 2, f, da CADH, sem prejuízo dos outros fundamentos constitucionais (vide capítulo 5.2.2 supra) e do novo artigo 3º-C, §3º, do CPP.

Daí que declarações testemunhais anteriores (contrárias ao acusado), cuja fonte de prova não compareça ao julgamento, deverão

72. MAFFEI, Stefano. *The right to confrontation in Europe*, op. cit., p. 23, nota 81. Caso *Crawford v. Washington*, 124 S.Ct. 1354 (2004). E, ressalte-se que se o acusado tiver a chance de confrontar a testemunha em fase anterior ao julgamento e a testemunha estiver indisponível, suas declarações anteriores são passíveis de valoração judicial.

73. E em observância aos corolários do direito ao confronto: juízo oral, público, na presença do julgador da causa, imposição do compromisso de dizer a verdade à testemunha, conhecer a identidade desta e inquirir no momento de produção da prova.

ser consideradas inadmissíveis e, portanto, proibida sua valoração na sentença.

Outro problema a ser enfrentado, refere-se à exceção contida no final do artigo 155: "ressalvadas as provas cautelares, não repetíveis e antecipadas". E também constante do artigo 3º-C, §3º (por ora, com eficácia suspensa por liminar do Ministro Luiz Fux do STF) que diz que os autos de competência do juiz das garantias (que atuará no controle da legalidade da investigação e da garantia dos direitos fundamentais) não serão apensados aos autos principais remetidos ao juiz da instrução e julgamento, "ressalvados os documentos relativos às provas irrepetíveis, medidas de obtenção de provas ou de antecipação de provas, que deverão ser remetidos para apensamento em apartado".

A pergunta é: o juiz pode condenar com base exclusivamente em provas cautelares, não repetíveis e antecipadas?

Quanto à prova antecipada, não surgem maiores discussões, já que o contraditório será antecipado e a defesa poderá exercer o direito de confrontar as testemunhas. A prova cautelar, diante do risco de perecimento, é produzida sem a participação do imputado (posteriormente será submetida ao contraditório). Um exemplo é a prova pericial (exame no caso de lesões corporais ou exame cadavérico em casos de morte), mas, à luz do direito ao confronto, não trazem tantas indagações, porquanto este incide sobre provas de fonte pessoal.

Ocorre que, no que concerne a uma prova irrepetível (por ex. uma testemunha prestou declarações na fase de inquérito, mas falece e não depõe em juízo ou a testemunha não foi encontrada em seu endereço, estando em local incerto e não sabido), caso se adote uma interpretação literal do referido artigo no sentido de ser possível condenar o acusado com base nesse elemento de forma *exclusiva*, violar-se-á o direito ao confronto.[74]

74. Entendendo também que, referente à prova não repetível, não poderia o juiz se valer exclusivamente desta prova, mas sob o argumento de violação ao contraditório, MENDONÇA, Andrey Borges de. *Nova reforma do Código de Processo Penal*. São Paulo: Método, 2008, p. 160 ("Não teria sentido em considerar que a mera impossibilidade de repetição pudesse transmudar essa prova de "não apta" para "apta" a fundamentar um decreto condenatório. Do contrário, qualquer elemento de informação colhido durante o inquérito teria a aptidão de levar à condenação, desde que se tornasse impossível a sua repetição em juízo").

Então, há algumas soluções. Para parte da doutrina, melhor interpretação seria que fosse vedado ao juiz se basear de forma exclusiva ou preponderante em tais declarações, seguindo entendimento do TEDH sobre o artigo 6, nº 3, d, da CEDH que possui norma idêntica ao CADH sobre o direito de confrontar.[75] Cabe notar que, após o caso *Al-khawaja e Tahery v. Reino Unido* (v. capítulo anterior), passou-se a permitir a condenação, de forma exclusiva, com base em elementos que a defesa não pode confrontar, contanto que sejam adotadas medidas de contrabalanceamento que compensem os prejuízos da defesa.

Nesta mesma linha, em caso de falecimento da testemunha, Stefano Maffei[76] entende que é possível restringir o direito ao confronto e condenar o acusado com base em declarações anteriores, sob o argumento de que o custo de excluir tais declarações seria arcado integralmente pela parte acusadora que nada fez para concorrer com este fato.[77] De toda forma, entende que o uso de tais declarações não pode ser feito de forma irrestrita, mas em obediência a alguns critérios, quais sejam, dar menor valor probatório das declarações e conceder a oportunidade à defesa para rebatê-las.[78]

No entanto, há quem entenda que não seria possível admitir estas declarações, mesmo que seja por imprevisível falecimento da testemunha, visto que a transmissão do saber testemunhal ao julgador deve ocorrer na presença e contar com a participação defensiva. Diogo Malan sustenta que não há qualquer exceção contida nos tratados internacionais de direitos humanos sobre a incidência do direito ao confronto quando da indisponibilidade de testemunhas, bem como que, pelos motivos históricos e fundamentos político-criminais que deram origem a este direito, o objetivo é evitar condenações baseadas em elementos produzidas na ausência da defesa.[79]

75. BADARÓ, Gustavo. *Prova emprestada no processo penal e a utilização de elementos colhidos em Comissões Parlamentares de Inquérito*, op. cit.

76. MAFFEI, Stefano. *The right to confrontation in Europe*, op. cit., p. 49.

77. Diferente seria o caso de haver previsão de um possível falecimento da testemunha por conhecimento prévio de sua condição de saúde. Neste caso, a acusação poderia ter solicitado uma antecipação de prova e, se assim não procedeu, a uso das declarações anteriores seria vedado.

78. MAFFEI, Stefano. *The right to confrontation in Europe*, op. cit., p. 54.

79. MALAN, Diogo. *Direito ao confronto no processo penal*, op. cit., p. 162. A

Corroborando esta posição, Summers defende que para se assegurar o "fair trial" é essencial que todas as testemunhas de acusação sejam confrontadas pela defesa, ou, ao menos, que lhe dê a possibilidade para isso, independentemente se o depoimento é decisivo ou único para a condenação.[80]

Há entendimento, ademais, no sentido de que se deve avaliar os motivos que levaram à impossibilidade de repetição da prova testemunhal. Se havia a previsibilidade de perecimento da prova e o órgão acusador deixou de requerer a produção antecipada, o ingresso dos "elementos informativos" (declarações testemunhais dadas em sede policial) não deve ser permitido. Entretanto, se era imprevisível a perda da prova, o uso de tais elementos seria permitido, através da exceção contida no artigo 155.[81]

A posição adotada neste livro é semelhante àquela sustentada por Diogo Malan. A par dos fundamentos históricos com fins de evitar condenações baseadas em elementos colhidos sem a presença do indivíduo ou em segredo, típico de um sistema inquisitorial, deve-se ter em mente que as leis ordinárias, entre elas, o Código de Processo Penal, têm que ser interpretadas conforme a Constituição e a CADH, e não ao contrário.

Não é por outro motivo que Aury Lopes Jr. alega que há uma crise da teoria das fontes em que uma lei ordinária vale mais do que a própria Constituição.[82] Acrescenta que as leis ordinárias devem guardar uma dupla conformidade: com a Constituição e com a CADH.[83]

Caso seja adotado entendimento diverso, esvazia-se muito o

única exceção seria por uma conduta ilícita do acusado contra a testemunha que a impedisse de depor, sendo que nesse caso o acusado não poderia requerer o exercício deste direito, sob pena de se beneficiar de sua própria conduta de má fé (ibidem, p. 163).

80. SUMMERS, Sarah. *Fair Trials*: the european criminal procedural tradition and the european court of human rights, op. cit., p. 140-143.

81. ZILLI, Marcos. O convencimento judicial em face dos depoimentos colhidos durante as atividades de CPI, op. cit., p. 267.

82. LOPES JR., Aury. *Fundamentos do Processo Penal*: introdução crítica, op. cit., p. 32.

83. Ibidem, p. 33.

conteúdo do direito de confrontar as testemunhas, como determinado na CADH.[84]

Por derradeiro, outra problemática reside na admissão de declarações testemunhais anteriores quando se trata de procedimento do Tribunal do Júri, em que vige o princípio da íntima convicção, prescindindo o conselho de sentença, formado pelos jurados, de fundamentar sua decisão.

Com o advento da lei 11.689/08, foi também reforçada a oralidade do procedimento do júri, limitando a possibilidade de leitura de depoimentos anteriores pelas partes no momento do julgamento. E, como oralidade e direito ao confronto, andam lado a lado e se complementam (vide capítulo supra 4.3), este último também restou fortalecido.

O artigo 473, §3°, do CPP permite que as partes possam requerer a leitura de peças que se refiram às provas produzidas por carta precatória e às provas cautelares, antecipadas e irrepetíveis.[85] Numa interpretação a *contrario sensu*, não poderão requerer (ou efetivamente proceder a leitura) de declarações prestadas na fase de investigação e até mesmo na primeira fase do procedimento.[86]

O objetivo da reforma foi impedir práticas comuns nos julgamentos de processos pelo tribunal do júri, nos quais as partes se valiam de leitura e exibição das declarações anteriormente prestadas por testemunhas em substituição a sua produção no julgamento.

Cabe lembrar que, anteriormente à reforma de 2008, o Código

84. ALCÁCER GUIRÃO, Rafael. La devaluación del derecho a la contradicción em la jurisprudência del TEDH, op. cit., p. 13. Conclui o autor que "a diferença se revela fundamental porquanto o contraditório deixa de ser considerado uma garantia associada ao direito de defesa do acusado e passa a contemplar-se exclusivamente como um meio a mais de avaliação da credibilidade de declarações e de obtenção da verdade processual, de tal forma que poderia prescindir sempre que concorram outros meios suficientemente seguros e que resultem adequado aos interesses da persecução penal" (tradução livre).

85. "Art. 473, § 3º As partes e os jurados poderão requerer acareações, reconhecimento de pessoas e coisas e esclarecimento dos peritos, bem como a leitura de peças que se refiram, exclusivamente, às provas colhidas por carta precatória e às provas cautelares, antecipadas ou não repetíveis."

86. Nesse sentido, BADARÓ, Gustavo Henrique. *Processo Penal*. 4ª ed. rev. atual. ampl., São Paulo: Editora Revista do Tribunais, 2016, p. 698.

permitia que fossem dispensadas as testemunhas já ouvidas na primeira fase (antigo artigo 561, nº IV), bem como era facultativo arrolar testemunhas no libelo e na contrariedade ao libelo, sendo, na prática, o julgamento realizado com base em provas escritas constantes dos autos produzidas na fase anterior do procedimento - na ausência dos jurados - e/ou no inquérito policial).

Tal fato não passou despercebido pela jurisprudência que, a partir do voto do então Desembargador Geraldo Prado, no processo nº 246643-78.2010.8.19.0001, considerou que "a primeira etapa do procedimento do júri sofreu verdadeira blindagem e a nítida e rigorosa divisão entre o *antes* e o *depois* da pronúncia marcou, também, a distinção do papel da prova em ambas as etapas."[87]

No tocante à norma do artigo 155, já verificada supra e que merece uma releitura à luz do artigo 3º-C, §3º (por ora, com eficácia suspensa), nada obstante tal entendimento e todos os argumentos tecidos à luz do paradigma ao confronto, não pode ser aplicada ao procedimento do júri pelo simples motivo de não haver permissão legal de leitura perante os jurados de elementos colhidos no inquérito (mais especificamente declarações testemunhais), diante da interpretação do artigo 473, §3º, do referido Código.[88]

Ademais, se se permitisse que as partes lessem declarações de testemunha, os jurados poderiam considerar exclusivamente estas informações na condenação e, como as decisões não são fundamentadas, seria impossível saber se os juízes leigos basearam-se apenas nestas declarações anteriores ou em outras provas produzidas em julgamento, de maneira que poderia restar violado o direito ao confronto em condenações delineadas em elementos de prova que não passaram pelo escrutínio defensivo e do paradigma do direito ao confronto.

87. TJRJ, Correição Parcial nº 246643-78.2010.8.19.0001, relator Desembargador Geraldo Prado, 5ª Câmara Criminal do Tribunal de Justiça do Rio de Janeiro, de 28/11/2011. Disponível em http://www1.tjrj.jus.br/gedcacheweb/default.aspx?UZIP=1&GEDID=0004B8791F30EBC148CC3D5C9CD60A883D3E3FC434366115&USER=. Acesso em 12 maio 2017.

88. Em sentido contrário, MENDONÇA, Andrey Borges de. *Nova reforma do Código de Processo Penal*, op. cit., p. 93 que entende que peças do inquérito não poderiam ser lidas durante a instrução em plenário (antes das alegações orais das partes) pelo escrivão, mas que estas peças poderiam ser lidas pelas partes no tempo que lhes couber durante os debates orais. Posição com a qual não se concorda.

Especificamente no que toca à leitura no julgamento de depoimento das testemunhas prestadas na primeira fase do procedimento, mister tecer alguns comentários. Neste caso, o acusado teve a oportunidade de confrontar as testemunhas numa audiência pública, oral e contraditória, perante um juiz togado, lembrando, todavia, que este não será o juiz que julgará os fatos.

Como visto, o respeito ao paradigma do confronto exige que a produção da prova seja realizada perante o julgador que irá julgar o mérito e, neste caso, o juiz togado apenas realizará a admissibilidade ou não da acusação e remeter os autos para julgamento pelos jurados.

Surge, pois, a indagação. Ao aceitar-se declarações anteriores de testemunha, haverá violação ao direito ao confronto? Esta análise deve passar pela presença ou não da testemunha no dia do julgamento.

Se a testemunha comparece em julgamento, o acusado, por meio da sua defesa, poderá confrontar a testemunha perante os jurados (juízes da causa). Mas, e com relação ao depoimento anterior, este poderá ser lido aos jurados neste caso? A princípio, por uma leitura mais restritiva do artigo 473, §3°, somente podem ser lidas peças, exclusivamente, referentes às provas cautelares, antecipadas e provas irrepetíveis. Se a testemunha comparece, então não poderia permitir-se a leitura do depoimento anterior prestado na primeira fase do procedimento.

Entretanto, se a testemunha comparece, não há óbice à leitura do depoimento anterior da testemunha, uma vez que o acusado terá a oportunidade de, em audiência e perante os julgadores da causa, testar a credibilidade da testemunha, realizar a inquirição cruzada, alterar eventual posicionamento anterior e, consequentemente, o caminho do depoimento, assim como destacar contradições existentes. Resumindo: o acusado influirá na produção e formação da prova, não havendo qualquer violação ao direito ao confronto.

Por outro lado, se a testemunha não comparece em julgamento, o panorama se torna mais complexo. Pela leitura do artigo 473, § 3°, é permitida a leitura de provas cautelares, antecipadas e irrepetíveis. Quanto às duas primeiras, não surgem maiores problemas como já exposto anteriormente ao abordar as exceções do artigo 155. No entanto, quanto à prova irrepetível (falecimento de uma testemunha ou não sendo esta localizada), o fato é que um dos componentes do paradigma do direito ao confronto será atingido: produção da prova perante o juiz da causa. Resta saber se esta restrição é intolerável ou não.

Apesar de uma indiscutível restrição ao direito ao confronto, sua essência foi mantida e, portanto, a restrição é tolerável. Observe-se que todos os outros componentes do paradigma do confronto foram respeitados, já que o acusado teve a possibilidade de participar na produção da prova (ainda que perante o juiz que não julgará a causa) em uma audiência pública, contraditória e oral, com claras possibilidades de influir na formação do depoimento testemunhal.

Acrescente-se que se trata de exceção aceitar esta restrição (prova irrepetível), porém, estando a testemunha disponível, esta deve ser intimada a comparecer em julgamento ou, ainda, na situação que era previsível sua indisponibilidade futura e o órgão de acusação deixou de requerer a antecipação da prova, também não há que se aceitar a leitura do depoimento anterior, haja vista não poder ser a defesa penalizada por algo que não contribuiu.

Vale registrar que esta situação se difere daquela em que se analisou o artigo 155 e como ficaria a solução quanto à prova irrepetível, tendo em vista que lá as declarações dadas pela testemunha indisponível foram prestadas na fase de inquérito, e não numa audiência pública, oral e contraditória e perante um juiz togado, ou seja, sem preencher minimamente as exigências do paradigma do direito ao confronto.

Atualmente, com o avanço da tecnologia, os depoimentos prestados na primeira fase do procedimento passaram a ser gravados em mídias audiovisuais,[89] o que contribui ainda mais para assegurar a fide-

89. "Art. 405, § 1º Sempre que possível, o registro dos depoimentos do investigado, indiciado, ofendido e testemunhas será feito pelos meios ou recursos de gravação magnética, estenotipia, digital ou técnica similar, inclusive audiovisual, destinada a obter maior fidelidade das informações". "Art. 475. O registro dos depoimentos e do interrogatório será feito pelos meios ou recursos de gravação magnética, eletrônica, estenotipia ou técnica similar, destinada a obter maior fidelidade e celeridade na colheita da prova". Ainda, Resolução 16/2013, do Tribunal de Justiça do Rio de Janeiro (RESOLUÇÃO TJ / OE / RJ N° 16/2013), em seu artigo 7° dispõe que: "Art. 7° Nos processos criminais observar se á o disposto no § 2° do art. 405 do Código de Processo Penal, inclusive nas

dignidade do depoimento em eventual exibição no dia do julgamento, permitindo aos jurados observar o comportamento, expressão facial e corporal da testemunha quando inquirida pelas partes no momento processual anterior, assim como visualizar eventuais contradições.

Assim, a utilização de ferramentas tecnológicas para gravação dos depoimentos enseja, na perspectiva do juiz, um maior fortalecimento do princípio da imediação e, na do acusado, ter-se-á uma maior densidade do direito ao confronto. Isso não significa, contudo, que, havendo gravação audiovisual do depoimento, poderia dispensar a presença da testemunha em julgamento, mas que apenas, como medida de exceção em se permitir o uso do depoimento anterior, este mecanismo tecnológico, sem dúvidas, permite uma melhor avaliação da prova.

Vale lembrar que a avaliação sobre a confiabilidade de um elemento de prova será um ato de valoração probatória que não pode ser antecipada para o juízo acerca da admissibilidade da prova.[90]

Com as reformas ocorridas no processo penal em 2008 e a importância dada à imediação, concentração, oralidade e publicidade, favorece-se, por conseguinte, o direito ao confronto. Como observado ao longo do presente livro, o direito ao confronto se aproxima desses princípios, sendo que através deles se concretiza. Além disso, o procedimento legal da produção da prova oral vem insculpida no CPP brasileiro, sendo coerente com os ditames do direito ao confronto. O que precisa ser feito é realmente obedecer a estes princípios e colocá-los em prática.

A imprescindibilidade do respeito ao direito ao confronto tem como objetivo evitar que o indivíduo fique à mercê dos órgãos persecutórios do Estado de produzir declarações testemunhais em fases anteriores ao julgamento em que não existirá a possibilidade de participar na produção da prova penal em um juízo oral, público e contraditório.[91]

instruções em plenário do júri, sempre que neste houver registro por meio audiovisual, observados os termos dos §§ 5º e 6º do art. 1º."

90. FRIEDMAN. Confrontation: the search for basic principles, op. cit., p. 1027-1029. MALAN, Diogo. *Direito ao confronto no processo penal*, op. cit., p. 97.

91. MALAN, Diogo. *Direito ao confronto no processo penal*, op. cit., p. 97-98.

Tem uma dimensão simbólica (ou dimensão social) de que, assegurando o direito ao confronto, transmite-se uma percepção de um processo penal equitativo ao corpo social, à comunidade. Nesse sentido, Antonio Magalhães Gomes Filho para quem a prova, além de cumprir a função cognitiva, é um "fenômeno psicossocial" como forma de justificar à sociedade a decisão do julgador, sendo de suma importância a maneira pela qual aquela é obtida e introduzida ao processo.[92]

Com o exercício do direito ao confronto, o indivíduo poderá participar na produção da prova, influir no seu resultado, alterar o curso de um depoimento com suas colocações e perguntas, o que certamente não aconteceria se esse depoimento fosse substituído por uma declaração *escrita* testemunhal anterior ao processo.[93] Trata-se de um aspecto positivo do direito de defesa que não se restringe apenas à oposição aos pleitos acusatórios ou se pronunciar sobre o conteúdo de elementos de prova produzidos pela acusação, mas principalmente de conferir a possibilidade de "agir concretamente para obtenção de um pronunciamento jurisdicional favorável à inocência".[94]

Negar, portanto, esse direito, além de outras consequências jurídicas, é não observar a função social da prova de justificar a decisão judicial (Magalhães Gomes Filho) e impedir a percepção social do próprio processo penal como um procedimento equitativo.

Ao elencar os direitos no parágrafo 2°, do artigo 8, a CADH pretendeu assegurar, *minimamente*, que tais direitos, dentre eles, o direito ao confronto, são necessários como uma forma de contrabalanceamento com o poder estatal acusatório, indubitavelmente mais forte.

Tal direito visa coibir a produção de declarações testemunhais

92. GOMES FILHO, Antônio Magalhães. *Direito à prova no processo penal*, op. cit., p. 13.

93. No sentido da proibição de substituição dos depoimentos orais por declarações escritas, cf. AMBOS, Kai; LIMA, Marcellus Polastri. *O processo acusatório e a vedação probatória: perante as realidades alemã e brasileira*, op. cit., p. 72.

94. GOMES FILHO, Antonio Magalhães. *Direito à prova no processo penal*, op. cit., p. 67. Assim, além do direito da defesa de apresentar provas necessárias à demonstração das teses defensivas (como por exemplo arrolar testemunhas), o exercício do direito ao confronto permitirá que o acusado participe ativamente e contribua na formação da prova também quando a prova é apresentada pela acusação, influindo na decisão final.

ocultas e de forma unilateral em razão do indiscutível caráter inquisitorial.[95] Reflete também a transparência do procedimento, em que se verificará que o depoimento testemunhal não será produto de coerção ou tortura[96], como já visto.

Outrossim, o "right of confrontation" proporcionará à defesa que explore a fragilidade de um depoimento testemunhal, realçando as contradições eventualmente existentes, bem como desencoraja falsos testemunhos ou permite sua detecção mais facilmente e permite ao julgador da causa observar o comportamento da testemunha (suas expressões faciais ou a forma de falar), configurando um importante instrumento para avaliar a credibilidade das declarações.[97]

Por fim, tem um propósito simbólico de que um confronto face a face entre acusador e acusado é essencial para um processo criminal justo.[98]

Diante disso, resta clara a importância de assegurar o direito fundamental ao confronto previsto no artigo 8, n. 2, f, da CADH que além de permitir verificar a credibilidade de uma declaração, confere ao indivíduo uma proteção contra práticas inquisitivas e impede a proliferação de fabricação de testemunhos em segredo.

5.4 Testemunhas anônimas

Não há no Brasil uma legislação específica, como há em Portugal, sobre o procedimento de colheita de prova decorrente de uma testemunha anônima. As normas que tangenciam esse assunto estão nas leis 12.850/2013 e 9.807/99 que tratam, respectivamente, dos meios de prova e procedimentos referentes a infrações penais praticadas por

95. FRIEDMAN. Confrontation: the search for basic principles, op. cit., p. 1025-1026; MALAN, Diogo. *Direito ao confronto no processo penal*, op. cit., p. 78. Com relação a críticas sobre a grande influência que as declarações dadas na fase de investigação tem na formação da sentença, cf. SCHÜNEMANN, Bernd. La policía alemana como auxiliar del Ministério fiscal: estructura, organización y atividades, op. cit., p. 451-483.

96. FRIEDMAN. Confrontation: the search for basic principles, op. cit., p.1025-1026.

97. Ibidem.

98. Idem. The confrontation clause re-rooted and transformed, op. cit., p. 441-443.

organizações ou associações criminosas e sobre programa especial de proteção a vítimas e testemunhas ameaçadas, bem como a acusados/condenados que colaboraram com a justiça por meio de delações.

Como observa Malan, a primeira preocupou-se em disciplinar questões anteriores ao processo no sentido de possibilitar como meio de busca de prova o agente infiltrado, sendo que a segunda, ao estabelecer medidas de ocultação de identidade a pessoas ameaçadas, restringiu-se a situações posteriores à colheita de prova em juízo.[99]

Não há, portanto, normas específicas sobre procedimento para admissão em juízo de depoimentos dados por pessoas com identidade protegida. Assim, a inexistência de tal procedimento já torna inadmissível qualquer depoimento de testemunha prestado de forma anônima, sob pena de violar o devido processo legal (artigo 5°, LIV, da CRFB/88)[100] e também por haver vedação expressa no CPP brasileiro (artigo 203) do anonimato testemunhal, devendo a testemunha informar todos seus dados qualitativos.

Vale lembrar que há projeto de lei em trâmite no Congresso Nacional, o PL n° 1.182/2007,[101] que permitirá a ocultação da identidade da testemunha no decorrer da ação penal e o procedimento para prestar esse depoimento (via rádio, comunicação telefônica etc com distorção da voz ou por videoconferência, desde que a testemunha ou vítima não possa ser identificada). Certamente que, havendo lei, prescrevendo em suas normas, procedimento para admitir depoimento de fonte testemunhal anônima, tal situação deve ser analisada também à luz do direito ao confronto.

Esta temática foi desenvolvida em capítulo anterior quando foi abordado o caso das testemunhas anônimas pelo TEDH e como funciona no ordenamento português, deixando expressa a conclusão sobre este tema (ver capítulos supra 4.3.2 e 4.7), a qual por ora se reporta.

99. MALAN, Diogo. *Direito ao confronto no processo penal*, op. cit., p. 152.

100. Ibidem.

101. Disponível em http://www.camara.gov.br/proposicoesWeb/prop_mostrarintegra;jsessionid=02E6155598D156D27834862F21CD13E4.proposicoesWebExterno2?codteor=464640&filename=PL+1182/2007. Acesso em 29 set 2017.

CONCLUSÃO

A ausência de uma discussão doutrinária mais aprofundada sobre o direito ao confronto nos países de influência romano-germânica foi o estímulo para iniciar a presente pesquisa. O amplo material bibliográfico existente em países como os Estados Unidos da América auxiliou e estimulou a adentrar na análise de tão interessante tema.

Focados no objetivo de analisar a produção da prova penal à luz do direito ao confronto, estudou-se suas origens históricas e evolução, bem como seu sentido, alcance e fundamentos, ingressando, posteriormente, num estudo mais específico da relação entre produção da prova e direito ao confronto nos ordenamentos jurídicos de Portugal e Brasil.

Necessário ter adentrado no tema da (in)transmissibilidade das declarações anteriores com foco não no contraditório, imediação ou oralidade[1], mas sim no direito ao confronto, diante de sua relevância em julgamentos recentes da Suprema Corte norte-americana e do TEDH.

Foi visto que o direito ao confronto se desmembra e se relaciona

1. Todavia, não se deixa de abordar a relação do direito ao confronto com o contraditório, imediação e oralidade ao longo do texto, salientando que se complementam e associam-se uns aos outros, servindo, por vezes, uns de instrumentos de realização dos outros.

com alguns outros direitos tão fundamentais quanto o é o próprio, sendo, pois, um direito defensivo (i) à produção da prova testemunhal em audiência pública; (ii) a presenciar a produção da prova testemunhal ("right to be present"); (iii) à produção da prova testemunhal na presença do julgador do mérito da causa; (iv) à determinação às testemunhas do compromisso de dizer a verdade; (v) a desvendar a verdadeira identidade das testemunhas; (vi) à inquirição das fontes de prova testemunhal desfavoráveis, no momento de sua produção; (vii) a se comunicar, reservada, livre e ininterruptamente, com seu defensor durante a produção da prova oral e (viii) a *influenciar* na decisão judicial com uma participação ativa na formação da prova que será valorada pelo julgador no momento da sua decisão.

Este conjunto de direitos foi denominado de *paradigma do direito ao confronto* que deve ser seguido na produção da prova penal com o fim de se buscar a legitimidade do sistema criminal.

Resta, assim, sucintamente, traçar os principais pontos conclusivos.

A origem do direito ao confronto reporta-se aos julgamentos ingleses ocorridos nos séculos XVI e XVII, tendo um caso adquirido bastante notoriedade contra o acusado Sir Walter Raleigh ocorrido em 1603. A relevância desse julgamento para o estudo deste direito foi justamente a discussão ocorrida no processo acerca da possibilidade de basear condenações criminais em declarações testemunhais dadas em segredo, anteriores ao julgamento e sem a presença do indivíduo.

Nos Estados Unidos, os colonizadores ingleses não adotavam as mesmas normas do sistema adversarial adotadas em solo inglês. Principalmente nas "admiralty courts", as testemunhas não eram ouvidas em julgamento, mas declarações escritas eram apresentadas e serviam de base para condenação ou, ainda, as testemunhas eram ouvidas de forma secreta pelo juiz. Esse contexto inquisitorial serviu como estopim para concretização do direito ao confronto nos ordenamentos das colônias norte-americanas e sua inclusão na VI Emenda à Constituição. A propósito deste direito fundamental passava pela possibilidade defensiva de confrontar não apenas as testemunhas que comparecessem nos tribunais, mas também aquelas testemunhas que permaneciam ocultas.

O direito ao confronto, apesar de ter sido consagrado há tempo na constituição norte-americana, ficou por longos anos deixado de lado em razão de uma interpretação jurisprudencial da Suprema Corte norte-americana que vigorou por um quarto de século (caso *Ohio v. Roberts*) e o aproximou de outra regra também clássica dos países de influência anglo-saxônica - a "hearsay rule"-, que, todavia, não possui assento constitucional.

Recentemente, no entanto, o referido direito retomou sua autonomia nos Estados Unidos com o julgamento do caso *Crawford v. Washington* que o interpretou coerentemente ao seu status constitucional. A partir de então, deixou-se de lado a interpretação de que este direito era considerado respeitado quando as declarações anteriores dadas na ausência do imputado enquadravam-se nas exceções da "hearsay rule", notadamente a aferição de sua confiabilidade (as declarações anteriores seriam tão confiáveis, permitindo uma correta reconstrução dos fatos, que poderiam ser aceitas para fins de formação da convicção do julgador, mesmo sem a participação defensiva na sua produção). Assim, de acordo com o novo entendimento, para que um elemento de prova seja aceito, o que o direito ao confronto impõe é, não que tal elemento seja confiável, mas que esta confiabilidade seja perquirida por uma maneira particular - submissão ao exame cruzado.

Com a previsão da cláusula do direito ao confronto em tratados de direitos humanos, a discussão sobre sua incidência também passou a assumir importância no quadro internacional, mormente no TEDH e na CIDH e, por consequência, nos ordenamentos jurídicos dos países vinculados a tais tratados.

Quanto ao termo testemunha presente nas normas que preveem o direito ao confronto, este não deve se limitar às pessoas que comparecem em juízo para depor, mas dirige-se a todos aqueles que prestam declarações anteriores ao julgamento, contanto que tais declarações tenham natureza testemunhal, ou seja, exerçam uma função equivalente à prova testemunhal produzida no julgamento.[2]

2. Em outras palavras, pode-se definir como testemunha qualquer pessoa que possui informação relevante para o processo criminal, independentemente do status concedido pela lei processual de cada país. Nesse sentido, a Recomendação nº R (97) 13 do Comitê de Ministros dos Estados Membros.

No TEDH, o tratamento dado ao direito ao confronto é passível de críticas, já feitas ao longo deste livro, pois prioriza o referido direito como um mero aferidor gnoseológico, e não como um verdadeiro direito fundamental de defesa de discutir, questionar e participar na formação da prova penal. Declarações testemunhais anteriores são admitidas como prova, ainda que sem se submeter à confrontação defensiva, quando a testemunha esteja indisponível.

Até 2011, com o julgamento do caso *Al-Khawaja e tahery c. Reino Unido*, o referido Tribunal não admitia como prova declarações testemunhais anteriores se estas fossem *exclusivas* ou *preponderantes* para a condenação, porém, a partir deste caso, passou-se a aceitar tais declarações, permitindo-se que condenações sejam baseadas em declarações não confrontadas pela defesa. Entendeu-se que, se houver outros meios a que se possa recorrer para aferir a credibilidade de uma declaração testemunhal, não há violação do direito ao confronto previsto no artigo 6, nº 3, d, da CEDH.

Com esta nova compreensão do tema pela Corte de Estrasburgo, restringe-se intoleravelmente o direito ao confronto, esvaziando-se o seu conteúdo e atingindo a estrutura acusatória do processo e a ideia de um processo equitativo. Isso porque, mais do que a necessidade de aferir a credibilidade de um elemento de prova, tal direito de defesa age no sentido de impedir práticas inquisitivas por parte do Estado com a produção de declarações em segredo ou antes do processo (ou julgamento) em substituição a um depoimento na presença e com a participação defensiva.

Em Portugal e no Brasil, além dos fundamentos convencionais, o direito ao confronto encontra assento constitucional nas normas que asseguram a ampla defesa e a estrutura acusatória do processo e, ainda, por uma perspectiva substancial, como reflexo da dignidade da pessoa humana e da liberdade individual. Estes últimos são fundamentos mediatos e indiretos, sendo o fundamento jusconstitucional direto as garantias processuais da defesa no âmbito criminal.

Ao longo da pesquisa, investigou-se as normas do Código de Processo Penal de Portugal e Brasil que disciplinam a produção da prova. Cabe frisar que, nos dois ordenamentos jurídicos, a regra é que a prova seja produzida em juízo público, oral e contraditório, respeitando-se, portanto, o paradigma do direito ao confronto.

No CPP português, o artigo 355 impõe a intransmissibilidade das declarações anteriores, de forma que não valem para formação da convicção do julgador provas que não foram produzidas em audiência. Tal solução rompeu com o quadro normativo existente anteriormente ao Código atual sobre a possível transmissibilidade das declarações, evitando-se práticas e procedimentos de índole inquisitória de formação da prova testemunhal sem a participação do acusado ou em segredo.

A conclusão exposta, ao longo do texto, foi no sentido de que a abordagem do tema da produção de prova oral não deve ser feita apenas levando em consideração o princípio da imediação (ou contraditório ou oralidade), que encontra fundamento no citado artigo 355, mas também tomando por base o paradigma do direito ao confronto, a fim de que se atenda a prescrição constitucional de assegurar todas as possibilidades de defesa (artigo 32, nº 1, da CRP).

No Brasil, o Código de Processo Penal, em seu artigo 155, também preconiza que o juiz formará sua convicção pela prova produzida em contraditório judicial, o que, à primeira vista, parece respeitar o direito ao confronto.

No entanto, tanto no Brasil como em Portugal há exceções a esta regra que foram enfrentadas uma a uma e ponderadas à luz do direito ao confronto que, como se sabe, deve ser objeto de uma política processual que assegure valores dialético-argumentativos na produção das provas pessoais.[3] Desta forma, foram tecidas as críticas pertinentes quanto ao respeito ou não às exigências decorrentes do paradigma do direito ao confronto.

O olhar para este direito fundamental deve ser, não apenas como um direito defensivo individual por si só, mas um *imperativo político-institucional* de respeito ao direito de defesa cujo eventual balanceamento em um conflito de interesses se dá, não contra interesses individuais das testemunhas ou vítimas, mas tendo em conta as oportunidades processuais e do maior poder e estrutura do Estado-acusação, com a finalidade de que não fique esvaziado o direito de todos a uma efetiva e ampla defesa.

3. MESQUITA, Paulo Dá. *A prova do crime e o que se disse antes do julgamento*, op. cit., p. 671.

A análise da credibilidade da prova e a busca por uma maior correção da decisão ("accuracy") não são os principais objetivos do direito ao confronto, mas sim possibilitar que o indivíduo exerça seu direito defensivo de forma ampla e efetiva, questionando e enfrentando a prova colocada em seu desfavor pela acusação. Retirar este direito porque, em princípio, haveria outras formas de apurar a credibilidade da prova é desequilibrar a balança entre as partes e violar a igualdade de armas que deve permear um processo criminal.

Na verdade, o exercício do direito de confrontação na produção da prova penal faz parte da busca por um processo equitativo que permitirá a correção do julgamento (auxiliando no processo de busca da verdade) e, ao mesmo tempo, assegurará a legitimidade do processo criminal ao garantir as oportunidades processuais defensivas em pé de igualdade com a acusação.

O indivíduo deve exercer o direito ao confronto no momento da produção da prova oral, e não após as declarações terem sido prestadas, o que burlaria seu direito, já que apenas teria possibilidade de discutir aquela prova, e não influir na sua formação. Em outras palavras, discutir declarações escritas ou até gravadas não permitirá que a defesa faça perguntas diferentes e altere o curso do depoimento ou que seja esclarecido algum ponto relevante. Daí não ser o ideal que declarações dadas perante à polícia ou aos órgãos acusatórios sirvam para fundamentar decretos condenatórios.

Desta forma, mais do que excluir alguns elementos de prova ("hearsay") decorrente de sua aplicação, o "right of confrontation" serve para incentivar os órgãos da persecução penal a produção correta da prova oral. Tais assertivas são baseadas na origem histórica do direito ao confronto e nos valores políticos que a "Bill of Rights" pretendeu encampar com suas provisões que, em suma, tinham a pretensão de evitar que métodos inquisitoriais fossem utilizados na persecução penal pelo governo.

Portanto, o respeito ao paradigma do confronto numa concepção de possibilidade de influência permite, com a participação defensiva, auxiliar na formação do conhecimento, ser um controle epistêmico da prova produzida e, ao mesmo tempo, legitimar democraticamente o processo penal.

Na análise do critério sobre a prova exclusiva ou decisiva para condenação (constante do artigo 155 do CPP brasileiro), surge a problemática nos procedimentos de competência do Júri, em que as decisões não são fundamentadas e não se saberá se aquelas provas não-confrontadas pela defesa foram exclusivas ou decisivas na condenação.

Assim, na produção da prova penal, especialmente na formação da prova testemunhal, deve-se garantir a participação ativa e efetiva da defesa, o que logicamente leva à conclusão de que elementos anteriores ao processo, notadamente aqueles decorrentes de fonte de prova pessoal, não possam ser utilizados pelo julgador na condenação. O correto seria excluir os autos do inquérito que contenham tais elementos, principalmente nos processos sob o rito do Tribunal do Júri em que os jurados não motivam suas decisões.[4]

O melhor entendimento, portanto, é que o direito ao confronto, como uma garantia do indivíduo de impedir a prática inquisitiva de produção de declarações anteriores em substituição ao depoimento em julgamento e, ao mesmo tempo, por impor uma prestação positiva ao Estado de estruturar e produzir a prova oral em julgamento da forma adequada, é uma forma de solucionar alguns dos problemas da produção da prova penal.

Com efeito, além de exercer este direito em razão de as testemunhas, por sua natureza em si, serem passíveis de erro ou influência externas, o fato é que a participação defensiva no procedimento, com sua influência na formação da prova e, consequentemente, na decisão final, confere legitimidade democrática ao processo.

À luz do direito ao confronto, todas as declarações anteriores das testemunhas devem ser consideradas inadmissíveis para fins de valoração judicial quando estas não comparecerem ao julgamento,

4. Recentemente, criou-se a regra de que os autos que compõem as matérias de competência do juiz das garantias (aquele que atuará na fase de investigação realizando um controle da legalidade e das garantias dos direitos fundamentais) não serão apensados aos autos principais que serão enviados ao juiz da instrução e julgamento, com exceção das provas irrepetíveis, medidas de obtenção de provas ou de antecipação de provas (art. 3º-C, §3º, CPP, alterado pela Lei 13.964/19). No entanto, tais artigos estão com a eficácia suspensa em razão de uma liminar dada pelo Ministro Luiz Fux, Ministro do Supremo Tribunal Federal, em 22 de janeiro de 2020.

devendo o julgador valorar as provas produzidas em audiência na presença do acusado. Desta forma, atingir-se-á um processo penal justo com respeito ao princípio da dignidade da pessoa humana.

REFERÊNCIAS BIBLIOGRÁFICAS

ABREU, Carlos Pinto de. Os programas de protecção de testemunhas nos EUA e em Portugal. In PALMA, Maria Fernanda; DIAS, Augusto Silva; MENDES, Paulo de Sousa (coords.). *2º Congresso de Investigação Criminal*. Coimbra: Almedina, p. 351-380, 2010.

______. A lei de protecção das testemunhas: o triste fim do contraditório e o princípio da desconfiança no advogado. *Boletim da Ordem dos Advogados*, nº 28, set./ out., p. 14-16, 2003.

ALBUQUERQUE, Paulo Pinto de. *Comentário do Código de Processo Penal à luz da Constituição da República e da Convenção Europeia dos Direitos do Homem*. 4º ed. actual., Lisboa: Universidade Católica editora, 2011.

______. *A reforma da justiça criminal em Portugal e na Europa*. Coimbra: Almedina, 2003.

ALCÁCER GUIRÃO, Rafael. La devaluación del derecho a la contradicción em la jurisprudência del TEDH. *InDret* 4/2013, p. 1-15. Disponível em <www.indret.com>. Acesso em: 18 nov. 2014.

ALLEN, Ronald J. From the Enlightenment to Crawford to Holmes. *Seton Hall Law Review*, vol. 39, p. 1-16, 2009.

AMAR, Akhil Reed. The future of constitutional criminal procedure. *American Criminal Law Review*, vol. 33, p. 1123-1140, 1996.

______. Confrontation clause first principles: a reply to Professor Friedman. *The Georgetown Law Review*, vol. 86, p. 1045-1050, 1998.

______. The Bill of Rights as a constitution. *Yale Law Journal*, vol. 100, p. 1131-1210, 1991.

______. *The Constitution and criminal procedure*: first principles. New Haven and London: Yale University Press, 1997.

AMBOS, Kai. *Processo penal europeu:* preservação das garantias e direitos individuais (princípios processuais e análise da Convenção Europeia de direitos Humanos), tradução, notas e comentários sob a perspectiva brasileira de Marcellus Polastri, Rio de Janeiro: Lumen Juris, 2008.

AMODIO, Ennio. *Processo penale, diritto europeu e common law*: dal rito inquisitório al giusto processo. Milano: Giuffrè Editore, 2003.

______. Giusto processo, procès équitable e fair trial: la riscoperia del giusnaturalismo processuale in Europa. *Rivista Italiana di Diritto e Procedura Penale*, ano XLVI, fasc. 1-2 (Gennaio-Giugno), 2003, p. 93-107.

ANDRADE, José Carlos Vieira de. *Os direitos fundamentais na Constituição Portuguesa de 1976*. 5ª ed. Coimbra: Almedina, 2012.

ANDRÉS IBÁÑEZ, Perfecto. Sobre el valor de la inmediación: una aproximación crítica. *Jueces para la Democracia*, Madrid, nº 46, 2003, p. 57-66.

ANTUNES, Maria João. Direito penal, direito processual penal e direito da execução das sanções privativas da liberdade e jurisprudência constitucional. *Julgar*, nº 21, set./dez., Coimbra, pp. 89-117, 2013.

______. Direito processual penal – "Direito Constitucional aplicado". In MONTE, Mário Ferreira *et al* (coords.). *Que futuro para o direito processual penal*? Simpósio em homenagem a Jorge de Figueiredo Dias por ocasião dos 20 anos do Código de Processo Penal português. Coimbra: Coimbra Editora, p. 745-754, 2009.

ASHWORTH, Andrew. *Human rights, serious crime and criminal procedure*. London: Sweet and Maxwell, 2002.

ASIMOW, Michael. Popular culture and the adversary system. *Loyola of Los Angeles Law Review*, vol. 40, p. 653-686, 2007.

BADARÓ, Gustavo, A utilização da hearsay witness na Corte Penal Internacional. Estudo sobre sua admissibilidade e valoração. *Revista eletrônica Zeitschrift für Internationale Strafrechtsdogmatik* – www.zis-online.com, ZIS n° 4, p. 177-188, 2014.

______. *Prova emprestada no processo penal e a utilização de elementos colhidos em Comissões Parlamentares de Inquérito*. Disponível em: http://badaroadvogados.com.br/prova-emprestada-no-processo-penal-e-a-utilizacao-de-elementos-colhidos-em-comissoes-parlamentares-de-inquerito.html. Acesso em 28 dez 2015.

______. *Processo Penal*. 2ª ed. Rio de Janeiro: Elsevier, 2014.

BASTOS, Marcelo Lessa. *Processo Penal e gestão da prova*: os novos arts. 155 e 156 do código reformado (Lei 11.690/2008). Disponível em https://jus.com.br/artigos/11593/processo-penal-e-gestao-da-prova. Acesso em 17 maio 2017.

BAUGHAN, Nancy H. White v. Illinois: The confrontation clause and the Supreme Court´s preference for out-of-court statements. *Vanderbilt Law Review*, vol. 46, p. 235-265, 1993.

BECCARIA, Cesare. *Tratado de los delitos y de las penas*. Tradução de Manuel Martínez Neira, Madrid: Universidad Carlos III de Madrid, 2015.

BEIJER, Annemarieke et al. Witness evidence, article 6 of the European Convention on Human rights and the principles of open justice. In: HARDING, Cristopher et al. (orgs.). *Criminal justice in europe*: a comparative study. Oxford: Clarendon Press, 1995.

BELLIN, Jeffrey. The incredible shrinking confrontation clause. *Boston University Law Review*, vol. 92, p. 1865-1916, 2012.

______. Applying Crawford´s confrontation righ in digital age. *Texas Tech Law Review*, vol. 45, p. 33-49, 2012.

BENAVENTE CHORRES, Hesbert. *La aplicación de la teoría del caso y la teoría del delito en el proceso acusatorio*. Barcelona: Bosch, 2011.

BERGER, Margaret A. The Deconstitutionalization of the confrontation clause: a proposal for a prosecutorial restraint model. *Minnesota Law Review*, vol. 76, p. 557-61, 1992.

BINDER, David F. *The hearsay handbook*: the hearsay rule and its 40 exceptions. New York: Shepard´s Citations, Inc, 1975.

BLUMENTHAL, Jeremy A. A Wipe of the hands, a lick of the lips: the validity of demeanor evidence in assessing witness credibility. *Nebraska Law Review*, vol. 72, p. 1157-1204, 1993.

BRANT, Leonardo Nemer Caldeira; FRANCO, Karina Marzano. Artigo 5º, parágrafos 1º ao 3º. In BONAVIDES, Paulo; MIRANDA; Jorge; AGRA, Walber de Moura (coords.). *Comentários à Constituição Federal de 1988*. Rio de Janeiro: Editora Forense, 2009.

CABRAL, Antonio do Passo. Il principio del contraddittorio come diritto d'influenza e dovere di dibattito. *Rivista di Diritto Processuale*. Ano LX, nº 2, Aprile-Giugno, 2005, p. 449-464.

CAKMAK, Cenap. The problem relating to the margin of appreciation doctrine under the European Convention on Human Rights". *Review of International Law and Politics*, vol. 2, nº 5, p. 18-29, 2006.

CALHEIROS, Maria Clara. A construção retórica do processo penal. In MONTE, Márcio Ferreira; CALHEIROS, Maria Clara; MONTEIRO, Fernando Conde; LOUREIRO, Flávia Noversa (Coords.). *Que futuro para o direito processual penal?* Simpósio em homenagem a Jorge de Figueiredo Dias, por ocasião dos 20 anos do Código de Processo Penal Português, Coimbra: Coimbra Editora, p. 359-369, 2009.

CANOTILHO, José Joaquim Gomes. *Direito constitucional e teoria da Constituição*. 7ª ed. Coimbra: Almedina, 2003.

______. MOREIRA, Vital. *Constituição da República portuguesa anotada*. Vol. I. 4ª ed. rev., Coimbra: Coimbra Editora, 2007.

CAPPELLETTI, Mauro. O Processo civil italiano no quadro da contraposição "cicil law" – "common law". Apontamentos histórico-comparativos. In *Processo, ideologias e sociedade*, vol. II, tradução e revisão do Prof. Dr. Hermes Zaneti Juniot, Porto Alegre: Sergio Anotnio Fabris Editor, p. 105-155, 2010.

CARVALHO, L.G. Grandinetti Castanho de.; BRANDÃO, Nuno. Sistemas processuais penais do Brasil e de Portugal: estudo comparado. In CARVALHO, L.G. Grandinetti Castanho de. (org.). *Processo penal do Brasil e de Portugal*: estudo comparado: as reformas portuguesa e brasileira. Coimbra: Almedina, 2009.

CECANESE, Gianfederico. *Confronto, ricognizione ed experimento giudiziale nella logica dei mezzi di prova*. Napoli: Edizioni Scientifiche Italiane, 2013.

CHOO, Andrew L-T. *Evidence*. New York: Oxford University Press, 2006.

______. *Hearsay and confrontation in criminal trials*. Oxford: Clarendon Press, 1996.

______. *Abuse of process and judicial stays of criminal proceedings*. Oxford: Clarendon Press, 1993.

CICCHINI, Michael D. RUST, Vincent. Confrontation after crawford v Cashington: defining "testimonial". *Lewis and Clark Law Review*, vol. 10, nº 3, p. 531-557, 2006.

COSTA, José de Faria. Os códigos e a mesmidade: o Código de Processo Penal de 1987. In MONTE, Márcio Ferreira; CALHEIROS, Maria Clara; MONTEIRO, Fernando Conde; LOUREIRO, Flávia Noversa (Coords.). *Que futuro para o direito processual penal?* Simpósio em homenagem a Jorge de Figueiredo Dias, por ocasião dos 20 anos do Código de Processo Penal português. Coimbra: Coimbra editora, p. 441-459, 2009.

CUNHA, José Damião da. O regime processual de leitura de declarações na audiência de julgamento (arts. 356º e 357º do CPP). *Revista Portuguesa de Ciência Criminal*. Coimbra: Coimbra editora, Ano 7, jul-set., 1997, p. 403-443.

DAMASKA, Mirjan R. Of hearsay and its analogues. *Minnesota Law Review*, vol. 76, p. 425-458, 1992.

______. *Evidence law adrift*. Yale University Press, 1997.

______. Evidentiary barriers to conviction and two models of criminal procedure: a comparative study. *University of Pennsylvania Law Review*, vol. 121, p. 506-589, 1973.

______. The jury and the law of evidence: real and imagined interconnections. *Law, Probability and Risk*, vol. 5, pp. 255-265, 2006.

DIAS, Augusto Silva; RAMOS, Vânia Costa. *O direito à não auto-inculpação (nemo tenetur se ipsum accusare) no processo penal e contra-ordenacional português*. Coimbra: Coimbra editora, 2009.

DIAS, Jorge de Figueiredo. Por onde vai o processo penal português: por estradas ou por veredas? In: HOMEM, António Pedro Barbas (coord.). *As conferências do centro de estudos judiciários*, Coimbra: Almedina, 2014.

______. O Processo Penal português: problemas e prospectivas. In MONTE, Mário Ferreira *et al* (coords.). *Que futuro para o direito processual penal*? Simpósio em homenagem a Jorge de Figueiredo Dias por ocasião dos 20 anos do Código de Processo Penal português. Coimbra: Coimbra editora, p. 805-819, 2009.

______. *Direito Processual Penal*, vol. I. Coimbra: Coimbra editora, 1974.

______. Os princípios estruturantes do processo penal e a revisão de 1998 do Código de Processo Penal. *Revista Portuguesa de Ciência Criminal*, ano 8, nº 2, p. 199 e ss, 1998.

______. A nova Constituição da República e o processo penal. *Revista da Ordem dos Advogados*, ano 36 (jan./dez.), p. 99-109, 1976.

______. Sobre os sujeitos processuais no novo Código de Processo Penal. In *Jornadas de Direito Processual Penal.* O Novo Código de Processo Penal, Centro de Estudos Judiciários, Coimbra: Almedina, p. 1-34, 1991.

______. Sobre a revisão de 2007 do Código de Processo Penal português. *Revista Portuguesa de Ciência Criminal*, ano 18, nºs 2 e 3, abr./set., p. 367-385, 2008.

______. ANDRADE, Manuel da Costa. Poderes de supervisão, direito ao silêncio e provas proibidas (parecer). In DIAS, Jorge de Figueiredo; ANDRADE, Manuel da Costa; PINTO; Frederico de Lacerda da Costa. *Supervisão, direito ao silêncio e legalidade da prova*. Coimbra: Almedina, p. 12-56, 2009.

DUFF, Antony; FARMER, Lindsay; MARSHALL, Sandra; TADROS, Victor. *The trial on trial:* towards a normative theory of the criminal trial, vol. 3, Oxford and Portland: Hart Publishing, 2007.

DWORKIN, Ronald. *A matter of principle*. Cambridge: Harvard University Press. 1986.

FENNER, Michael G. Today's confrontation clause (after crawford and melendez-diaz). *Creighton Law Review*, vol. 43, p. 35-96, 2010.

FIGUEIREDO, Daniel Diamantaras. O direito ao confronto e o caso Al-Khawaja e Tahery c. Reino Unido. *Revista de Concorrência e Regulação*, ano VI, nº 23-24, jul.-dez., p. 321-358, 2015.

FRIEDMAN, Richard. Face to Face: rediscovering the right to confront prosecution witness. *The International Journal of Evidence and Proof*, vol. 08, p. 1-30, 2004.

______. Confrontation: the search for basic principles. *The Georgetown Law Journal*, vol. 86, 1998, p. 1011-1043.

______. Thoughts from across the water on hearsay and confrontation. *Criminal Law Review*, p. 697-709, 1998.

______. The confrontation clause re-rooted and transformed. *Cato Supreme Court Review,* vol. 2003-2004, p. 439-468, 2004.

______. Adjusting to Crawford: high Court decision restores confrontation clause protection. *Criminal Justice*, vol. 19, nº 2, p. 4-13, 2005.

______. Crawford, Davis, and way beyond. *Journal of Law and Policy*, vol. 15, p. 553-586, 2007.

______. The confrontation right across the systemic divide. In: JACKSON, John, LANGER, Máximo, TILLERS, Peter (orgs.). *Crime, procedure and evidence in a comparative and international context, essays in honour of professor Mirjan Damaska,* Oxford and Portland: Hart Publishing, p. 261-271, 2008.

______. Come back to the boat, Justice BREYER. *Michigan Law Review First Impressions,* vol. 113, p. 1-8, 2014.

______. The mold that shapes hearsay law. *Florida Law Review*, vol. 66, p. 433-466, 2014.

______. FISHER, Jeffrey L. The frame of reference and other problems. *Michigan Law Review First Impressions*, vol. 113, p. 43-46, 2014.

FORTY-FOURTH ANNUAL REVIEW OF CRIMINAL PROCEDURE. *The Georgetown Law Journal*, vol. 103, 2015.

GIACOMOLI, Nereu José. *O devido processo penal*: abordagem conforme a Constituição Federal e o Pacto de São José da Costa Rica, 2º ed. Ver. e ampl., São Paulo: editora Atlas, 2015.

GIL, Fernando. *Provas*. Lisboa: Imprensa Nacional-Casa da Moeda, 1986.

GOMES FILHO, Antonio Magalhães. *Direito à prova no processo penal.* São Paulo: Editora Revista dos Tribunais, 1997.

GONÇALVES, Maia. *Código de Processo Penal anotado e comentado.* 3º ed. Coimbra: Almedina, 1979.

GOSS, Ryan. *Criminal fair trial rights*: article 6 of the European Convention on Human Rights. Oxford and Portland: Hart Publishing, 2014.

GÖSSEL, Karl-Heinz. As proibições de prova no direito processual penal da República Federal da Alemanha. *Revista Portuguesa de Ciência Criminal*, ano 2, fasc. 3, jul./set., p. 397-441, 1992.

GRAHAM, Kenneth. Confrontation stories: Raleigh on the mayflower. *Ohio State Journal of Criminal Law*, vol. 3, p. 209-221, 2006.

GRECO, Leonardo. *Instituições de Processo Civil.* 5º ed., vol. 1, Rio de Janeiro: Forense, 2015.

GRUODYTÉ, Edita; KIRCHNER, Stefan. The contribution of european charter of human rights to the right to legal aid. In KERIKMÄE, Tanel (ed.). *Protecting human rights in the EU*: controversies and challenges of the charter of fundamental rights. Springer, p. 71-90, 2014.

HALL, Daniel E. *Criminal law and procedure.* 6th ed. New York: Delmar CENGAGE Learning, 2011.

HIPP, Jason Portwood. Redacting the constitution: Securing bruton's confrontation Protections for a codefendant during non-evidentiary counsel Commentary. *Columbia Human Rights Law Review,* vol. 44, p. 259-308, 2013.

HUBER, Barbara. Criminal Procedure in Germany. In VOGLER, Richard; HUBER, Barbara (eds.). *Criminal procedure in europe.* Frieburg: Max-Planck-Institut für ausländisches und internationales Strafrecht, p. 273-371, 2008.

ILLUMINATI, Giulio. El sistema acusatorio en Italia. In WINTER, Lorena Bachmaier (coord.). *Proceso penal y sistemas acusatorios*, Madrid: Marcial Pons, 2008, p. 135-160.

INSTITUTO DE DIREITO PENAL E CIÊNCIAS CRIMINAIS DA FACULDADE DE DIREITO DA UNIVERSIDADE DE LISBOA. *Análise das propostas de revisão do Código de Processo Penal.* Lisboa, out 2012, nota 10. Disponível em: <http://www.idpcc.pt/xms/

files/Noticias_e_Eventos/IDPCC__Analise_das_propostas_de_revisao_do_Codigo_de_Processo_Penal_AR_19.10.2012.pdf>. Acesso em 14 jul. 2015.

ISRAEL, Jerold H.; KAMISAR, Yale; LaFAVE, Wayne R. *Criminal procedure and the Constitution*: leading Supreme Court cases and introductory text. St. Paul: Thomson business, 2004.

______. LaFAVE, Wayne R. *Criminal procedure*: constitutional limitations in a nutshell. 8th ed. St. Paul: West Academic Publishing, 2014.

JACKSON, John D., SUMMERS, Sarah J. *The internationalisation of criminal evidence*: beyond the common law and civil law traditions. New York: Cambridge University Press, 2012.

JONAKAIT, Randolph. Restoring the confrontation clause to the sixth amendment. *University of California Law Review*, vol. 35, p. 557-622, 1988.

______. The right to confrontation: not a mere restraint on government. *Minnesota Law Review*, vol. 76, p. 615-621, 1992.

KEENAN, Dylan O. Confronting Crawford v. Washington in the Lower Courts. *The Yale Law Journal*, vol. 122, p. 782- 836, 2012.

KESSEL, Gordon Van. Hearsay hazards in the american criminal trial: an adversary-oriented approach. *Hastings Law Journal*, nº 49, p. 477-544, 1997-1998.

KIRST, Roger. Hearsay and the right of confrontation in the European Court of Human Rights. *Quinnipac Law Review, Hamden,* vol. 21, p. 777-811, 2003.

______. The procedural dimension of confrontation doctrine. *Nebrasca Law Review*, vol. 66, p. 485-531, 1987.

KOVERA, Margaret Bull, PARK, Roger C. PENROD, Steven D. Jurors' perceptions of eyewitnesses and hearsay evidence. *Minnesota Law Review*, vol. 76, p. 703-722, 1992.

Kwasniewski, David H. Confrontation clause violations as structural defects. *Cornell Law Review,* vol. 96, p. 397-434, 2011.

LaFAVE, Wayne R.; ISRAEL, Jerold H.; KING, Nancy J.; KEER, Orin S. *Principles of criminal procedure:* post-investigation. 2nd ed. St. Paul: Thomson Reuters, 2009.

LANDSMAN, Stephan. *Readings on adversarial justice:* the american approach to adjudication, St. Paul: West Publishing Company, 1988.

______. The rise of the contentious spirit: adversary procedure in eighteenth century england. *Cornell Law Review*, vol. 75, nº 3, p. 497-605, 1990.

______. RAKOS, Richard F. Research essay: a preliminary empirical enquiry concerning the prohibition of hearsay evidence in american courts. *Law & Psychology Review*, vol. 15, p. 65-85, 1991.

LANGBEIN, John H. Historical foundations of the law of evidence: a view from the Ryder sources. *Columbia Law Review*, vol. 96, p. 1168-1202, 1996.

______. Shaping the eighteenth-century criminal trial: a view from the Ryder sources, *University of Chicago Law Review*, vol. 50, nº 1, p. 1-134, 1983.

______. The criminal trials before the lawyers. *University of Chicago Law Review*, vol. 45, nº 2, p. 263-316, 1978.

LATIMER, Jerome C. Confrontation after Crawford: the decision's Impact on how hearsay is analyzed under the confrontation clause. *Seton Hall Law Review*, vol. 36, pp. 327-420, 2006.

LEANZA, Piero; PRIDAL, Andrej. *The right to a fair trial*: article 6 of the European convention of Human Rights. Wolters Kluwer Law and Business, 2014.

LEIGH, Monroe. Witness anonymity is inconsistent with due process. *The American Journal of International Law*, vol. 91, nº 1, p. 80-83, 1997.

LEITE, Inês Ferreira. "Arrependido": a colaboração processual do co-arguido na investigação criminal. In PALMA, Maria Fernanda; DIAS, Augusto Silva; MENDES, Paulo de Sousa (coords.). *2º Congresso de Investigação Criminal*. Coimbra: Almedina, p. 381-410, 2010.

LEWIS, Scott M. The residual exceptionss to the Federal Hearsay Rule: shuffling the wild cards. *Rutgers Law Journal*, vol. 15, nº 1, p. 101-132, 1983.

LOPES JR., Aury. *Fundamentos do Processo Penal*: introdução crítica. São Paulo: Saraiva, 2015.

______. GLOEKNER, Ricardo Jacobsen. *Investigação preliminar no processo penal*. 6º ed. rev., atual. e ampl. São Paulo. Saraiva, 2014.

MACDONELL, John. *Historical trials*, RW Lee ed., 1927, pp. 171-172. Disponível em www.heinonline.org, acesso em 26 out 2015.

MAFFEI, Stefano. *The right to confrontation in Europe*: absent, anonymous and vulnerable witness, 2nd edition revised and updated, Groningen: Europa Law Publishing, 2012.

MALAFAIA, Joaquim. A linguagem no depoimento das testemunhas e a livre apreciação da prova em processo penal. *Revista Portuguesa de Ciência Criminal*, ano 20, nº 4 (out.-dez.), p. 555-578, 2010.

______. O acusatório e o contraditório nas declarações prestadas nos actos de instrução e nas declarações para memória futura. *Revista Portuguesa de Ciência Criminal*, ano 14, nº 4 (out.-dez.), p. 509-540, 2004.

MALAN, Diogo Rudge. *Direito ao confronto no processo penal*. Rio de Janeiro: Lumen Juris Editora, 2009.

MARCUS, Paul; WILSON, Melanie; ZIMMERMANN, Jack. *Criminal procedure in practice*. 14th edition, American Bar Association, 2014.

MARTINS, Joana Boaventura. *Da valoração das declarações de arguido prestadas em fase anterior ao julgamento:* contributo para uma mudança de paradigma, Coimbra: Coimbra Editora, 2014.

MASSARO, Tony M. The dignity value of face-to-face confrontations. *University of Florida Law Review*, vol. 40, nº 5, p. 863-918, 1988.

MAZZUOLI, Valerio de Oliveira. *O controle jurisdicional da convencionalidade das leis*. 4º ed. rev. atual. ampl., São Paulo: Editora Revista dos Tribunais, 2016.

McEWAN, Jenny. *Evidence and the adversarial process*: the modern law. Oxford: Blackwell Publishers, 1992.

MEDEIROS, Rui; MIRANDA, Jorge. *Constituição Portuguesa anotada*, Coimbra: Coimbra Editora, 2010.

______. *Constituição portuguesa anotada*. Tomo I. Coimbra: Coimbra Editora, 2005.

MEDINA, Cecilia. *The American Convention on Human Rights*: crucial rights and their theory and practice. Translated by Peter Krupa. Cambrigde, Antwerp, Portland: Intersentia, 2014.

MENDES, Paulo de Sousa. MENDES, Paulo de Sousa. *Causalidade complexa e prova penal.* Coimbra: Almedina, 2018.

_____. *Lições de direito processual penal*, Coimbra: Almedina, 2014.

_____. O processo penal entre a eficácia e as garantias: em especial a questão do aproveitamento probatório das declarações processuais do arguido anteriores ao julgamento. *Revista da Faculdade de Direito da Universidade de Lisboa*, vol. LV, nºs 1 e 2, separata, p. 404-422, 2014.

_____. As proibições de prova no processo penal. In PALMA, Maria Fernanda (coord.). *Jornadas de Direito Processual Penal e Direitos Fundamentais*. Coimbra: Almedina, p. 133-154, 2004.

_____. Estatuto do arguido e posição processual da vítima. *Revista Portuguesa de Ciência Criminal,* ano 17, nº 4, out./ dez., p. 601-612, 2007.

_____. Os sujeitos processuais no novo Código de Processo Penal de Cabo Verde. In DIAS, Augusto Silva; FONSECA, Jorge Carlos (coords.). *Direito Processual Penal de Cabo Verde:* sumários do curso de pós-graduação sobre o novo Processo Penal de Cabo Verde. Coimbra: Almedina, p. 163-199, 2009.

MENDONÇA, Andrey Borges de. *Nova reforma do Código de Processo Penal*. São Paulo: Método, 2008.

MESQUITA, Paulo Dá. *A prova do crime e o que se disse antes do julgamento*: estudo sobre a prova no processo penal português, à luz do sistema norte-americano, Coimbra: Coimbra Editora, 2011.

METZGER, Pamela R. Confrontation as a rule of production. *William and Mary Bill of Rights Journal,* vol. 24, p. 995-1046, 2016.

MIRANDA, Jorge. *Manual de direito constitucional*. Vol. 1, vol. 2, vol. 3, Coimbra: Coimbra Editora, 2014.

_____. *Manual de Direito Constitucional*. Vol. II. Tomo IV. 1ª ed. Coimbra: Coimbra editora, 2014.

_____. A dignidade da pessoa humana e a unidade valorativa do sistema de direitos fundamentais. In MIRANDA, Jorge; SILVA, Marcos Antonio Marques da (coords.). *Tratado Luso-Brasileiro da Dignidade Humana*. 2ª ed. atual e ampl. São Paulo: Quartier Latin, 2009.

______. *Curso de direito internacional público*, 5º ed. rev. e atual. Cascais: Princípia, 2012.

MIRANDA VÁZQUEZ, Carlos de. La inmediación judicial como presupuesto fundamental de la valoración en conciencia de la prueba personal (trece argumentos en contra de esta tesis. *Jueces para la Democracia*, nº 82, p. 16-23, 2015.

MITTERMAIER, Karl Joseph Anton. *Tratado de la prueba en materia criminal*. Traducción al castellano por Primitivo González del Alba. Collección Criminalistas Perennes. Buenos Aires: Editorial Hammurabi, 1993.

MORGAN, EDMUND M. Hearsay and non-hearsay. *Harvard Law Review*, vol. 48, p. 1138-1160, 1934-1935.

MOSTELLER, Robert P. Crawford v. Washington: encouraging and ensuring the confrontation of witnesses. *University of Richmond Law Review*, vol. 39, p. 511-626, 2005.

MOURISCA, José. *Código de Processo Penal Anotado*, Albergaria-a-Velha: Vouga, vol. III, 1933.

NAÇÕES UNIDAS. Centro para a Prevenção Internacional do Crime. *Guia legislativo para a implementação do protocolo adicional à convenção das Nações Unidas contra a criminalidade organizada transnacional relativo à prevenção, à repressão e à punição do tráfico de pessoas, em especial de mulheres e crianças*. Resolução da Assembleia Geral 55/25, Anexo III, adoptada a 15 de novembro de 2000. Disponível em http://www.gddc.pt/cooperacao/materia-penal/textos-mpenal/onu/GuiaProtMulheres.pdf. Acesso em 20 jun 2016.

NEGRI, Stefania. The principle of "equality of arms" and the evolving law of international criminal procedure. *International Criminal Law Review*, nº 5, 2005.

NESSON, Charles. The evidence or the event? On judicial proof and the acceptability of verdicts. *Harvard Law Review*, vol. 98, p. 1357-1392, 1985.

NEVES, António Castanheira. *Sumários de Processo Criminal*. Coimbra, 1968.

NEWTON, Samuel P.; WELCH, Teresa L. *Understanding criminal evidence*: a case method approach. New York: Wolters Kluwer Law and Business, 2013.

NOVAIS, Jorge Reis. *As restrições aos direitos fundamentais não expressamente autorizadas pela Constituição*. Coimbra: Coimbra Editora, 2003.

O´BRIAN, William E. The right of confrontation: US and european perspectives. *Law Quarterly Review*, vol. 121, p. 481-510, 2005.

PALMA, Maria Fernanda. O problema penal do processo penal. In PALMA, Maria Fernanda (coord.). *Jornadas de Direito Processual Penal e Direitos Fundamentais*. Coimbra: Almedina, p. 41-53, 2004.

______. *Direito Constitucional Penal*. Coimbra: Almedina, 2006.

______. Direito Penal e processual penal e estado constitucional: o papel da jurisprudência constitucional no desenvolvimento dos princípios no caso português e um primeiro confronto com a jurisprudência constitucional espanhola. In SEGADO, Francisco Fernández (ed.). *The Spanish Constitution in the european constitutional context:* la constitución espanõla en el contexto constitucional europeo. Madrid: Dykinson, S.L., 2003.

______. A constitucionalidade do artigo 342º do Código de Processo Penal: o direito ao silêncio do arguido. *Separata da Revista do Ministério Público*, nº 60, Lisboa, p. 101-110, 1995.

PARK, Roger. Is confrontation the bottom line. *University Regent Law Review*, vol. 19, p. 49-468, 2007.

______. The hearsay rule and the stability of verdicts: a response to Professor Nesson. *Minnesota Law Review*, vol. 70, p. 1057-1072, 1986.

PATRÍCIO, Rui. Protecção de testemunhas em Processo Penal. In PALMA, Maria Fernanda (coord.). *Jornadas de Direito Processual Penal e Direitos Fundamentais*. Coimbra: Almedina, 2004.

PEREIRA, Rui. Entre o “garantismo” e o “securitarismo”: A revisão de 2007 do Código de Processo Penal. In MONTE, Márcio Ferreira *et al* (coords.). *Que futuro para o direito processual penal?* Simpósio em homenagem a Jorge de Figueiredo Dias, por ocasião dos 20 anos do Código de Processo Penal português. Coimbra: Coimbra editora, p. 247-268, 2009.

PINTO, Frederico de Lacerda da Costa. Razão e finalidade na revisão de 2013 do código de processo penal. *Themis: Revista da Faculdade de Direito da UNL*, ano XIII, n. 24/25, Coimbra: Almedina, p. 181-200, 2013.

______. Depoimento indirecto, legalidade da prova e direito de defesa. Boletim da Faculdade de Direito, Studia Iuridica 100 Ad Honorem - 5, separata de *ARS IVDICANDI: Estudos em homenagem ao Prof. Doutor Jorge de Figueiredo Dias*. Vol. III, Coimbra: Coimbra editora, 2010, p. 1041-1088.

PIOVESAN, Flávia. Tratados internacionais de proteção dos direitos humanos e a Constituição Federal de 1988. *Boletim do Instituto Brasileiro de Ciências Criminais*, São Paulo, nº 153, 2005, p. 08-09.

______. *Direitos humanos e o direito constitucional internacional*. 11ª ed. São Paulo: Saraiva, 2010.

______. *Tratados internacionais de proteção dos direitos humanos*: jurisprudência do STF. Disponível em http://www.dhnet.org.br/direitos/militantes/flaviapiovesan/piovesan_tratados_sip_stf.pdf. Acesso em 18 jun 2016.

POLLITT, Daniel H. *The right of confrontation*: its history and modern dress. Journal of Public Law, nº 8, 1959, p. 381-413.

POPPER, Karl R. *Conjeturas y Refutaciones*: El desarrollo del conocimiento científico. Trad. Néstor Miguez. Barcelona: Ediciones Paidós, 1991.

POPPER, Karl. Verdade e aproximação da verdade. In MLLER, David (org.). *Textos Escolhidos Popper*. Tradução Vera Ribeiro. Rio de Janeiro: Editora Puc Rio, 2016.

PRADO, Geraldo. *Sistema acusatório*: a conformidade constitucional das leis processuais penais. 4ª ed. Rio de Janeiro: Lumen Juris, 2006.

PRADO, Geraldo. *A cadeia de custódia da prova no processo penal*. 1º ed. São Paulo: Marcial Pons, 2019.

QUIROGA, Jacobo López Barja de. *La cláusula de confrontación en el proceso penal*. 1ª edición. Civitas Ediciones, 2013.

RAEDER, Myrna S. Commentary: a response to Professor Swift - the hearsay rule at work: has it been abolished de facto by judicial discretion?. *Minnesota Law Review*, vol. 76, p. 507-519, 1992.

______. The effect of the catchalls on criminal defendants: little red riding hood meets the hearsay Wolf and is devoured. *Loyola of Los Angeles Law Review*, vol. 25, p. 925-952, 1992.

Ramos, Vânia Costa. Corpus Iuris 2000 – Imposição ao arguido de entrega de documentos para prova e nemo tenetur se ipsum accusare. *Revista do Ministério Público*, Lisboa, n. 108, p. 125-149, out./dez. (Parte I).

REDMAYNE, Mike. Confronting confrontation. In ROBERTS, Paul; HUNTER, Jill (ed.). *Criminal Evidence and human rights*: reimagining common law procedural traditions. Oxford and Portland: Hart Publishing, p. 283-307, 2012.

ROBERTS, Paul; ZUCKERMAN, Adrian. *Criminal evidence*. New York: Oxford University Press, 2004.

RODRIGUES, José Narciso da Cunha. Sobre o princípio da igualdade de armas. *Revista Portuguesa e Ciência Criminal,* ano 1, nº 1, jan./mar., p. 77-103, 1991.

ROMERO, Eneas. O Supremo Tribunal Federal enquanto tribunal penal? O caso "Mensalão, o devido processo, o direito ao "fair trial" e o direito de ser ouvido. *Revista eletrônica Zeitschrift für Internationale Strafrechtsdogmatik* – www.zis-online.com, ZIS n° 7/8, 2015.

ROSS, Darrell L.; KNOWLES, Fred E. Expanding the confrontation clause and testimonial hearsay statements: Michigan v. Bryant. *Criminal Justice Review*, vol. 36, nº 3, p. 375-386, 2011.

______. *Derecho procesal penal*. Traducción de la 25ª edición alemana de Gabriela E. Córdoba e Daniel R. Pastor. 1ª ed. 2ª reimp. Buenos Aires: Editores del Puerto, 2003.

______. ARZT, Gunther; TIEDMANN, Klaus. *Introducción al Derecho Penal y al Derecho Penal Procesal*. Versión española, notas e comentarios profesores Luis Arroyo Zapatero y Juan-Luiz Gómez Colomer. Barcelona: Editorial Ariel, 1989.

SAMPAIO, Denis. A regra do contraditório no Novo Código de Processo Civil e sua possível "influência" no Direito Processual Penal. In Cabral, Antonio do Passo; Pacelli, Eugênio; Cruz, Rogerio Schietti (coords.). *Processo Penal*. Coleção Repercussões do Novo CPC, vol. 13, Salvador: Juspodivm, p. 19-48, 2016.

SÁNCHEZ, Miguel Revenga; GARCÉZ, Andrée Viana (eds.). *Tendencias jurisprudenciales de la Corte Interamericana y el Tribunal Europeo de Derechos Humanos*. Valencia: Tirant lo Blanch, 2008.

SCALLEN, Eileen A. Constitutional dimensions of hearsay reform: toward a three-dimensional confrontation clause. *Minnesota Law Review*, vol. 76, p. 623-654, 1992.

SCHÜNEMANN, Bernd. Audiência de instrução e julgamento: modelo inquisitorial ou adversarial? – Sobre a estrutura fundamental do processo penal no 3º Milênio. In: GRECO, Luis; MARTINS, Antonio (orgs.). *Direito penal como crítica da pena:* estudos em homenagem a Juarez Tavares por seu 70º Aniversário em 2 de setembro de 2012, São Paulo: Marcial Pons, p. 631-648, 2012.

______. La policía alemana como auxiliar del Ministério fiscal: estructura, organización y actividades. Tradução para espanhol por Mariana Sacher, Universidad de Múnich. Título original: "Die Deutsche Polizei als Gehilfe der Staatsanwaltschaft: Struktur, Organization und Tätigkeiten"). In: DONNA, Edgardo Alberto (dir.). *Obras,* tomo II, Colección Autores de Derecho Penal, Buenos Aires: Rubinzal--Culzoni Editores, p. 451-483, 2009.

SEIGEL, Michael L. Rationalizing hearsay: a proposal for a best evidence hearsay rule. *Boston University Law Review*, vol. 72, nº 5, p. 893-950, 1992.

SHAVIRO, Daniel. The confrontation clause today in light of its common law background. *Valparaiso University Law Review*, vol. 26, 1991-1992, p. 337-366.

SILVA, Franklin Roger Alves. A construção de um processo penal cooperativo e a instalação do contraditório como direito de influência: aplicabilidade dos arts. 6º e 10 do novo Código de Processo Civil. In Cabral, Antonio do Passo; Pacelli, Eugênio; Cruz, Rogerio Schietti (coords.). *Processo Penal.* Coleção Repercussões do Novo CPC, vol. 13, Salvador: Juspodivm, 2016, p. 67-81.

SILVA, Germano Marques da. *Curso de processo penal III,* 3. ed., Lisboa: editorial Verbo, 2009.

______. *Curso de Processo Penal*. Vol. II, 4ª ed. rev. actual. Lisboa: Editorial Verbo, 2008.

______. *Direito processual penal português*: do procedimento (marcha do processo). Lisboa: Universidade Católica Editora, 2015.

______. Notas soltas sobre as alterações de 2007 ao Código de Processo Penal português. In *Processo penal do Brasil e de Portugal,* Coimbra, p. 71-93, 2009.

______. Um olhar sobre o projecto e o acordo político para a revisão do Código de Processo Penal. In *Julgar,* nº 1 (jan.- abr.), Lisboa, p. 137-153, 2007.

______. Produção e valoração da prova em processo penal. *Revista do CEJ*, nº 4, p. 37-53, 2006.

_____. Notas avulsas sobre as propostas de reforma das leis penais: propostas de lei nº 75/XII, 76/XII e 77/XII. *Revista da Ordem dos Advogados*, ano 72 (abr.-set.), Lisboa, p. 521-543, 2012.

______. Nota sumária sobre a lei de protecção de testemunhas em processo penal. *Boletim da Ordem dos Advogados*, nº 28, set./ out., p. 12-13, 2003.

SILVA, Sandra Oliveira. *A proteção de testemunhas no processo penal*. Coimbra: Coimbra Editora, 2007.

______. "Salas vazias e declarações anónimas": notas sobre a protecção de testemunhas e o processo equitativo no julgamento da criminalidade organizada. *Revista do CEJ*, nº 16, Coimbra: Almedina, p. 285-332, 2011.

SKLANSKY, David Alan. Anti-inquisitorialism. *Harvard Law Review*, vol. 122, p. 1634-1704, 2009.

SONENSHEIN, David A. The residual exceptions to the Federal Hearsay Rule: two exceptions in search of a rule. *New York University Law Review*, vol. 57, nº 5, p. 867-905, 1982.

SOUZA, Diego Fajardo Maranha Leão de. *O anonimato no processo penal*: proteção a testemunhas e o direito à prova. Belo Horizonte: Arraes Editores, 2012.

SPENCER, John R. *Hearsay evidence in criminal proceedings*. 2nd ed. Oxford and Portland: Hart Publishing, 2014.

______. Evidence. In DELMAS-MARTY, Mireille; SPENCER, John R. (ed.). *European criminal procedures*. New York: Cambrige University Press, p. 594-640, 2002.

STEINER, Sylvia Helena de Figueiredo. *A Convenção Americana sobre Direitos Humanos e sua integração ao processo penal brasileiro*. São Paulo: Editora Revista dos Tribunais, 2000.

STRONG, John W. *McCormick on evidence*. 5th ed, vol. 02, Saint Paul, Minessota: West Group, 1999.

SUMMERS, Sarah. *Fair Trials*: the european criminal procedural tradition and the european court of human rights. Oxford and Portland, Oregon: Hart Publishing, 2007.

TASLITZ, Andrew. What remains of reliability: hearsay and freestandinge process after Crawford v. Washington. *Criminal Justice*, vol. 20, nº 2, 2005. Disponível em: http://www.americanbar.org/publications/criminal_justice_magazine_home/crimjust_cjmag_20_2_taslitz.html. Acesso em 19 abr 2016.

TARUFFO, Michele. *A prova*. Tradução de Joao Gabriel Couto. 1ª ed. São Paulo: Marcial Pons, 2014.

TEIXEIRA, Calos Adérito. Depoimento indirecto e arguido. *Revista do CEJ*, nº 2, p. 127-191, 2005.

THAMAN, Stephen C. Verdad o legalidad: los límites del blanqueo de pruebas ilegalmente recogidas en um estado de derecho. *Revista Derecho Penal y Criminología*, vol. 30, n. 89, p. 113-145, 2009.

THAYER, James B. The present and future of the law of evidence. *Harvard Law Review*, vol. 12, nº 2 (may), p. 71-94, 1898.

TONINI, Paolo. *A Prova no processo penal italiano*. Tradução Alexandra Martins e Daniela Mróz. São Paulo: Editora Revista dos Tribunais, 2002.

TRECHSEL, Stefan. *Human rights in criminal proceedings*. New York: Oxford University Press, 2005.

UBERTIS, Giulio. Corte europea dei diritti dell'uomo e "processo equo": riflessi sul processo penale italiano. *Rivista di Diritto Processuale,* Padova, vol. LXIV (II serie), n. 1, (Gennaio-Febbraio), p. 33-45, 2009.

______. *Argomenti di procedura penale*, III, Milano: Giuffrè Editore, 2011.

VAN DIJK, Pieter; VAN HOOF, Fried; VAN RIJN, Arjen; ZWAAK, Leo (eds.). *Theory and practice of the European Convention on Human rights*. 4th ed. Antwerpen-Oxford: Intersentia, 2006.

VANDERPUYET, Kweku. Traditions in conflict: the internationalization of confrontation. *Cornell International Law Journal,* vol. 43, p. 513-583, 2010.

VIEIRA, Renato Stanziola. *Paridade de armas no processo penal.* Brasília: Gazeta Jurídica, 2014.

VITORINO, António. Protecção constitucional e protecção internacional dos direitos do homem: concorrência ou complementaridade?, separata da *Revista da Faculdade de Direito da Universidade de Lisboa*, Lisboa: AAFDL, p. 111-179, 1993.

VOGLER, Richard. The principle of immediacy in english criminal procedural law. *ZSTW (Zeitschrift für die gesamte Strafrechtswissenschaft)*, 126 (1), p. 239-247, 2014.

WALKER, Samuel. *Popular justice*: a history of american criminal justice. New York: Oxford University Press, 1980.

WALTZ, Jon R.; PARK, Roger C.; FRIEDMAN, Richard D. *Evidence:* cases and materials. 11th ed. New York: Thomson Reuters/ Foundation Press, 2009.

WASEK-WIADEREK, Malgorzata. *The principle of "equaly arms" in criminal procedure under art. 6 of the ECHR and its functions in criminal justice of selected european countrie.* Leuven: Leuven University Press, 2000.

WEIGEL, Jessica K. Hearsay and confrontation issues post-Crawford: the changing course of terrorism trials (notes). *New York University Law Review*, Vol. 89, nº 4, p. 1488-1521, 2014.

WELCH, Tim; HAIDER, Huma; MEENAGH, Martin; M'BOGE, Yassin. Witness anonymity at the International Criminal Court: due process for defendants, witnesses or both? *The Denning Law Journal*, vol. 23, p. 29-46, 2011.

WIGMORE, John Henry. *Evidence*, James H. Chadbourn rev., vol. 5, Boston: Little, Brown & Company, 1974.

______. *A treatise on the anglo-american system of evidence in trials at common law.* 2° ed., Boston: Little, Brown & Company, vol. 3, 1923.

______. *A treatise on the anglo-american system of evidence in trials at common law.* 3° ed., Boston: Little, Brown & Company, vol. 5, 1940.

______. *A treatise on the system of evidence in trials at common law.* 2° ed., Boston: Little, Brown & Company, vol. 2, 1904.

______. A general survey of the history of rules of evidence. In *Select Essays in Anglo-american legal history*. Boston: Little, Brown and Company. Vol. 2, p. 691-701, 1908.

______. The history of hearsay rule. *Harvard Law Review*, vol. 17, nº 7, p. 437-458, 1904.

WILDE, BAS DE. A Fundamental review of the ECtHR Right to examine witnesses in criminal cases. *International Journal of Evidence and Proof*, n° 17, vol. 02, p. 157-182, 2012.

YETTER, John F. Wrestling with Crawford v. Washington and the new constitutional law of confrontation. *The Florida Bar Journal*, p. 26-37 (october), 2004.

YOUNGER, Irving; GOLDSMITH, Michael; SONENSHEIN, David A. *Principles of evidence*. 5th ed. Newark: LexisNexis Publishing, 2007.

YOUROW, Howard Charles. "The margin of appreciation doctrine in the dynamics of European Human Rights jurisprudence". *Connecticut Journal of International Law*, vol. 3, nº 1, p. 111-160, 1998.

ZILLI, Marcos. O convencimento judicial em face dos depoimentos colhidos durante as atividades de CPI. *Revista eletrônica Zeitschrift für Internationale Strafrechtsdogmatik* - www.zis-online.com, ZIS n° 6, p. 264-273, 2014.